本书系教育部人文社会科学研究青年基金项目（11YJCGJW021）及
北京高校青年英才计划项目（YETP0853）的研究成果

美国联盟体系与地区经济发展

US ALLIANCE SYSTEM AND REGIONAL ECONOMIC DEVELOPMENT

杨　毅◎著

时事出版社

图书在版编目（CIP）数据

美国联盟体系与地区经济发展/杨毅著．—北京：时事出版社，2016.5

ISBN 978-7-80232-930-0

Ⅰ.①美…　Ⅱ.①杨…　Ⅲ.①经济发展—研究—美国　Ⅳ.①F171.24

中国版本图书馆 CIP 数据核字（2015）第 297185 号

出版发行：时事出版社
地　　址：北京市海淀区万寿寺甲 2 号
邮　　编：100081
发行热线：（010）88547590　88547591
读者服务部：（010）88547595
传　　真：（010）88547592
电子邮箱：shishichubanshe@sina.com
网　　址：www.shishishe.com
印　　刷：北京市昌平百善印刷厂

开本：787×1092　1/16　印张：20.75　字数：294 千字
2016 年 5 月第 1 版　2016 年 5 月第 1 次印刷
定价：80.00 元

目　　录

US Alliance System and Regional Economic Development

导　论

US Alliance System and Regional Economic Development

一、研究目的及意义

本书立足于国际政治经济学的视角，以联盟为主要分析对象，通过对联盟中安全事务与经济事务二者关系的分析，进一步阐明国家安全与经济发展之间的关系，从而为经济安全的研究提供新的分析视角。

国际政治经济学主要研究国际体系中的经济要素（包括资本、技术、劳动力以及信息）的跨国流动对国际体系、国家与国家之间的关系，以及国家内部政治结构和过程的影响，反之亦然。国际政治经济学研究从研究议题上看主要分为三类：第一类是全球层面的问题，包括国际金融与货币体系、国际贸易体系、跨国生产（跨国直接投资）、国际环境、国际秩序（资本主义体系）以及全球化；第二类是区域层面的问题，包括区域化、国家联盟经济；第三类是国家层面的问题，包括发展问题、转型问题、经济安全问题、国家竞争力问题等。[①] 可以说，经济增长与国家安全是国际政治经济学研

---

① 王正毅：《争论中的国际政治经济学——编写〈国际政治经济学——理论范式与现实经验研究〉有感》，载王正毅：《世界体系与国家兴衰》，北京大学出版社2006年版，第54页。

究的主题之一，国际政治经济学与安全研究的结合更是成为冷战之后国际关系研究的一个重要课题。[①] 因此，本书的研究主要集中于国际政治经济学研究的第二个层面，也就是国家层面。围绕着国家安全与经济发展两大方面，学术界对此形成了大量的研究成果，特别是在经济发展对国家安全产生的影响上，在学术界似乎形成了一定程度的共识。[②] 而国家安全对经济发展产生的影响同样也是经济安全研究的一个重要领域，因此本书探讨国家出于军事安全需要而结成联盟后，这种联盟关系对国家经济发展产生的作用，同时分析了这种状态下的经济合作与联盟关系的巩固之间的关系。

二、国内外相关研究成果

联盟是国际关系中常见的现象，是维持和确保国家权力与国家利益最为有效的手段之一，具有重要的战略价值。联盟现象自古就已有之，国家之间的结盟与反结盟成为人类历史中一个非常普遍的现象，国家之间结盟的结果又关系到了国家的兴衰、社会的发展以及地区的稳定，乃至国际秩序的构建。正是因为联盟这一现象在国际关系中有着特殊的重要性，国际关系学界对于联盟问题的研究可谓汗牛充栋。这些研究视角各有不同，试图解答的问题也不尽相同。概括起来，学者们主要从以下几个方面对联盟加以研究。

第一，关于联盟的定义与功能。学者们探讨究竟什么是联盟，联盟与同盟、结盟的联系和区别是什么。他们的研究对象往往从分析北

---

① Jonathan Kirshner, "Political Economy in Security Studies After the Cold War", *Review of International Political Economy*, Vol. 5, No. 1, 1998, p. 64.

② 这方面最有代表性的成果是北京大学国际关系学院的王正毅教授以中国为分析案例，对经济发展与国家安全之间关系进行的探讨。参见 Wang Zhengyi, "Conceptualizing Economic Security and Goverence: China Confronts Globalization", *Pacific Review*, Vol. 17, No. 4, 2004, pp. 523 – 545。

约入手，因为这一联盟，无论从组织形态、还是涉及的国家领域都是前所未有的，特别是在核时代下，这一组织的作用也就更加突出。所以学者们认为以北约为代表的联盟形式是区别于以往的国家间联盟的，他们更多地强调联盟是国家之间针对特定问题领域在军事上所做的相互承诺。① 在联盟的功能上，多数学者认为国家之间结成联盟更多是因为外部世界的威胁，特别是军事上的威胁，所以为了形成一种均势的格局，国家间选择结成联盟的形式来应对威胁。② 也有学者认为，国家选择结盟与否，取决于它对国家利益的权衡，而这种权衡又是从国家和国际体系两个层面综合分析后做出的。③

第二，关于联盟的经济理论。这其中最著名的就是由奥尔森在1965年提出的联盟的公共产品理论。他运用理性选择的方法，通过研究北约国家的军费开支占GDP的比例发现，大国在其中承担的义务越多，付出的也就越多。而小国则承担更少的义务。也就是说，大国在联盟合作上负担的越多，小国所需要付出的则相应减少，这最终也就引出了联盟成员国中的“搭便车”问题。④ 另外一些学者，

---

① 这方面比较有代表性的作品是：Hans J. Mongenthau，“Alliance in Theory and Practice”，in Arnold Wolfers，ed.，Alliance Policy in the Cold War，Baltimore：Johns Hopkins Press，1959，pp. 188－191；Robert L. Rothestein，Alliances and Small Powers，New York：Columbia University Press，1968；Edwin H. Fedder，“The Concept of Alliance”，Interntional Studies Quarterly，Vol. 12，No. 1，1968，pp. 65－86. 其实关于联盟的界定与讨论在20世纪50年代到60年代，有大量研究这一问题的成果面世，甚至可以说在当时一流的国际关系期刊中，对联盟问题的探讨也基本围绕这一主题展开。

② Robert E. Osgood，Alliance and American Foreign Policy，Baltimore：Johns Hopkins Press，1968；Stephen M. Walt，“Alliance Formation anf the Balance of World Politics”，International Security，Vol. 9，No. 4，1985，pp. 3－43；Dan Reiter，Crucible of Beliefs：Learing，Alliances，and World Wars，Ithaca：Cornell University Press，1996.

③ Randall L. Schweller，“Bandwangoning for Profit：Bring the Revisionist State Back In”，International Security，Vol. 19，No. 1，Summer，1994，pp. 72－107.

④ Mancur Olson&Richard Zeckhauser，“An Economic Theory of Alliance”，The Review of Economics and Statistics，Vol. 48，No. 3，1966，pp. 266－279. 类似的研究还有：Harvey Starr，“A Collective Goods Analysis of the Warsaw Pact after Czechoslovakia”，International Organization，Vol. 28，No. 4，1974，pp. 521－533；James C. Murdoch and Todd Sandler，“A Theoretical and Empirical Analysis of NATO”，The Journal of Conflict Resolution，Vol. 26，No. 2，1982，pp. 237－263。

以格伦·帕尔默（Glenn Palmer）为代表提出了联盟合作负担分担的讨价还价模式，他得出的结论与奥尔森的结论相反，认为小国的负担比例与大国的负担是成正比的，因为国家之间在合作上往往是要进行博弈的。[①] 因此，大批学者运用理性选择的研究方法，借鉴相关的经济学理论和数学模型，对上述两种理论模式进行检验。[②] 由于采取的视角不同，得出的结论也不同，但都是在进一步解释这两种理论模式，基本没有进一步的突破。

第三，关于联盟承诺的维持问题，这涉及到联盟与国内制度的关系以及联盟成员的信息分享。对这一问题的探讨开始于20世纪80年代末90年代初，特别是随着民主和平论的出现，大量学者在探讨联盟在什么样的制度类型下容易形成并维持。他们运用关于国际合作与冲突的数据库，对这一问题进行检验。有的学者认为确实是民主国家间易于形成联盟，而且联盟协议能够得到遵守，联盟成员间没有出现背叛问题。[③] 而有的学者也运用相同的数据库，却得出不同的结论，他们认为这二者之间不存在一种必然的联系。也有的学者通过检验发现在1945年之后形成的联盟在承诺遵守上与国内制度无关，而在此之前形成的联盟在承诺遵守上却与国内制度有相关的联

① Glenn Palmer, "Corralling the Free Rider: Deterrence and the Western Alliance", International Studier Quarterly, Vol. 34, No. 1, 1990, pp. 147 – 164; Glenn Palmer, "Deterrence, Defense Spending, and Elasticity: Alliance Contributions to the Public Good", International Interactions, Vol. 17, No. 2, 1991, pp. 157 – 169.

② 这方面的成果主要有：Todd Sandler, "The Economic Theory of Alliances: A Survey", The Journal of Conflict Resolution, Vol. 37, No. 3, 1993, pp. 446 – 483; Todd Sandler&Keith Hartley, "Economics of Alliance: The Lessons for Collective Action", Journal of Economic Literature, Vol. 39, No. 3, 2001, pp. 869 – 896; John R. Oneal, "The Theory of Collective Action and Burden Sharing of NATO", International Organization, Vol. 44, No. 3, 1990, pp. 379 – 402。

③ Michael W. Simon and Erik Gartzke, "Political Systen Similarity and the Choice of Allies: Do Democracies Flock Together, or Do Opposites Attract?", The Journal of Conflict Resolution, Vol. 40, No. 4, 1996, pp. 617 – 635.

系。[①] 而詹姆斯·莫罗（James Morrow）则从信息的角度对联盟承诺的遵守进行考察，他运用博弈论的方法，认为联盟成员间信息分享程度，也就是信息的对称性决定着联盟协议及承诺的遵守和执行。[②]

以上几个方面对联盟的研究，内容、视角虽然不同，但实质上涉及的还是安全领域的内容，实际上，这也是联盟研究的主流。而关于联盟中的经济事务及经济合作的研究，相比较研究联盟中的安全合作，则显得比较少。这方面研究比较有影响的成果主要是探讨联盟与贸易的关系。联盟主要的目标是军事安全，但是通过军事安全的维护，国家之间建立了相互依存的纽带。因此学者开始从这一角度入手，探讨联盟与国际贸易的关系。这其中最有代表性的就是戈华（Gowa）和曼斯菲尔德（Mansfield）在这方面的研究成果。戈华认为，结盟的国家是愿意通过寻求经济上的合作来发展自由贸易关系的，因为这种联盟内的经济交往可以降低联盟外进行经济合作的可能性。与盟国进行贸易可以使盟国获得额外的安全保证，因为其得自贸易的收入将会用于进一步的军事开支。相反，出于负面的安全外部性考虑，国家是不愿同其对手进行贸易往来的，因为其得自贸易的收入将会用于进行对抗对方的军事开支上，从而使自己的危险增大。虽然也有学者如詹姆斯·莫罗认为国家得自贸易的财富只有很少一部分用于军事开支，它并不能影响国家在和平时期的贸易政策，所以联盟并不会对贸易产生实际的影响，也就不会有什么突出的经济后果。[③] 但是更多的研究表明，联盟国家之间比非联盟国

---

① Brian Lai and Dan Reiter, "Democracy, Political Similarity, and International Alliances, 1816 - 1992", The Journal of Conflict Resolution, Vol. 44, No. 2, 2000, pp. 203 - 227.

② James D. Morrow, "Alliances, Credibility, and Peacetime Cost", The Journal of Conflict Resolution, Vol. 38, No. 2, 1994, pp. 270 - 297; James D. Morrow, "Alliance and Asymmetry: An Alternative to the Capability Aggregation Model of Alliances", American Journal of Political Science, Vol. 35, No. 4, 1991, pp. 904 - 933.

③ James Morrow, "When Do 'Relative Gain' Impede Trade?", Journal of Conflict Resolution, Vol. 41: 1, 1997.

家间更易产生紧密的经济往来，特别是贸易上的交往。[①]

而莫罗等人在解释联盟与贸易关系时，认为国内政治制度对这种关系也会产生一定影响。他们的研究发现，在联盟关系会促进贸易活动的案例中，这些结盟国家的政治制度通常都是民主制度，也就是说，民主国家结盟后更有助于促进贸易活动的进行。因为民主制度国家间更易于在军事冲突期间结成联盟。[②] 由于民主国家的国内政治制度依照法制的原则，政府的行为要受到制度和法律的约束，政府不能为所欲为地行事，会遵守联盟条约而使联盟得以维持并巩固。同时，在这种国家间进行贸易活动，外国政府受到不公平对待的可能性也由于在民主制度中政府行为受到法律和制度的约束而降低。[③]

而国内对联盟问题的研究成果并不是非常丰富，相比较西方学者取得的成果，显得还有很大差距。尽管这样，仍然有部分研究成果，在中国学者对联盟问题的研究中，有比较突出的影响。于铁军博士的论文《国际政治中的同盟理论：进展与争论》[④]，对西方联盟理论的发展进行了比较深入细致的回顾。王帆教授对美国的亚太联盟进行了研究。[⑤] 汪伟民博士运用西方的联盟理论，对冷战之后的美

① 这方面的研究包括：Joanne Gowa and Edward Mansfield，“Power Politics and International Trade”，American Political Science Review，Vol. 87：2，1993，pp. 408 – 420；Joanne Gowa and Edward Mansfield，“Alliance，Imperfect Markets，and Major-Power Trade”，International Organization，Vol. 58：4，2004，pp. 775 – 805；Edward Mansfield and Rachel Bronson，“Alliances，Preferential Trading Arrangements，and International Trade”，American Political Science Review，Vol. 91：1，1997，pp. 94 – 107；Edward Mansfield，Helen V. Milner and Peter Rosendorff，“Free to Trade：Democracies，Autocracies，and International Trade”，American Political Science Review，Vol. 94：2，2000，pp. 305 – 321.

② James D. Morrow，Randolph M. Siverson and Tressa E. Tabares，“The Political Determinants of International Trade：The Major Powers，1907 – 90”，American Political Science Review，Vol. 92，No. 4，1998，pp. 649 – 661.

③ William Dixon&Bruce E. Moon，“Political Similarity and American Foreign Trade Patterns”，Political Research Quarterly，Vol. 46，No. 1，1993，pp. 5 – 25.

④ 于铁军：《国际政治中的同盟理论：进展与争论》，载《欧洲》1999 年第 5 期。

⑤ 王帆：《美国的亚太联盟》，世界知识出版社 2007 年版。

日同盟和美韩同盟进行了比较分析。[①] 孙德刚博士则在分析西方联盟理论的基础上，提出了“准联盟”理论，并结合相关案例对其进行了分析。[②] 还有一些从事历史研究的学者，也从事对联盟问题的研究，他们对历史上的一些联盟进行了深入细致的分析，这些研究充分体现出了历史学的学科特点，他们在充分掌握了大量史料的情况下，对相关的联盟进行研究，比较有特色的是李广民和许海云分别对英日同盟和美国的“大西洋联盟”进行的研究。[③] 虽然如此，这些研究成果主要针对的还是联盟及联盟中的安全关系，有的研究涉及到了文化、制度因素对联盟下的安全关系产生的影响，但对联盟中的安全与经济二者之间的关系，同样也缺乏深入细致的分析。

所以在梳理国内外关于联盟问题的研究后我们发现，对联盟问题的研究，主要从安全问题入手进行分析，而对联盟所产生的经济影响却较少进行分析。在对联盟体系下的安全与经济问题进行的研究中，通常都是针对结果进行分析，缺乏对联盟中的经济与安全的动态观察，也没有关注相关政策形成过程中安全与经济二者间的互动。因此，本书选取联盟中的安全与经济关系作为研究对象，考察联盟产生的经济后果，并从国际与国内相结合的角度，研究在联盟体系下，安全与经济是如何具体互动的。这样的选题和研究视角在对联盟问题的研究中具有一定的新意，也希望这样做，能够进一步拓宽对联盟问题的研究领域，开创新的视角，为丰富对联盟问题的研究做出贡献。

---

① 汪伟民：《联盟理论与美国的联盟战略：以美日、美韩联盟研究为例》，世界知识出版社2007年版。

② 孙德刚：《多元平衡与“准联盟”理论研究》，时事出版社2007年版。

③ 李广民：《与强者为伍：日本结盟外交比较研究》，人民出版社2006年版；许海云：《锻造冷战联盟：美国“大西洋联盟政策”研究（1945—1955）》，中国人民大学出版社2007年版。

三、本书的研究方法与创新

一项研究的完成需要有科学的研究方法作为支撑。通常的科学研究方法包括两类，即归纳法和演绎法。前者建立在从特殊到一般的推理基础上，而后者则建立在从一般到特殊的推理基础上。归纳法通常与概括、加工事实有关，并常以观测和试验结果为依据，它的目的是确立科学认识基础的客观性，并由此得出合乎情理的、或然的推论；演绎法则是从一般原则推导到具体事例的过程，也就是从一些作为原理的判断形式，推导出一个判断体系，这一推导程序则完全依靠所采用的逻辑系统的规则。演绎法的目的是组织现成的知识，也就是从作为真理而被采用的前提中得出必然结论。[①]

本书的写作主要采取的是演绎的方法。国际关系研究中的演绎法一般是指研究的切入点是基于已知的理论和逻辑推理而得出的理论假设。演绎法首先要求我们进行批判性的理论讨论和合乎逻辑的思维推理，并根据与研究内容有关的理论假说，得出可以操作的理论假设，然后进行实证性测试。它是一种有用的思维和分析方法，有助于透过多维多元的国际环境和复杂的国家行为，发现比较实质性的规律性的行为模式。[②] 具体到本书的研究上，同样遵循这样的演绎推理的逻辑，首先评述关于联盟研究，特别是联盟体系下的经济与安全研究的既有理论成果，指出其中的不足及有待发展的地方；接下来提出相应的理论假设，构筑本书的分析框架；然后再结合国际关系中的现实进行分析验证，观察并检验出该理论假设与客观事

---

① 刘大椿：《科学基础哲学导论》，中国人民大学出版社2000年版，第141—151页。

② 秦亚青：《霸权体系与国际冲突——美国在国际武装冲突中的支持行为（1945—1988）》，上海人民出版社1999年版，第67页。

实的吻合程度。

同时本书在具体的研究上，采用的是案例分析的方法。这也是社会科学研究中常见的研究方法，它主要采用的是某一理论对某一问题中的特定个案做出解释，其重点在于从理论出发对具体的现实做出更深入的解释。[①] 案例分析对于从事包括国际关系在内的社会科学研究来说是十分重要的，因为在国际关系研究中，由于我们所知不多、解释能力有限，而且好的描述部分取决于良好的解释，所以描述工作就显得尤其重要，而且这种案例分析对于描述的成败又是至关重要的。因此对社会科学研究而言，案例分析具有根本性价值。[②] 具体到本书的安排上，本书选取了美国的亚太联盟作为分析案例，它们分别是美日联盟、美韩联盟、美菲联盟以及美泰同盟，它们既有相似的地方，也有各自的特点，本书对这四个联盟中的经济与安全进行考察、剖析，从而对相关的理论假设进行验证。

本书在上述研究方法的指导下分析了国际关系中的经济与安全二者之间的关系。在以下几个方面，本书体现了相应的创新：

第一，本书以联盟为对象，研究了联盟中的经济合作问题。这为安全研究与国际政治经济学的结合开创了一个新的分析视角，也拓宽了经济安全研究的领域。

第二，本书在对联盟问题的研究上，提出了新的分析框架。在对联盟研究的基础上，本书从国内与国际因素相结合的视角动态地研究联盟问题，认为通过问题联系以及补偿性支付的方式构筑了联盟体系中安全事务与经济事务相联系的主要渠道，从而保证了联盟的稳固以及联盟中经济与安全事务的互动。

---

① Stephen Van Evera, Guide to Methodology for Students of Political Science, Cambridge: MIT Press, 1996, pp. 35 – 38.

② Gary King, Robert O. Keohane, and Sidney Verba, Designing Social Inquiry: Scientific Inference in Qualitative Research, Princeton, N. J.: Princeton University Press, 1994, pp. 43 – 46.

第三，本书认为联盟中的经济合作能够发挥信号功能，根据联盟国家间对对方战略需求程度的不同，联盟国家会通过不同的经济合作方式作为一种信号传递给对方，从而在确保联盟关系的基础上最大限度地实现各自的国家利益。

四、本书的基本结构

本书选取联盟作为主要的分析对象，探讨在联盟框架下国家间的经济合作，为分析国际关系中的经济与安全提供一个新的分析视角。众所周知，联盟通常是国家之间出于安全上的需要，而由两个或两个以上国家建立的组织形式。因此，安全上的目标是联盟建立的初衷和主要目的。学术界以往对联盟问题的研究重点因此也集中于安全层面，分析联盟对国家安全带来的影响，很少有人研究联盟对国家间经济交往造成的影响，也就是联盟的经济后果。事实上，联盟所促成的国家间合作不仅限于安全领域，还会扩及到经济事务，造成相应的经济后果，使国家经济交往进一步密切，甚至形成一种相互依存的关系。因此，本书将以此为出发点，通过国际与国内要素相结合的分析路径，探讨联盟体系下的经济事务与安全事务二者之间的关系。

本书在结构上分为三部分，即导论、正文及结论。在正文部分，第一章到第三章介绍相关的理论，提出本书的分析框架和主要观点；第四章到第八章，通过相关的案例具体分析联盟框架下的经济与安全的关系。

第一章
国际政治经济学视野下的安全、经济与联盟

在国际关系研究中，很长一段时间人们都将国际安全研究与国际政治经济学研究视作两个不同的研究领域，二者之间研究主体不同，似乎难以融合在一起。特别是在冷战期间，安全领域被认为是涉及“高级政治”领域，而国际政治经济学的研究内容主要以“低级政治”为主，在这二者之间被人为地设立了界限和区别。但事实并非如此，实践的经验证明，这两个领域在国际关系研究中越发紧密地结合在一起。

冷战期间，人们似乎形成了一种既定的逻辑，那就是安全事务和国际政治经济涉及的是两个不同的领域，应将二者分开进行研究。同时，两极对立的国际格局也更加凸显了安全的重要，这就更加使各国轻视经济事务上的往来，从事安全问题研究的专家学者自然也就将经济问题从各自的研究领域中排除出去。同样，在国际关系学者的眼中，各国之间军事冲突的可能性也只在于两个超级大国的对立，而与国际关系中的经济事务无关。

但经济政策或者经济手段的使用可以对军事政策产生影响。学术界对于经济政策与安全事务的关注往往集中于各国利用一系列的政策手段以保护各自的利益。这些手段中经济与军事方式往往是并重的。

在国际政治经济学研究中，对经济问题的研究有时候忽视了经

济增长与军事实力之间的关系，许多对经济政策的分析都忽略了安全因素在其中发挥的作用和影响。因此，将这二者结合起来进行研究成为了当前研究的一个新重点。

一、国际安全研究与经济因素

国际政治经济学研究面临着一个缺少对国家安全进行关注的问题。相反，在安全研究中则似乎更多地关注军事冲突对国家安全造成的影响，而很少从政策角度加以解释。毫无疑问，从事安全研究的学者往往承认经济实力和国家财富对于实现国家安全最大化所发挥的重要作用。[①] 鉴于经济资源是一国整体实力的重要组成部分，这种承认也可以说是传统的现实主义者倍加强调权力问题的一种逻辑上的扩展。很多学者为现实主义者这种传统解释又增添了新的分析视角。在有的情况下，二者之间的联系被缩小到很窄的范围内，导致将注意的焦点集中于防御开支与经济增长的关系上。也就是如果经济增长率降低，防御开支是否会在长远上影响国家安全。所以，军事产业在战略形成过程中所发挥的作用，是经济与安全关系研究中的另一主要话题。[②]

然而，大量的研究将重点集中于经济政策上，特别是国内经济政策。学者们将大量的关注点集中于对外经济政策所发挥的战略功

---

① Paul M. Kennedy, The Rise of the Anglo-German Antagonism, 1860 - 1914, Atlantic Highlands, N. J.: The Ashfield Press, 1987; Paul M. Kennedy, "American Grand Strategy, Today and Tomorrow: Learning from the European Experience," in Paul M. Kennedy ed., Grand Strategies in War and Peace, New Haven, Conn.: Yale University Press, 1991; Aaron L. Friedberg, "The Political Economy of American Strategy," World Politics, Vol. 43, No. 3, April, 1989, pp. 381 -406.

② Stephen M. Walt, "The Case for Finite Containment: Analyzing U. S. Grand Strategy," International Security, Vol. 14, No. 1, Summer, 1991, p. 227.

能上，虽然也有研究关注经济制裁发挥的效率以及对物资控制与国家安全之间的关系。然而，从整体上看，缺乏针对对外经济政策所发挥的战略功能进行的研究。毕竟，对贸易理论解释的一个主要方面就是要表明贸易政策如何对国内财富产生影响。简单地说，将关注点仅仅局限于军事领域的问题在于它使经济战略的作用被忽略。

这种趋势的根源在于没有能够将经济措施作为一个整体的宏观战略的一部分。许多针对安全问题的研究没有能够将经济措施与军事手段视为一个整体的宏观战略，而是将安全问题非政治化并片面地理解了战略的概念。这导致了对国家安全从技术层面上的过分强调。但是新近研究的多元化将重点集中于遏制对手的技术要求层面。这些研究都是从宏观战略的角度而不是按学科进行分野来考虑的问题。虽然这些研究很大程度上避免了单纯对基础层面的片面关注，但仍然将重点集中于战略的军事层面之上。

因此，从宏观战略的角度进行研究应该综合考虑军事战略和经济战略，因为军事战略和经济战略都反映了国家希望巩固联盟关系和限制与对手关系的努力。对敌友关系的关注使安全研究的领域扩大成为可能，使研究不仅集中于与对手之间的关系，还包括与盟友之间的关系。因此，虽然遏制理论充分说明了对手之间是如何传递各自的意图以展现其对各自核心价值的捍卫，[①] 但是我们却很少知晓关于联盟之间是否进行类似的意图传递。国家彼此之间关系的不确定性不但会影响对手国家之间的关系，同时也会对盟国之间的关系构成影响。因此，由于缺乏与意图相关的信息所造成的问题，在联盟国家之间同样也会产生。所以诸如联盟的建立以及维

① Thomas C. Schelling，The Strategy of Conflict，Cambridge：Cambridge University Press，1960；Robert Powell，Nuclear Deterrence Theory：The Search for Credibility，Cambridge：Cambridge University Press，1990.

持也就成为国际关系研究中的一个重要问题。不确定性问题和联盟中的承诺对安全研究，同时对国际政治经济学研究具有同样重要的作用。

二、构筑国际政治经济学研究与国际安全研究之间的纽带

在研究中，将国际政治经济学与国际安全研究联系起来是十分重要的。有学者曾经指出，这两个领域的分离，造成了政治科学研究中最为严重的问题之一。[①] 合作理论曾经被视为是解决这一问题的一个方法。通过强调利益之间的相互关系，未来效应（the shadow of the future）的影响以及行为体的数量是如何影响合作的进程，这一理论被认为是对传统的国际政治经济学研究和国际安全研究之间学术分野的一种挑战。[②] 这种学术上的挑战根源来自于同样的分析逻辑，也就是合作理论，既可以被用来解释经济领域存在的问题，也可以用来说明安全领域的问题。[③] 然而，这一相同的分析逻辑不能充分地构筑国际政治经济学研究和国际安全研究之间的纽带。

在经济与安全关系中的合作受到合作理论三个方面的影响：在经济事务上，清算结构要比在国家安全领域更有助于合作的进行。

---

① Joseph S. Nye and Sean M. Lynn-Jones, "International Security Studies: A Report of a Conference on the State of the Field," International Security, Vol. 12, No. 4, Spring, 1988, p. 25.

② Kenneth A. Oye, "Explaining Cooperation under Anarchy: Hypotheses and Strategies," in Kenneth A. Oye, ed., Cooperation under Anarchy, Princeton, N. J.: Princeton University Press, 1986, p. 3-4, p. 22; Joseph S. Nye and Sean M. Lynn-Jones, "International Security Studies: A Report of a Conference on the State of the Field," International Security, Vol. 12, No. 4, Spring, 1988, p. 19.

③ Robert Axelrod and Robert O. Keohane, "Achieving Cooperation under Anarchy: Strategies and Institutions," in Kenneth A. Oye, ed., Cooperation under Anarchy, Princeton, N. J.: Princeton University Press, 1986, p. 227, p. 231.

经济事务更多地受到未来效应的影响，而且通常较少受到制裁问题的困扰。所以这些因素可以说明为什么在经济领域比在军事安全领域更容易出现。[①] 然而，这种跨问题领域的相似性与相异性在说明军事变量与经济变量的共同变化和彼此影响上所发挥的作用是不同的。后者更多强调的是对国际政治经济学研究和国际安全研究的一种整合，而不同于那种传统意义上的合作理论。

在讨论关于合作问题的未来效应时，阿克塞尔罗德（Axelrod）和基欧汉（Keohane）认为，对背叛行为的报复在经济领域比安全领域更容易做到。这是因为经济行为的博弈更容易重复进行。在军事领域，一场成功的先发制人的战争能够打消对方进行报复的一切可能。以此类推，合作也更容易在经济领域内实现。[②] 另外，可以通过一种综合的方法考察军事领域合作是如何影响经济领域进行合作的，反之亦然。如果一国希望能够消除其对手的军事实力，那么在军事领域进行斗争的重要性要远甚于经济领域的斗争。如果未来效应对军事领域的影响是短期的，那么这种影响对经济事务所发挥的影响也要受到削弱。因此，在一个领域内进行的合作对另一个领域内的合作会产生正向的影响。

这种情况在阿克塞尔罗德和基欧汉的讨论中被称为相容性博弈（compatible games）。这种使博弈相适应的因素已经超出了合作理论的范围。奥耶（Oye）对此进行了详尽的阐述。在他对两次大战之间国际货币合作问题的研究中，合作理论的若干变量承担起了一种干预变量的角色，使之同战略设置的环境变革密切相关。促进各国

---

① Robert Axelrod and Robert O. Keohane, "Achieving Cooperation under Anarchy: Strategies and Institutions," in Kenneth A. Oye, ed., Cooperation under Anarchy, Princeton, N. J.: Princeton University Press, 1986, pp. 231 – 233.

② Robert Axelrod and Robert O. Keohane, "Achieving Cooperation under Anarchy: Strategies and Institutions," in Kenneth A. Oye, ed., Cooperation under Anarchy, Princeton, N. J.: Princeton University Press, 1986, pp. 232 – 233.

之间深入合作的环境变革因素在于遏制德国对于欧洲安全的威胁。[①] 所以军事事务对经济合作的影响在这里得到了详尽的阐述。然而，由于经济和安全变量在合作理论中并不是系统地彼此相关联，这些变量也就必然超出了合作理论的范畴本身。即使在德国的威胁对欧洲货币的清算结构已经造成了明确影响的情况下，合作理论仍没有能够很好地解释为什么德国的威胁会成为欧洲国家之间进一步进行货币合作的理由。因此，以合作理论为基础也仍然没有从理论上将经济事务与安全事务整合为一体。按照奥耶的话说，合作理论至多为经济与安全事务之间的研究提供了一系列干预变量而已。[②]

所以，这些普通的分析基础难以充分将经济事务研究与安全事务研究整合起来。鲍威尔指出，国际政治经济学的研究领地主要依靠新自由制度主义，而国际安全研究的领地则主要是结构现实主义，二者之间针对国家偏好的基本理论假设是不同的。前者认为国家追求的是一种绝对收益，而后者则认为国家追求的是一种相对收益，所以这两个学科领域之间的进一步整合从根本上说是不可能的。[③] 然而，绝对收益与相对收益之间的区别不能代表国际政治经济学研究与国际安全研究之间的不同。通过相对收益的视角对经济事务的研究同样屡见不鲜，例如约瑟夫·格里科从相对收益的视角对关贸总协定东京回合谈判的研究。吉尔平认为绝对收益与相对收益之间的区别如同将经济同政治分离开来一样，因为前者注重的是绝对所得，

---

① Kenneth A. Oye, "The Sterling-Dollar-Franc Triangle: Monetary Diplomacy, 1929 - 1937," in Kenneth A. Oye, ed., Cooperation under Anarchy, Princeton, N. J.: Princeton University Press, 1986, pp. 175 - 176, p. 193, pp. 197 - 198.

② Kenneth A. Oye, "The Sterling-Dollar-Franc Triangle: Monetary Diplomacy, 1929 - 1937," in Kenneth A. Oye, ed., Cooperation under Anarchy, Princeton, N. J.: Princeton University Press, 1986, pp. 175 - 176, p. 193, pp. 197 - 198.

③ Robert Powell, "Absolute and Relative Gains in International Relations Theory," American Political Science Review, Vol. 85, No. 4, December, 1991, pp. 1303 - 1304.

而后者注重的是相对所得。鲍威尔通过说明国家是如何在结构约束的条件下在相对收益与绝对收益之间进行抉择，将国际政治经济学研究与国际安全研究结合起来。由于从事国际政治经济学研究与国际安全研究的学者很多都认为自己属于现实主义流派，这也就成为了这两个学科领域的一个共性。而现实主义理论认为国家是在无政府的国际体系下寻求自身利益最大化的理性行为体，为了实现这一目标，国家要依据其在国际实力分布格局中的地位来为其进行准确定位。从事国际政治经济学研究的学者通常接受这一分析框架，并进一步将国家追求安全的最大化拓展到追求经济收益的最大化，将研究国家寻求在国际体系中的军事实力拓展到寻求在国际体系中的经济实力。但是，正是由于这种将研究重点或集中于安全领域或集中于经济领域，所以无论是国际安全研究还是国际政治经济学研究都没有能够充分说明国家所追求的具体目标以及它们面临的限制种类。

戈华的一项研究也在力图改变这种情况，她认为贸易让步行为会使一国更有效地分配其资源，因此必然会产生安全的外部性，这也必然会增加贸易对象国潜在的军事实力。因为一国不能够判断出其经济让步的对象国不会利用来自对方的经济资源而发展自己的军事实力，而自身军事实力的增加会对对方的安全构成影响。① 而军事联盟是可以将安全外部性进行内化的最重要的组织形式，虽然它的有效性会因国际体系中的“极”数的改变而变化。因为两极体系中的联盟是结构性产物，它们面临背叛的情况会比较少。而在多极体系中，由于约束性条件没有两极体系中那么严格，所以国家选择盟友的机会相对较多。在这种情况下，从联盟中退出的可能性比较高，

---

① Joanne Gowa, “Bipolarity, Multipolarity, and Free Trade,” American Political Science Review, Vol. 83, No. 4, December, 1989, p. 323.

外部性不容易被内化，因此自由贸易更容易在两极体系的联盟中实现渐进性发展。①

但是这里的问题在于，为什么在两极体系退出的可能性较低的情况下，大国之间并没有采用保护主义的政策？因为退出的可能性较低，同时联盟的重要性程度也不高，大国可以自由地使经济事务主导着安全格局。在这种两极体系的情况下，它们是否追求自由贸易或者最优关税是不确定的。而且市场力量在现在及未来的发展变化是对外经济政策最好的解释力量。然而，关于市场力量是否会影响军事实力却没有相关先验的假定。所以两极体系也并不能够成为对外经济政策的一种解释力量。

在多极体系情况下，由于不确定性的存在，这种情况更为严重。由于存在着较高程度的背叛的可能性，因此一方会更期待一种非让步的经济政策。再有，由于在多极体系中的国家比在两极体系的情况下对联盟的依赖程度更高，所以它们更加关注增强联盟之间的联系。因此，背叛的可能性较高，使得贸易让步政策更加值得期待。反对的一方也将成为联盟的对手。如果关于两极格局的那种分析是正确的，那么多极体系的存在会使得对对外经济政策的预期更加不确定。

鲍德温通过另一种方式将经济问题与安全问题结合在一起并分析它们彼此之间的关系。他通过提出社会力量来整合这二者之间的联系。经济政策、外交方略、军事方略无一不是国家方略的一部分，因此它们发挥着一定影响。这种影响在鲍德温看来就是 A 能够让 B 去做它并不情愿去做的事情。② 所以经济与安全的结合依赖于对传统

---

① Joanne Gowa, "Rational Hegemons, Excludable Goods, and Small Groups: An Epitaph for Hegemonic Stability Theory?" World Politics, Vol. 43, No. 3, April, 1989, p. 1245.

② David A. Baldwin, Economic Statecraft, Princeton, N. J.: Princeton University Press, 1985, p. 9, pp. 13－14.

的经济学家提出的缺乏权力基础自愿交换的概念的有效性的一种扬弃。所以在鲍德温看来，直接的货币补偿是让一些人去做其不愿意做的事情的最有效的方式之一，同时直接的购买也是一种经济方略的形式。①

总之，在进行直接货币支付的情况下，权力的使用需要满足两个条件才能发挥作用。第一，购买者给出的价格一定要低于销售者希望的出价。第二，不管第一种情况如何，交易行为要发生。然而在鲍德温看来，任何经济交易都要包含权力因素。按照鲍德温关于权力的定义，我们不能够从概念上区分出销售者是否是被迫进行着这种交易行为。在鲍德温看来，销售者的行为有可能是他并不情愿所做的。这种对权力概念的解释并不能够准确地区分出这两种情况发生的背景。

政治现实主义认为，在无政府的国际体系下，由于缺乏一个中央权威来约束并规范国家的行为，国家必须通过自卫的方式来抵御外部的进攻威胁。为了这样做，国家之间通过增强军备并构筑联盟来确保各自主权的完整。由于在无政府状态下，武力的威胁以及战争的风险时刻存在，国际关系中的现实主义理论认为，维护国家安全与主权独立成为首要的国家目标，它的重要性要远甚于包括增加国家财富、实现意识形态上的追求以及其他社会目标。他们坚称，在具体的问题领域内是存在着先后顺序的。所以防御事务与国家安全自然也就属于高级政治的范畴，而其他的诸如经济事务、社会事务等则属于低级政治的范畴。正如爱德华·卡尔所言，每一个国家都会面临着在“枪炮”与“黄油”之间的两难抉择，经济福利属于一种奢侈品，因为只有安全有了保障的国家才有能力提供。他具体

① David A. Baldwin, Economic Statecraft, Princeton, N. J.: Princeton University Press, 1985, pp. 43 – 44.

写道，人们提出的问题从来都不是：你选择“黄油”还是“枪炮”？大家（长期独享和平的英美两国中那些和平主义者不在此列）都会认为，在必要的情况下，“枪炮”必然比“黄油”更加重要。人们提出的问题总是：你是否有着足够的“枪炮”来保证自己获得“黄油”？或是：假如我们需要若干件枪炮，我们是否能够增加收入，以便得到更多的“黄油”？①

由于这样的观点在现实主义者中占有优势地位，国际关系中的安全研究自然以现实主义理论为主导。因此，许多从事国际安全研究的学者自然将经济考量置于一种无足轻重的地位。② 回顾过去50年对安全问题的研究，例如，迈克尔·马斯坦多诺（Michael Mastanduno）认为由于国际关系研究并没有将经济事务与安全问题这两个领域的研究整合到国际政治的总体研究中，安全研究与国际政治经济学研究彼此互不相关地独立发展着。③ 柯什纳（Kirshner）也认为，作为冷战的结果，在当时的国际关系理论中，存在着国际政治经济学研究与国际安全研究的明显界限。④ 但是这种国际政治经济学研究与安全研究彼此分离的做法并不是正确的，它忽略了国家权力的重要组成部分，许多对于国家安全构建至关重要的经济因素被他们人为

---

① ［英］爱德华·卡尔著，秦亚青译：《20年危机（1919—1939）：国际关系研究导论》，世界知识出版社2005年版，第111页。

② Michael Mastanduno, “Economics and Security in Statecraft and Scholarship,” International Organization 52 (4), 1998, pp. 825 – 854; Jean-Marc F. Blanchard, Edward D. Mansfield and Norrin M. Ripsman, “The Political Economy of National Security: Economic Statecraft, Interdependence, and International Conflict.” In Jean-Marc F. Blanchard, Edward D. Mansfield, and Norrin M. Ripsman, eds., Power and the Purse: The Political Economy of National Security. London: Frank Cass, 1999, pp. 1 – 14; Jonathan Kirshner, “Political Economy in Security Studies After the Cold War.” Review of International Political Economy 5 (1): 1998, pp. 64 – 91; Ethan Barnaby Kapstein, The Political Economy of National Security, New York: McGraw-Hill, 1992.

③ ［美］彼得·卡赞斯坦、罗伯特·基欧汉、斯蒂芬·克拉斯纳编，秦亚青、苏长和、门洪华、魏玲译：《世界政治理论的探索与争鸣》，上海世纪出版集团2006年版，第219页。

④ Jonathan Kirshner, “Political Economy in Security Studies After the Cold War,” Review of International Political Economy 5 (1): 1998, p. 64.

地去除了，同时当国家为了追求国家安全目标而需要动用相关的资源和人力时，他们同样会面临这种非常重要的政治经济两难的选择。

三、国家安全的经济基础

（一）财富与军事实力

传统的国际关系研究将问题领域按优先次序进行划分，它造成的一个问题就是忽略了权力的经济根源。重商主义者始终认为货币是战争的原动力，因为财富可以源源不断地转化为军事实力。[①] 在封建时代，君主利用雇佣军保卫自己的国家，财政状况好的国家可以雇佣更多的军队并装备先进的武器。法国革命后随着募兵制的建立，国家军队逐渐确立，国家军事装备的规模不再直接依靠于国家的财富状况。但军队的补给、后勤保障、武器装备等诸多事务都需要经济资源作为保障，它在其中发挥着决定性的作用。而且，在现代，经济实力雄厚的国家更愿意投资进行武器装备的研发，以期能够在战争中占据绝对优势的地位。

一国确保自身安全不受到侵犯不单纯地依靠财富的聚集，同时还需要一系列战略物资和武器装备以确保维持一场战争。这些物资和装备包括食品补给、用于武器生产的金属和矿藏、石油及其他能源以及维持战时工业、农业及军事生产所必需的相关物资的生产，同时还需要足够的劳动力、机械和基础设施的供给。所以，这种

---

① David Baldwin, Economic Statecraft, Princeton: Princeton University Press, 1985, pp. 72 - 77; Edward Mead Earle, "Adam Smith, Alexander Hamilton, Friedrich List: The Economic Foundations of Military Power." In Peter Paret, ed., Makers of Modern Strategy. Oxford: Clarendon, 1986, pp. 217 - 261.

“高级政治”所面临的最严重的两难境地就是国家维护自身安全却必须面对一种经济环境，它们国内要么通过自给自足尽可能多地生产出这类战略物资，要么通过在国际市场进行贸易来获取这类物资。通过自给自足的方式来满足此种要求，就需要付出相应的经济代价和战略代价，因为这样做在经济上是低效率的。在战略上，如果生产这类的物资，必须有足够的资源和基础设施作为保障，并且需要掌握相应的技术作为支撑。[①] 但是，通过贸易来获取防御物资，虽然经济上节省成本，但具有相当的风险，因为对手国家可以通过在战时切断运输线或对物资来源进行干预的方式，使这种物资补给中断或受到干扰。

资源获得的两难境地使得这种政治经济两难境地具有了更深远的安全含义：是否要按照经济民族主义或经济自由主义的原则来安排国民经济。按照经济民族主义的战略，为了在国际竞争中保护本国产业，需要运用补贴或贸易壁垒措施，这样可以确保防御性的产业存在以在必要时能够服务于国家安全的需要。但它也会导致经济发展的不均衡，影响正常生产效率的发挥，从而减少国家财富的积累，最终妨碍对国家安全的追求。而经济自由主义的战略，基于自由市场、专业化和比较优势的原则，旨在实现国家财富的最大化，从而可以使国家最大限度地调动有效资源用于国防建设。[②] 毫无疑问，这种自由市场的方式将使经济行为进一步理性化，如果与防御相关的国内产品不如相应的国外产品的话，按照市场规则，国家会选择来自国外的商品，这将产生负面影响，也就是当国外的供应商切断供货渠道时，国家在这一问题上也就失去了指望。

---

① Alan S. Milward, War Economy, and Society, Berkeley: University of California Press, 1977; Eugene Staley, Raw Materials in Peace and War, New York: Council of Foreign Relations, 1937.

② David A. Lake, “Powerful Pacifists: Democratic States and War.” American Political Science Review, 1992, pp. 24 – 37.

所以，国家财富、资源分配以及经济活动的结构会对国家安全产生重要的影响。而且由于二战之后没有任何一个国家能够自身拥有它所需要的全部资源，所以各国在国际市场上都不会是完全自主的，这也就对军事战略有个更深层次的含义。

（二）贸易依存度与军事战略

由于各国都要在一定程度上对国际贸易有所依赖，当国家为了应对战争以及战时的军事战略时，从经济角度进行考量对国家安全政策也就有了更深一层的含义。许多与国家安全有关的交易其目的在于保证国家能够持久有效地从国外获得相关资源，并在爆发战争的时候保证这些资源供给的连续。在殖民主义时代，国家拥有殖民地的目的是为了能够拥有并控制重要战略资源的独占地位。同样，一国可以将其周围邻国的经济与自身紧密相连，从而保证在战争期间能够确保相关物资的出口。他们也可以通过这样的方式获取在国际市场上难以得到的急需的战略物资，例如，纳粹德国在二战之前与南欧国家之间的经济关系便是出于这样的目的。① 同样，20 世纪 30 年代的日本推行“大东亚共荣圈”政策，通过军事上的强制手段对邻国进行征服，从而确保日本在战争期间能够拥有它的出口市场。② 所以，为了确保这样的关系朝着更加良性的方向发展，各国应该在某些关键的供应领域构筑军事与经济联盟。

在战争期间，贸易的依存度与补给战争的需要促使军事战略家们将斗争的矛头也对准了敌国的经济领域。英国战略学家利德尔·

---

① Albert O. Hirschman, National Power and the Structure of Foreign Trade, Berkeley: University of California Press, 1945.

② Michael A. Barnhart, Japan Prepares for Total War: The Search for Economic Security, 1919 - 1941, Ithaca: Cornell University Press, 1987.

哈特（B. H. Liddell Hart）认为，大规模的战斗对参战双方都是一种极大的消耗，这种消耗不单纯是物质上的，还涉及到经济领域，甚至人的心理层面，而且还会通过一种间接的方式对敌国的经济基础，比如物资供给线路、原料补给点、海外战略物资的运输等方面进行破坏，这会对敌国的意志和能力造成极大冲击，从而消弭其斗志，更大程度确保自身的胜利。[①] 例如，海上封锁的战略就可以对敌对国家急需的重要战略物资的海上运输线路进行封锁，从而瓦解其在战争中的实力。英国在二战期间对北海地区实行海上封锁，切断了德国获取食品、石油、煤炭和橡胶等重要战略物资的供应线，有效地配合了盟军的作战；而德国也反其道而行之，针对盟军在北大西洋的运输线路进行海上封锁。[②] 同样的措施还有执行战略轰炸计划，也就是对敌对国家的工业基地、原料仓库、基础设施和人口集中的城市进行轰炸，从而在进行大规模战斗之前就将敌国的能力进行彻底削弱，它所起到的作用和海上封锁的作用是类似的。[③]

为了执行这类措施来削弱敌国的供应系统，经济战略学家为此规划出了相应的经济战的方针。经济战主要包括两类活动。第一类就是通过对相关国家的出口施加出口禁运措施，使敌对国家难以获得它们急需的战略物资和产品。第二种方法就是采取相应的措施，阻止敌对国家从中立国家进口物资。虽然中立国家经常利用这种地位在战争中从交战双方获取好处，但是通过采取措施，如向其施加外交和军事压力，防止其向敌对国家供应物资，或者采取优先购买的方式，从它手中提前占有这类物资。

---

① B. H. Liddell Hart, Strtegy, New York: Praeger, 1967, pp. 351 – 365.

② Sir Peter Gretton, "The U-Boat Campaign in Two World Wars." In Gerald Jordan, ed., Naval Warfare in the Twentieth Century, 1900 – 1945: Essays in Honour of Arthur Marder, New York: Crane Russak, 1977, pp. 128 – 140.

③ Robert A. Pape, Bombing to Win: Air Power and Coercion in War, Ithaca: Cornell University Press, 1996.

因此，正是由于安全研究中所认为的国家在国际市场上不是完全自立的行为体，经济上的考量便在军事战略中发挥着重要的作用和影响。

（三）战争动员的政治经济学：国内政治的视角

国家在国内政治层面也并不完全是自主行事的。政府没有完全自主的权力拥有国内的资源；他们必须动员相应的货币、人力及工业生产能力和必要的物资补给来应对一场战争。同时，他们也要确保战争动员的国内成本对于国内的群众和影响力较大的利益集团来说不致过于庞大，否则可能会招致巨大的社会动荡。

国家安全政策的确立在国内政策层面面临着重要的政治、经济两难境地。第一个问题就是对战争的财政援助，这涉及到的主要是财政经济学问题。[①] 通过直接征税的方式，可以为国家提供必需的财政收入，又不至于造成巨大的债务负担，所以税收是最为有效的一种维持国家财政收入的方式。但是如果税收的负担开始加大，以致社会上有人因此受到了影响，那么就会导致相关的社会利益集团进行动员，对此进行抵制。如果这样的现象出现在战争期间，那么这种反对的矛头很有可能就是针对政府的战争政策，从而会削弱政府进行战争的能力。相反地，债务融资则是国内和国际的债务机构，为那些有能力提供资本的部门提供相应优惠措施的一种举措。然而，在进行旷日持久的战争期间，债务融资会造成很严重的债务负担从而最终使强国由盛转衰。[②] 正是由于英法两国在二战期间向美国大量

---

① Keith Hartley and Todd Sandler, eds., Handbook of Defense Economics, New York: Elsevier, 1995; Gavin Kennedy, Defense Economics, London: Duckworth, 1983.

② Ethan Barnaby Kapstein, The Political Economy of National Security, New York: McGraw-Hill, 1992, pp. 16 – 19.

举债，才导致它们在战后迅速衰落。

第二个问题在于调动大量的人力、物质资源以维持安全政策的运转。国家的行动是在既有的国家—社会关系的背景下进行的，通过利用现有的权力资源和政策工具为战争的进行筹措相应的资源。这样的举措会给国家带来较少的政治成本，但是在一些比较严峻的形势面前，这样的方式恐怕很难满足所有国家的安全需求。因此，各国时常会被迫寻求一种“重构战略”，通过改变原有的国家—社会关系来为国家安全政策提供新的国内支持。一方面，国家可以强制性地通过社会渠道增加自身的权力以便增加更多的国内支持，另一方面，它也可以通过与社会力量的协商，通过自由化的措施进一步限制国家的权力使社会力量能够对国家政策给予更多的主动支持。因此，强制性的措施具有一定程度的风险，它不但会招致国内的抵制，而且会造成相关决策的效率低下。而自由化的措施虽然会侵蚀国家的行动能力，但却可以限制国家为进一步战争进行动员的能力。因此，巴尼特（Barnett）认为埃及和以色列在1967—1973年的阿以战争期间，其国家安全政策执行的自主性受到了两国国内政治谈判的很大程度的制约。①

战争动员可以说是一种典型的“高级政治”的政策表现，但它从根本上要取决于一国的政治经济状况，而这又是从事安全研究的学者力图将之归类于“低级政治”的内容领域。也有一些学者进一步认为，国家应对国际威胁的能力不但取决于它的国内政治经济因素，而且它界定国家利益的方式也是依照社会经济利益衡量的产物。他们认为，社会上重要的经济利益团体和部门会尽力争取使国家的进一步发展方向符合他们自身的政治经济利益。这些利益团体所界定的威胁、他们所认为的朋友和对手以及他们在战略上的调整应对

① Michael N. Barnett，Confronting the Costs of War，Princeton：Princeton University Press，1992.

措施，不但取决于国际体系的权力分布，还取决于这些利益群体在国内政治联盟中的权力分布格局。①

四、经济相互依存、经济方略与国家安全

为了满足国家的安全目标，国家需要依赖于国内的支持和国际资源的供给，这样不但可以实现战争动员，执行相应的军事战略，还可以使国家通过经济手段而非武力方式达到其战略目标创造更多的机会。如果国家能够通过进一步加深与国际经济的联系、施加经济制裁或提供经济激励机制确保经济相互依存的话，那么他们也会创造相应的行为动机，使之行动与国家安全目标保持一致。

（一）相互依存与国际冲突

商业自由主义者认为，当国家间的经济相互依存程度较高时，它们使用武力解决彼此之间争端的可能性便会降低。② 这样的观点认为，当贸易与投资在各国之间自由进行时，以经济交往为衡量标准

---

① Peter Trubowitz, Defining the National Interest: Conflict and Change in American Foreign Policy, Chicago: University of Chicago Press, 1998; Benjamin O. Fordham, Building the Cold War Consensus: The Political Economy of U. S. National Security Policy, 1949 – 1951, Ann Arbor: University of Michigan Press, 1998; Etel Solingen, Regional Orders at Century's Dawn: Global and Domestic Influences on Grand Strategy, Princeton: Princeton University Press, 1998; Kevin Narizny, "The Political Economy of Alignment: Great Britain's Commitment to Europe, 1905 – 39," International Security 27 (4), 2003, pp. 184 – 219; James H. Nolt, "Business Conflict and the Demise of Imperialism." In David Skidmore, ed. Contested Social Orders and International Politics, Nashville: Vanderbilt University Press, 1997.

② Geoffrey Blainey, The Causes of War, 3rd ed. New York: Free Press, 1988; Robert O. Keohane, "International Liberalism Revisited," in John Dunn, ed., The Economic Limits to Modern Politics, Cambridge: Cambridge University Press, 1990, pp. 186 – 187.

的战争成本将会非常高，从而使战争的吸引力大大降低。同时，贸易对于从国外吸引资源和财富要比通过武力征服更加行之有效，特别是在当代，民族主义与现代技术的兴起使得战争政府行为显得更加不经济。[①] 因此，商业自由主义者认为自由国家可以通过建立国家贸易机制，通过经济手段而非军事手段以确保它们的国家安全目标。

尽管关于商业自由主义的主张有各种各样的看法，但这种莫衷一是的状况表明了学术界对经济相互依存这个现象缺乏一致的理解。在基欧汉和奈看来，相互依存状态不仅仅是经济上的相互关联，同时这种经济关系的破坏也会给双方带来损失。经济相互依存是指这种经济关系对于国家经济的重要性程度以及终止了这种关系给各国带来的损失程度。很多商业自由主义研究使用的是通过敏感性程度来衡量相互依存程度，比如贸易占 GDP 的比重、对外投资在国家收入中的比例、国家的外汇储备量等等，但这并不等于相互依存的全部；其他的措施包括从战略上来衡量相互依存的资源程度。

经济相互依存的状况为执行国家安全政策赋予了新的政策功能；一国可以向另一国施加或威胁施加经济制裁以迫使其改变既有的安全政策。近年来许多经济制裁的执行有了更加明确的安全目标，如对一些国家从事核试验进行惩罚，防止一些国家获得制造核武器的技术和原料，制止地区间冲突或对侵略行为进行惩罚等。经济制裁可以破坏原有的正常经济关系、减少财政援助或贷款金额、限制对外贸易及投资、冻结相关国家的海外资产，通过这些方式使被制裁的国家能够满足相应的政治要求。制裁一般通过两种方式进行。第

① Peter Liberman, Does Conquest Pay? The Exploitation of Occupied Industrial Societies, Princeton: Princeton University Press, 1996.

一，通过向被制裁的国家及其领导人施加压力，使其承受相应的经济代价，继而从国际层面为促使其改变原有的政策提供经济上的刺激因素；第二，通过对被制裁国家的国内经济状况进行干预，造成国内经济动荡，通过这种方式向被制裁国施加国内政治压力，以使其能够遵守相应的要求，或者通过这种国内的压力使现有的政府下台，代之以能够满足相应要求的新的政府。①

一些商业自由主义者对经济制裁所能产生的效果提出了各自的看法。例如，有学者通过实证研究发现历史上的制裁只需要既定时间安排的35%就可以实现预想的目标。② 特别是一些成功的制裁经验更加增强了这些学者对制裁的乐观态度。但也有学者认为经济制裁在一些重要的安全目标上难以发挥有效的影响力。一些经济制裁看似取得了成功，但实际上是由于通过军事或者政治压力在背后发挥推动作用所致。③ 这种对制裁效果的悲观主义论调对一些付出较高代价的制裁措施提出了各自的质疑，如有学者就质疑美国对古巴实行了40多年的经济制裁措施始终难以收到成效，而对2003年伊战爆发前实施的十几年的制裁也没能实现伊拉克政治体制的变革。也有的学者持一种中立态度，认为制裁的成功取决于国际和国内政治条件的适合或者是制裁者运用足够强大的经济力量向被制裁方施加了极其强大的经济代价。④

除了关于制裁的各种研究，冷战之后美国及国际社会不断加大

---

① Robert A. Pape, "Why Economic Sanctions Do Not Work." International Security 22 (2), 1997, pp. 90-136.

② Gary Clyde Hufbauer, Jeffrey J. Schott and Kimberly Ann Elliott, Economic Sanctions Reconsidered, 2nd ed. 2vols. Washington, D. C.: Institute for International Economics, 1990.

③ Robert A. Pape, "Why Economic Sanctions Do Not Work." International Security 22 (2), 1997, pp. 90-136.

④ Jean-Marc F. Blanchard and Norrin M. Ripsman, "Asking the Right Question: When Do Economic Sanctions Work Best?" Security Studies 9 (1), 1999, pp. 228-264; Jonathan Kirshner, "The Microfoundations of Economic Sanctions." Security Studies 6 (3), 1997, pp. 32-64.

经济制裁的使用力度，并将它与传统的政治军事手段相结合，更进一步说明了经济与安全领域的彼此结合。

（二）经济激励机制

除了强制性的经济制裁措施外，国家所能采取的支援战争的方式还可以通过为国家安全创造相应的机会使其能够运用经济激励措施及对外援助来“购买”安全。这种激励措施也有两种主要体现形式。短期的贸易、财政或技术转移措施可以换得相应国家政府针对现状进行即时或短期的政策变革。① 而通过长期的互惠贸易安排可以从中长期的角度拓展对相关国家政策的影响力度。通过这种方式，这种影响是长期的，它可以激发相关国家内部的利益集团的兴趣，从而继续拓展相应的经济关系，并对政府施压避免在政策上与现行的经济制度相抵触。② 上述两种战略措施都为相应的国家遵守相应的承诺提供了激励的措施，而不是对违反承诺施加惩罚。因此，通过这样的方式可以避免经济制裁措施所激发出来的敌对和抵抗情绪，以平和的方式实现相应的政策目标。③ 而且这种激励机制使第三方没有理由进行干预，相对较容易维持下去。

但是对这种经济激励措施有效性的经验检验在研究中较少见到。一些研究表明，这种经济激励的措施比运用强制性的经济政治手段

---

① Daniel Drezner, “Transaction Costs, Conflict Expectations, and Economic Inducements.” In Jean-Marc F. Blanchard, Edward D. Mansfield, and Norrin M. Ripsman, eds., Power and the Purse: The Political Economy of National Security, London: Frank Cass, 1999, pp. 188 –218.

② Rawi Abdelal and Jonathan Kirshenr, “Strategy, Economic Relations, and the Definition of National Interests.” In Jean-Marc F. Blanchard, Edward D. Mansfield, and Norrin M. Ripsman, eds., Power and the Purse: The Political Economy of National Security, London: Frank Cass, 1999, pp. 119 –156; William J. Long, “Trade and Technology Incentives and Bilateral Cooperation,” International Studies Quarterly, 40 (1), 1996, pp. 77 –106.

③ David A. Baldwin, “The Power of Positive Sanctions,” World Politics 24 (1), 1971, pp. 19 –39.

较难实现重要的政治目标。[①] 但是也有经验表明在某些适当的条件下，经济措施可以有助于国家安全目标的实现。

五、国家安全的政治经济学

通过上面的分析，我们可以看出安全研究对于经济与安全事务坚持传统的二分法的不当之处，因为经济因素在安全与防御事务中发挥着重要作用。而且在现实主义的研究中，也承认经济事务对安全事务发挥着自身的影响。

传统现实主义与地缘政治学的研究认为，虽然国家的财富与工业生产能力是国家权力的重要组成部分，但是国家安全事务仍然比经济事务具有优先重要的地位。在汉斯·摩根索关于“国家权力的要素”的讨论中，他将经济资源和工业生产能力作为确保大国地位的必要先决条决。[②] 约翰·米尔斯海默则认为，一国可供支配的资源越多，它在战争中获胜的可能性就越大，他认为财富是确保一系列“潜在权力”的重要条件，而这种“潜在权力”将有助于一国发展它的军事实力。[③] 法里德·扎尔里亚（Fareed Zakaria）则认为财富不但使各国能够追求更广泛的安全利益，而且也为各国的领导人从事这样的活动创造了必要的条件。[④]

在这种情况下，现实主义权力理论的支持者认为推动霸权国家

---

① Daniel Drezner, “Transaction Costs, Conflict Expectations, and Economic Inducements.” In Jean-Marc F. Blanchard, Edward D. Mansfield, and Norrin M. Ripsman, eds., Power and the Purse: The Political Economy of National Security, London: Frank Cass, 1999, pp. 188 –218.

② Morgenthau, 1985, pp. 130 –139.

③ Mearsheimer, 2001, pp. 57 –82.

④ Fareed Zakaria, “From Wealth to Power: The Unusual Origins of America’s World Role”, Princeton: Princeton University Press, 1998.

在国际体系中进行竞争的动力在于这些大国不同的经济增长率。作为国际体系中居于主导地位的大国，为了确保其在全球的利益，就必须要承担起过度经济扩张所带来的后果。同时，霸权的挑战者，它在经济上的扩张程度没有霸权国家那么大，由于其人口规模、生产能力、财富和军事实力在不断增长，最终的结果将具备取代原有霸权国家成为新的霸权国家的实力。这样的结果通常需要霸权战争的形式来完成。因此，对于现实主义者来说，相对权力和军事冲突的决定因素往往取决于它们的经济实力。

结构现实主义或新现实主义者在同自由制度主义者的辩论中，同样也接受经济因素构成了军事实力的基础的说法。自由主义者认为由于国家能够为了共同的利益站在相同的立场上，所以国家合作是有可能成功的。而新现实主义者则否认关于国际政治经济是一种零和博弈的主张，他们认为国际政治中进行合作是困难的，即使在贸易或投资这样的“低级政治”领域中，同样也如此。因为国家要寻求相对收益，而不是绝对收益。它们之所以这样做，是因为贸易或投资会产生安全外部性。由于各国通过经济交往获得的收益是不均衡的，而不断增加的财富会导致国家实力的增长，因此各国不愿意在一个无政府的国际体系中，其潜在的竞争对手通过自身的付出而获得实力的增加。[①] 因此，戈华认为贸易更容易在结盟国家间进行，这样各国可以不必担心经济交往而产生的安全外部性会对自身构成威胁。[②]

因此，即使是现实主义者也同样承认国家安全至少有部分内容

---

① Joseph M. Grieco, “Anarchy and the Limits of Cooperation: A Realist Critique of the Newest Liberal Institustionalism.” International Organization, 42 (3), 1988, pp. 485 – 507; John J. Mearsheimer, “The False Promise of International Institustions.” International Security, 19 (3), 1994/95, pp. 10 – 11.

② Joanne Gowa, Allies, Adversaries, and International Trade, Princeton: Princeton University Press, 1994.

是取决于经济因素的。而一些现实主义者也承认这种简单的安全与经济事务的二分法是有问题的。所以摩根索就认为，有必要去分清楚为了自身缘故而制定的经济政策和作为政治政策体现的经济政策，后者虽然具有经济目的，但却是为了控制另一个国家的政策而采取的必要手段。这样的经济政策应该依据它对国家权力所做出的贡献而进行判断。[①] 卡尔就认为，这种政治与经济之间的分离，不是“权力”与“财富”之间的区别，更不是“政治”与“经济”之间的区别，而是不同程度的权力。为了追求权力，军事手段和经济手段是会兼而用之的。[②] 沃尔兹也认为在高级政治与低级政治之间做出的区别是有误导性的。国家为了军事和政治目的而运用经济手段；同样为了实现经济利益而采用军事和政治手段。[③] 米尔斯海默在关于进攻性现实主义的论述中也指出，生存是大国的首要目标。但是，在实际中，国家也追求非安全目标……进攻性现实主义无疑也认识到，大国可能追求这些非安全目标，但很少论及它们。但也有一点例外：只要必要的行为与军事逻辑不相冲突，国家就可以追求这些目标，而且常常如此。确实，追求这些非安全目标有时补充了对权力的猎取。……另外，较繁荣的经济总是意味着较多的财富，这对安全具有重要的意义，因为财富是军事能力的基础。富裕的国家能负担起强大的军事力量，它能提高一国的生存前景。[④]

可见，关于问题领域具有等级特征的这种主流解释体现了对现实主义的一种误读和歪曲。现实主义者固然强调国家安全与主权的重要性，但这并不必然就将经济、环境及社会政策统统归入

---

① Morgenthau，1985，p. 36.

② 爱德华·卡尔著，秦亚青译：《20 年危机（1919—1939）：国际关系研究导论》，世界知识出版社 2005 年版，第 111 页。

③ Waltz，1979，p. 94.

④ 约翰·米尔斯海默著，王义桅、唐小松译：《大国政治的悲剧》，上海世纪出版集团 2003 年版，第 58—59 页。

了“低级政治”。相反，现实主义将任何能够对国家安全构成影响的政策或规定都归入了“高级政治”的内容。[1]

即使按照对国家安全界定的最低要求，作为“高级政治”的国家安全与作为“低级政治”的经济事务之间的区别往往是人为造成的，而且是不恰当的。国家在国际市场或者国内政治经济事务上并不完全拥有自主性。它们需要依靠国际市场来解决资源及武器等诸多问题，同时也需要相应的财政资源支持来确保国家安全。当进行防御动员时，它们也不能完全自由地运用国内资源，以免造成进一步的国内动荡从而对国家安全造成新的威胁。因此，防御动员的政治经济学是国家安全政策至关重要的组成部分。而且国家防卫事务对国际资源的供给和国内政治经济的需要为通过经济制裁、经济激励措施这样的经济手段实现国家安全目标创造了潜力。所以，经济考量能够成为追求国家安全目标的中心内容。而且，政治现实主义和新现实主义实际上也并未将经济事务与安全事务它分离开。相反，它们承认财富在加强军事实力上发挥的作用以及经济政策对防御政策所做的补充。所以，问题领域里的等级划分往往被一些从事安全研究的学者过分夸大，从而将经济事务排除在安全研究之外，这导致了无缘无故地取消了对国家安全的政治经济学研究。因此，在冷战之后对于安全的政治经济学研究的兴起也就不足为奇了。

通过上面的分析，我们对国际关系中经济与安全二者之间的关系有了大致的了解。在国际关系中，国家之间通过结成联盟的形式来确保自身的安全，这通常也是联盟建立的主要目的。但联盟建立后，结盟的国家之间在维持这种安全上的合作关系的同时，在经济

---

① Benjamin Miller, “The Concept of Security: Should It Be Redefined?” Journal of Strategic, 2001, Vol. 2, pp. 13 – 42.

领域往往也有进一步的合作行为发生。这也从一个侧面印证了经济与安全事务的紧密联系。但是，联盟何以促进国家间的经济交往，这种结盟框架下经济与安全究竟是如何互动的，这种经济交往的加深又对联盟产生了什么样的影响，这一系列的问题都需要我们做出解答。基于此，本书选取联盟作为主要的分析对象，研究联盟框架下的经济与安全之间的关系。

六、联盟中的经济合作

各国结成联盟的原因主要有两个方面，一种情况是它们需要整合各自的能力，这种情况下联盟对军事实力的需求是比较高的；另一种情况是通过联盟条约的保障与另一个国家建立更为良好的关系，这种情况下来自联盟的军事支持程度是较低的。从而能够把注意力集中于联盟本身；而那些对军事要求比较低的国家往往把更多的精力放到联盟条约本身，把关注点仅放在对条约具体文字的关注上，这就容易忽视联盟本身的价值，从而对联盟的核心内容产生破坏，影响国家间整合的能力。

（一）联盟条约的信号效果

1. 联盟条约的信息传递功能

国家之间缔结联盟条约通常被视为国家之间在安全利益上存在交集的一个信号。这种军事安排上的承诺或其他援助行为在执行中需要付出可观的成本代价，而且国际社会的无政府状态缺乏一个政治权威监督联盟条约的履行，在这样的情况下履行联盟条约的成本就会较高。因此，联盟条约的弱点也就在于它经常受到来自缔约国自身的破坏。除了在履行义务上的困难外，联盟中的“搭便车”或者背叛行为都是经常发生的。因此联盟条约有时可能仅仅是一种文字上的保障方式，本身尽管有效用但也不可能让一国完全依赖它发挥作用，甚至有时候它不可能在关于具体意图上有任何信息的交流。[①] 联盟条约中不但存在着信用问题，各国的具体意图在其中难以得到明确体现也是一个比较严重的现象。甚至在条约中对履行承诺的义务有了明确规定的情况下，一方仍然不清楚另一方的实际意图。而且即使是那些在遵守信用承诺上有着良好国际声望的国家在与盟国打交道的时候，也是按照其自身对联盟承诺具体内容的理解来行事的。

因此，各国缔结联盟是抱着各不相同的目的的，这也使联盟有着各种各样的分类。最简单的一种归纳是施罗德（Schroeder）的分类标准。他从功能角度出发，将联盟分为以能力聚合为目标和控制冲突的工具两种类型。前者反映了国家希望在战时得到盟国支持的心态。这样的国家以整合各国的实力为出发点，认为其自身的安全利益和盟国的安全利益有着明显的契合点。而后者则被认为主要为了控制或者避免联盟国家间发生冲突。这种情况下国家之间通过联盟条约的形式缓和或者弥合了彼此安全利益上的分歧。这也就是常说的与对手结盟的情况。这种情况下联盟条约除了文字上确保了联盟关系外，实质上国家之间仍然形同一种对手关系。所以，前者这种形式下的联盟国家关系会更为可靠，而后者的可靠程度就明显低于前者。在以聚合能力为目标的联盟中，国家在战争中的生存与联盟关系的存在息息相关，因此联盟对军事实力有着极高的期待。由于对联盟的高度期待，聚合能力的意愿体现了对这类联盟来自两方

① Thomas C. Schelling, The Strategy of Conflict, Cambridge, Mass.: Harvard University Press, 1960, p. 150.

面的评价，这种高度期待表明国家在军事冲突中单凭一方的实力难以招架，同时，来自盟国的支持也使这个国家在战争发生时有着合理的获胜可能。[①]

而那种以管理冲突为目的的联盟则对联盟的期待比较低，因此各方也就不指望在抵御大国进攻时能够得到来自盟友的支持。这并不是说这类联盟对于确保国家安全是不重要的，但这种联盟中国家的安危与联盟关系的存在之间的联系程度是不能与那种以聚合能力为目的的联盟同日而语的，这种联盟甚至可以说只是为了使成员之间的冲突减弱而已。[②]

在一些情况下，联盟中的国家彼此不知道对方加入联盟的真实意图，因此各方也就不能确定对方是否为可靠的盟友。因此联盟中的各国将寻找其他的方式来进一步确保它的安全。按照联盟条约规定的内容来衡量遵守联盟规定的话，如果一方有上述这种行为，就会破坏既有的联盟关系。联盟中的背叛或其他形式的疏远都将在随后的阶段出现。一国对维持强大联盟关系的依赖程度越高，这类问题也就越严重。

在这种以能力聚合为目的的联盟中，对联盟的需求程度越高，联盟越要向外彰显出它的可靠性。而抱有这种目的结成联盟的国家也有着强烈的动机，彼此交流它们履行条约义务的承诺，这也就使联盟关系不仅仅局限在已有的联盟条约规定的范围内。为了使承诺更加可信，盟国一定要想办法区分出自己的对手和朋友，同时也要向对方证明自己是比较可靠的盟友，这就需要让对方知道它之所以

---

① Paul W. Schroeder, "Alliance, 1815 –1945: Weapons of Power and Tools of Management," in Klaus Knorr Lawrence ed., Historical Dimensions of National Security Problems, Kans: University Press of Kansas, 1976, pp. 227 –262.

② Paul W. Schroeder, "Alliance, 1815 –1945: Weapons of Power and Tools of Management," in Klaus Knorr Lawrence ed., Historical Dimensions of National Security Problems, Kans: University Press of Kansas, 1976, pp. 227 –262.

参加到联盟中，在根本动机上是可以信赖的。这种情况下，它可能就要向对方传递成本较高的信号。这样的信号有时在联盟关系建立之前就已经开始发出了。然而，这种信号的传递通常要经过对相关军事战略安排进行周密的推算后，才能做出。

2. 成本信号的作用

我们可以通过一国承诺的可信程度及其发出信号的有效性构筑一种有效的方法来评估国家对其自身的防御。在这样的分析框架下，对联盟的需求可以迎合国家的战略需要。这种需要或高或低。

如果国家的战略需要较高，来自盟国的支持会使国家抓住最有效的军事机遇。如果盟国被敌人占领或者它们因为某种原因难以提供支持，这样的国家其安全就处于危险的境地。需求程度高不但表明其他国家的支持对自身至关重要，而且自身对他国的支持同样如此。更为重要的是，盟国在实际上给予支持的可能性是与它是否认为你是一个有价值的盟友密切相关联的。一国向对方提供支持的动机越强烈，表明它也同样需要来自对方的援助。所以，一项可信的承诺可以加强联盟关系并减少敌国进攻的机会。因此，在盟国与对手中间都有着强烈的动机需要彼此间进行沟通。为了能够与那种管理冲突的联盟区别开，国家将向那些旨在管理冲突的联盟中的国家送出成本较高的信号。由于管理型联盟通过紧密的联盟关系获得的收益要低于传递信号的成本，同时另一方却真心建立聚合能力的联盟，那么这种信号将通过值得信赖的联盟和不值得信赖的联盟予以区分开来。在战略需要较高的情况下，成本较高的信号对于确保国家的安全发挥着重要作用。

相反，较低的需求则反映了国家有能力依靠自身实力同其对手抗衡。虽然来自联盟的支援不是必需的，但有的国家仍然在盟国受到攻击时有意伸出援手。这种情况下通常没有必要提前向对方传递相关的信息，只需要观察盟国的需要程度以及这种行为与联盟实际的战略需要是否吻合即可。这样的情况常以下列方式出现：联盟中的双方都不能确定它的盟友同其结盟是出于何种动机，所以这样的背景下，对于每一方来说都有两种可能性出现，即盟友要么是可以信赖的，要么是不可信赖的。这样，彼此之间进行推测就有可能对它们的安全造成影响。如果彼此信任对方，那么就会视对方为可以信赖的盟友。通过对战略环境的评估，双方就都可以确定要倾注多少资源用于传递成本性信息。这样双方不必知晓对方的类型，只需对对方传递的信息进行观察分析，就可以评估出对方是否是可以信赖的盟友。通过这样相互的评判，各方就可以做出决定，是否要增加与盟友之间的关系。

但是当双方都想增强自身的安全，又都希望能够限制信息传递成本的时候，那有的国家就有可能把用于安全领域的资源用在其他领域。图 1.1 表示了上述的情况。图中的两条曲线，一条表示可信赖的盟友，一条表示不可信赖的盟友。横轴表示传递信息的成本，纵轴表示获得安全的程度。表示不可信赖盟友的曲线要比表示可信赖盟友的曲线倾斜的程度更垂直，这表明如果在信息表达上增加任何资源消耗的话，不可信赖的盟友对安全需求的增加程度要大于可信赖盟友的要求。虽然这两种类型都不积极倾向于在信息表达上使用任何成本，但不可信赖的盟友在这方面的要求要相对多些。也就是说，当联盟解体时，不可信赖的盟友从中不会受到什么损失。而可信赖的盟友在进行信息传递时付出的代价相对低廉，它可以在实践中利用这一优势使之区别于那些不可信赖的盟友。

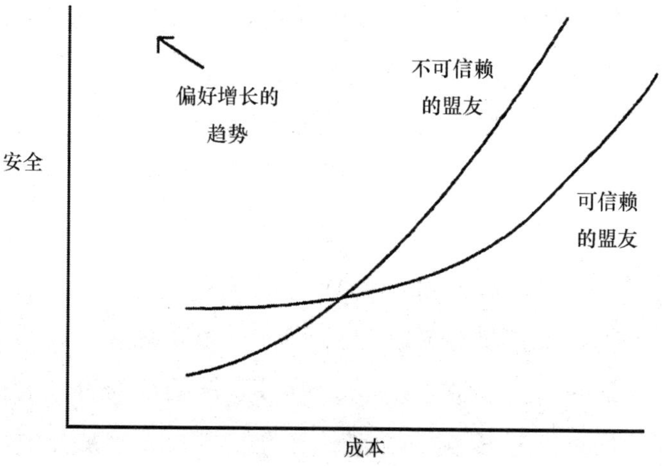

图 1.1　安全与成本信号之间关系

资料来源：David M. Kreps, Game Theory and Economic Modelling, New York: Oxford University Press, 1990, p. 629。

3. 需求与成本信号的对称程度

在经济交往的信号传递过程中，信号的提供者都希望将其所提供的商品或服务质量的更多信息传递出来。[①] 然而，相似的情况在国际关系中却不同。在联盟关系中，各方持有更多的信息是为了各自的利益。所以它们也都视进行成本信号的传递是符合各自利益的行为。

在双方需要盟友支持程度都较高的情况下，传递信号成本的高昂使得任何一方都不愿意传递，除非一方认为联盟关系对其自身的军事安全有着极其重要的作用。当战争发生时，相关信息在联盟中交流以巩固联盟，在一定程度上信号发出者的安全依靠接受者的支

① David M. Kreps, Game Theory and Economic Modelling, New York: Oxford University Press, 1990, p. 629.

持。通过观察信号，接受者可以感受发出者作为盟友的可信程度。这样可以加强联盟关系，从而为信号的发送提供一个基本的方式。

而如果在双方需要盟友支持程度较低的情况下，任何一方都不会进行这种成本较高的信号传递。因为各方都可以依靠自己的能力应付战争的发生，所以也就没有很强的动机来增强这种盟友关系。有时候就出现了这样的情况，一方给予对方的支持或援助只是出于友情帮助而已，没有战略利益的考虑。

但是，有时在采取代价高昂的行动并不能够完全得到对方回报的情况下，为什么有的国家仍然愿意通过传递相关的信号来增加这种联盟关系呢？事实在于另一方不提供回报体现了它对来自联盟的支持需求比较低，它自身的安全并不依靠有着较高合作需求国家的帮助。而为何有时有着较高合作需求的国家却要去寻求不可信赖的盟友的帮助呢？实际上，这样的国家不仅向其盟友传递成本较高的信号，它还希望它的盟友传递出对承诺遵守的信息。

除了上面这几种情况，有着较高需求国家的支持行为以及提供援助是以一种有代价的行为方式传递出具体的意图。首先，如果这种信号传递是公开的，那么将在它的对手和盟友之间传递。由于盟友不会背叛另一方，而这种信号又能够与其对手之间进行沟通，所以这种代价较高的行动将会受到欢迎。尽管对手是不会发现这种信号传递是有回报的，但对手却可以认为联盟国家彼此在防御事务上的承诺得到了加强。在对手眼中如果联盟得到了巩固，联盟的防御效果将会增强。

其次，一定类型的信号可以通过改变信号发送国和目标国私人利益集团的利益而改变政府官员的决策推算。这些团体通过向政府施加压力从而使相关的政策不会脱离他们的利益。也就是说，即使目标国的政府官员认为他们参与联盟合作的需求比较低，但利益集团从追求私人利益的角度出发，会促使政府对外表达出需求较高的意向。通常，政府领导人有时做出的承诺会由以后的领导人来具体执行，信号的发送者仍会认为他们的承诺在未来依然有效，他的继任者仍会对联盟予以支持，所以这种信号具有可信性。尽管这样，仍然会有人怀疑信号的发送者是否真正能够履行其承诺。通过在信号发送者中建立一种持续的偏好，相关类型的信号将约束政府官员采取特殊的行动予以对待，从而也使目标国对信号发送者的具体作为有了更大的信心。

简言之，通过增强经济交往，可以让相关利益团体获益，他们会施加影响使决策者改变原有的目标。如果政府官员在今后也希望通过这样的方式对经济交往进行干预，那么私人部门会向政府官员施加相应的压力使其在政策制定上能够将信息的传递者与目标联系起来。信息发送者军事与政治上的紧密联系成为防止经济联系遭到破坏的重要保证。然而，政府官员却必须权衡被拖入一场武装冲突对经济利益造成的伤害所要付出的代价，而经济利益对于国内利益集团来说却是至关重要的。军事行动的成本需要由整个社会来承担，对任何企业和个人的影响有时是均等的。这也就意味着信息发出国所支持的军事行动，其目标国的企业受到的影响将与发出国的政府官员和企业一样。因此，成本信号将有助于发出国，使其更倾向于目标国，从而在受到攻击时得到来自它的援助。当然出于这方面的考虑，目标国的决策者将采取措施使其国内的行为体不致受到这种成本较高信号的影响。他们将采取措施通过增加关税、提高出口税等政策方法来减少与目标国的经济相互依存程度。

问题在于这样的措施是其自身发出的信号，因此容易体现出目标国不欢迎这样信号的意图，这样的政策措施也会使昔日的友善关系转变为敌对关系。因此，由于经济利益或多或少会立即受到影响，而持续增长的相互依存关系带来的安全改善却不容易立即出现，所以目标国有时并不急于寻求减少相互依存的政策。一旦这样做，将会或多或少地招致怨言，从而使发出国停止其发出信号的行为。

再次，即使我们考虑了发出信号给对手带来的影响以及政府官员约束政策追求所导致的结果，这样的行动代价仍然存在。国家需要得到支持和援助的需求较高时，将通过承担成本信号向外展示出它的这种承诺关系。它也不要求这样的行为得到回报。然而随着时间的推移，在没有成本信号得到回报的情况下，进一步信息的发出将会越来越少。至少在联盟关系的初期阶段，这种需求的不对称体现在这种关系中的成本不对称上。

总之，当联盟双方都希望得到对方的支持或资源时，双方都可以接受对方发出的成本信号。当联盟中仅有一方有较高的需求，这种成本信号仍将存在。

这种代价高昂的行动会提高对联盟承诺的可信程度，从而增加联盟的稳固程度。它不但会影响联盟的行为，同时也因为联盟关系的进一步巩固从而增加了联盟的防卫效果。同样，那些旨在惩罚共同的对手而采取的行动最终也会增强联盟的团结。也就是说，在一个领域里加强信用的行为同样会在其他领域内发生。谢林曾经认为，承诺是相互依存的，至少部分取决于它对其他承诺的可信性。[①] 如果承诺是相互依存的，那么发出的信号也是如此。那些旨在增强一方可信程度的信号如果能够与其他信号协调一致的话，将会对盟友和对手的观念均产生影响。

在很多情况下，我们很难区分出哪类信号是为了增强联盟关系，哪类信号是为了防御对手。因此在研究联盟时，不能够将其与对手孤立地分开进行研究。能力的聚合是为了更好地防御对手。而在管理冲突的联盟中，对手与对手之间又能够在某些利益上紧密交织，

---

① Thomas C. Schelling, Arms and Influence, New Haven, Conn.: Yale University Press, 1966, pp. 55 – 59.

而且在这种情况下，本身就是对手之间建立的联盟。联盟是国家关系中的普遍现象，但不是处处都有联盟存在。在联盟不存在的地方，对手关系却仍然能够存在。发出防卫对手的信号却并不一定会带来盟友之间的沟通。

在不存在秘密信号的情况下，向盟友发出的信号也会与对手之间进行信息沟通。然而，即使信号是公开的，一个向盟友发出的承诺在对手的眼中也会显得难以捉摸。比如在联盟关系中，对其他国家的态度应该是一致的。也就是说，对待对手和中立国家应该一视同仁，因为这两类国家都被认为是非盟友。为了避免混淆，有时候盟国之间在交流意图时，会将对手国家单列出来进行考虑。

当仅仅一方的领土受到威胁时，它的敌人大概也认为这个国家会对其诉诸武力。在这种情况下，各方的意图是暂时的，进行代价高昂行动的动机随之也会减弱。当信用问题的严重性较低时，承诺的相互依存与信号之间关系会较为松散，一方传递其意图的方式也会比较少。

那些旨在控制冲突而建立的联盟比为了聚合能力而建立的联盟在抵抗对盟友的攻击问题上出力会较少。在为能力聚合而建立的联盟中，由于它在军事冲突中不能为所欲为，发出可信的威慑是困难的，也是代价高昂的。这样的国家会着重传递它的意图以向盟友和对手表达它的坚定立场。而且，在这种需求不对称的联盟中，来自需求程度较低的盟国的军事支持程度也会较低，所以具有较高需求的盟国将尽力避开会导致不必要紧张关系的行动。

总之，国家通过外部措施来聚合其能力的方式将会注意它的承诺和意图不至于被误解。这也促使国家寻找新的方式增强其信用，使其发出的信号能够被对手和盟友所接受。所以，如果国家建立联盟是出于管理的目的，对待对手的政策将会或多或少地独立于联盟关系，其针对对手的政策本质上也是不确定的。

（二）对外经济政策的信息传递功能

对外经济政策的信号效应受到多种因素的影响，其中涉及了各种各样的成本形式。这些成本通过多种形式表现出来，包括政策上的歧视、经济政策带来的安全外部性、国内的反对，这些都能够使其发挥出信号传递的功能。

比如，给予盟国优惠性的经济待遇的目的是为了通过这种形式向盟友做出相应的承诺从而进一步巩固联盟关系。同样，对对手的经济歧视政策也有信号的功能，以体现其与盟友关系的巩固及对盟友的承诺。

经济歧视的代价一般通过两种方式表现。首先，它会使经济政策偏离原有在经济上最有效率的发展路径；第二，由于它是有歧视性的，经济上的让步措施会导致同那些没有互惠关系的国家之间的关系出现倒退的可能。通常，对盟国进行的经济让步是以牺牲非盟国为代价的。因为这样会增加让步的成本，而同非盟国关系的疏远本身就是一种与盟国关系得到加强的信号。同样，进行经济制裁也会打破既有的经济关系，同单纯的经济利益也是背道而驰的。除了与对手关系恶化相伴随的成本外，制裁的经济成本对发出制裁的国家来说确保了它们发出这种信号的有效性。

各种类型的经济歧视现象的经济成本可以做如下区分。对外国投资进行的歧视，使其投资的回报率要低于在没有政治约束条件下的情况。作为一种政治干预的结果，对外投资将更多地流向那些对资本回报率期望较低的地区，而不是那些以经济利益引导投资的地区。这种在投资回报上的差别使其能够认明成本，使接受者能够区分出在投资上的经济和政治动机。也就是说，在对外投资上施加了信息维度。

在对外援助中，让步的内容通常由授予方给予援助比例增加的形式进行。如果援助与购买捐赠国产品相挂钩，这就将使其中的信号效应的影响减弱。同样，这样做也将使接受者很难区分出进行援助的政治和经济动机。

而在贸易让步和制裁上，对贸易流动的政治干预将会增加出口的成本，降低经济效率。然而，这种让步的情况相对比较复杂。如果贸易让步的形式是降低现有的贸易保护主义壁垒，它会提高经济效率。因为这种情况会使进口商品的价格比国内生产的同类产品价格低廉。因此，这种单纯的经济内容很难被视为是一种成本。对于进入互惠市场来说，从经济学的观点看是有成本的：它将在自由贸易的情况下改变原有的贸易模式，或者它将在保护主义存在的情况下进一步影响自由贸易。

然而，与经济歧视相关联的成本不单纯是个经济问题，这样的成本与军事安全直接相关联。在很多情况下，不能排除现在的盟友就会转变成为以后的对手，在增强联盟关系上的迟疑退让反而会增强对手的实力。通过这种形式来改变原有的权力均势，让步行为也就容易产生“安全外部性”。[①] 经济让步会增加潜在的背叛行为的代价，甘愿冒风险增强潜在对手的实力体现着对一方意图的了然于心。也就是说，从信息效果的角度观察安全外部性，将有其特有的优势，因为它增强了让步行为的成本。

根据戈华的观点，由于让步产生的安全外部性在两极结构的联盟中被内化，让步的成本在多极体系中要大于两极体系。如果在两极联盟中这种内化是一个完全的过程，各国也就没有机会进行背叛，

① Joanne Gowa，“Bipolarity，Multipolarity，and Free Trade，” in American Political Science Review，Vol. 83，No. 4，December，1989，p. 323；Joanne Gowa，“Rational Hegemons，Excludable Goods，and Small Groups：An Epitaph for Hegemonic Stability Theory?” in world Politics，Vol. 43，No. 3 April，1989，p. 1246.

换言之，背叛行为也将难以发挥作用，那么安全的外部性只会在多极体系中产生潜在的成本。但是在多极体系中传递意图更为方便，因为各方在处理方式上会有更多的政策选择。因此，除了不确定性在多极体系中比较大外，在意图传递上的优势可以起到一定的弥补从而减少不确定性带来的影响。

对于做出经济让步的国家来说，这样的行为还会为其带来国内成本的负担，因此必须要克服来自国内的反对。经济让步会要求调动国内经济资源并得到政治上的支持，而在经济周期低迷时期做出的让步行为代价会更高昂，这会使政府在国内社会的地位受到严重削弱，甚至垮台。

形形色色的成本确保了对外经济政策作为一种意图表达所发挥的作用。对于接受方来说，经济让步在两个方面会发挥作用：第一，国家福利水平的增高在长远上会增强国家的军事实力；第二，围绕着联盟关系不确定性的减少也将增加联盟在安全上的价值。这两方面的因素对于接受方来说都将使其在授予方与其他国家的争端中支持授予方的行动。这样联盟也将变得更加有实力，从而使其以更低的成本进行战争。不确定性程度的降低也意味着对联盟的支持将更有价值，因为失掉了一个可以依赖的盟友比失掉一个潜在的“搭便车”者损失要大得多。随着经济让步的做出而带来的不确定性的减少将进一步强化联盟关系，从而增加联盟双方的经济安全，同时这种让步潜在地会更加有利于施与者。

这种经济让步的影响，对于国家经济福利的改善和军事实力的增强是“有形的”，而在国家意图的进一步明确上这种影响是一种“象征性的”。对这两个方面的研究要予以同样的重视。从表面上看，这可以改变对国家安全目标与对外经济政策歧视内容二者之间联系的理论划分。如果这种有形的影响在发挥作用，经济让步将不只被视为一种信号，而是针对保护这种公共物品所做出的一种补偿性支付手段。

（三）联盟中的经济歧视政策

经济让步行为除了是一种有效的手段外，它还发挥着其他影响。它不但可以用来阐明让步做出者的实际意图，还能够增加接受者的实力从而使之以这种容易察觉的方式从中受益。因此，我们可以在以减少意图不确定性为目的的让步和以促进联盟军事实力为目的的让步之间做出明确的区分。

然而，这种理论上的区分在现实中却是难以做到的。由于这种让步在强化其信号性的影响上有着实际结果，这种情况与安全外部性的情况类似。当安全外部性受到关注时，经济让步使接受方获益会增加相应的成本。所以没有什么能够在成本信号的实际影响和象征性影响之间做出区分。对接受方来说，尽管这种信号产生的实际影响由于成本的高昂会更加可信，但最重要的事情是这信号是包含成本的。所以无论动机是什么，信息传递的主要目标是为了强化联盟关系。这种情况无论通过减少不确定性还是增强联盟中军事实力的方式来实现，都是有效的。这并不意味着这种实际影响必然作为意图沟通的一种信号。

同时，这种实际影响在一些环境下对联盟之间的关系将比象征性影响更能发挥作用，通过提供经济让步而得到巩固的联盟对于其对手来说有很强的象征作用。相反的情况同样也如此。例如经济制裁，无论能否真正削弱对手，在联盟关系中它都能发挥重要的象征作用。在通常情况下，这种实际影响和象征性影响都能发挥各自的作用，所以有时很难区分出具体是哪种影响在起作用。但应该清楚的是，这两个方面的影响并非是相互矛盾的。

之所以要强调有代价的行为具有信号效果的一面，是因为虽然这种实际影响在决定实施歧视政策时是重要的考虑因素，但也并不一定就能使其成为这种行为的受益者。联盟的主要目标，是为了在战争期间能够扩大军事支持的程度。经济歧视政策能够使之在经济上成为受益者，但它在战争中必然向施惠者提供足够的支持却是难以肯定的。因为未来在经济上的受益将远不及涉入战争所花费的开支。换句话说，相比较卷入战争，经济让步行为难以担当起补偿性支付的功能从而使其他国家能够避免在战争期间的“搭便车”行为。

这也就表明，从提供军事支持的方面看，信号传递的功能并不是强人所难，让其盟友做出相应的举措。而是在其能够合理确定施与者的明确意图后，按照其最想做的方式去做。盟友越是能够确定施与者的可靠程度，越能够提供足够的军事支持。然而，由于相关的意图经常是一种模糊的表达，错误地领会的代价会很高，所以有时各盟国会故意做出与其最佳利益背道而驰的事情。通过传递它们的意图，国家希望能够减少不确定性，从而减少在更加模糊环境下相关行为发生的可能性。

而鲍德温的观点与此相反。他认为对外经济政策作为意图传递的信号是非常有价值的。[①] 但是他将对外经济政策视作为了使国家做出必要的举措而采取的必要措施。而本书的观点则认为对外经济政策的目标是为了使各国能够在不具备不确定性的情况下做其想要做的事情。也就是说，前者的情况是通过外部力量推动而实现理想的行为，而后者则是一种不确定性的减少。

如果这种经济让步行为是为了要求联盟中的政府官员首先改变其国内企业的目标时，权力因素将发挥作用。除了满足这一功能外，让步行为也将促进意图的传递以及不确定性的去除。政府关于对施

---

① David A. Baldwin, Economic Statecraft, Princeton, N. J.: Princeton University Press, 1985, p. 24, pp. 101 – 102.

与者意图的明确周知将使其更容易调和来自国内企业的压力。同时也有必要对权力的利用和不确定性的去除做出区分，这样有助于理解通过让步所达到的效果。否则，如果一方接受了相应的经济让步但却不能在联盟中提供足够多的军事支援行为的话，这将使其做一些它不得不做的事情——人们很难解释为什么它会做出这样的努力。所以，只有分清经济让步的意图，才能够理解在这背后隐藏的真正含义。

（四）联盟的战略需要与对外经济政策

对外经济政策中经济让步与经济制裁的主要目的是为了减少意图的不确定性，由于包含各种各样的成本形式，它们通过意图信息的传递而发挥作用。然而，由于经济措施通常包含较高的成本，所以也会以其他形式的信号体现出来。例如，在缺乏资本的国家如果进行相应的经济让步便会以多种形式侵蚀其吸收国外资本的能力。即使这种经济政策不是包含较高代价的，而是由于其并不是成本信号的唯一可能形式或其他的方式，比如军事手段，在某种情况下便会成为一种替代。这种可替代性问题引发了其他两个方面的考虑。一个就是关于彼此之间在让步或制裁问题上是否能够相互替代，另一个就是贸易、对外投资与对外援助能否彼此替代。

通常，如果军事手段能够很好地替代经济政策的话，任何军事手段和经济政策的混合措施都是行之有效的。如果这样的话，即使需求较高的情况也并不必然会采用经济政策作为意图传递的信号。同样，如果让步和制裁的手段可以合理替代的话，通过经济制裁的手段来对付对手将成为唯一有效的经济歧视性措施。所以无论经济让步还是施加制裁都可以减少在实际中遇到的困境。

所以针对经济让步与经济制裁，应该分清在什么情况下国家更倾向于何种方式。通常它们是不能完全相互替代的，但在特定条件下，它们可以彼此之间相互补充。一方面，在军事手段和经济政策受到同样重视的情况下，如果经济让步措施能够成为实际的选择，那么采取经济手段的方式将胜过军事手段；另一方面，由于信号传递彼此之间是相互依赖和互为补充的，那么同时改善经济与军事关系有时是行之有效的。

考虑经济让步与经济制裁能否相互替代的问题是因为一方面它们都是有成本的，而且本身任何一方的成本都不高于另一方。同时，替代问题的存在是因为联盟间的关系会影响同对手之间的关系，这种情况反之亦然。

如果经济让步有助于联盟间意图的交流，增强联盟关系会有助于这一过程中信息传递问题的解决，而经济制裁也能达到同样的效果，那么这两种措施并用的方式都是可能的。毫无疑问，在特定的战略环境下，经济制裁措施可能要优于经济让步，而有时经济让步又要强于经济制裁。而在有的环境下，经济让步的进行需要结合经济制裁的方式，在这种情况下，上述政策准确的混合程度也是不确定的。

在两个对立的国家之间，各国要么采取经济制裁措施，要么在对手与非对手之间不采取歧视的政策。它们将被以经济上的让步措施或者被以非盟友的标准对待。一国是很难向其对手做出经济让步的。因为它们之间会沟通错误的信息，而且这样做加强了经济上的交往，会增加对手的军事实力，同时也会增加经济上进行讹诈的机会。

同对手增加经济交往的程度会使一方的意图更加模糊从而阻碍沟通解决的能力。而采取经济让步的政策表明两个对立国家之间的不单纯，不仅有分歧的存在，还存在着利益的交集。这样，让步政策将给人以一方将缓和与其对手关系的印象。这将逐渐破坏防止对手侵蚀其在安全上关键领域的努力。为了防御对手，需要在经济和军事上使自己强大起来，而经济上的让步，将增加放弃这种努力的成本。通常，对立的国家之间将尽量减少经济相互依存的程度而不是去增加。低水平的经济交往程度将减少与对手之间军事冲突所带来的潜在的经济成本。

虽然机会主义行为会增加更多的弱点，但有时它在某种方式下是有利于联盟之间关系的，但这种投机行为在与对手的关系中有时却是一种非常严重的问题。所以，让步行为在这种情况下是没有选择余地的。这就使经济制裁或者非歧视成为可能的政策选择。它们中进行的决策反映了联盟关系的本质。

在联盟双方都有较高需求的情况下，联盟双方都愿承担有代价的行动以传递其具体意图。它们要采取措施防止对手进攻盟友，扩大障碍，并尽力增强联盟间的关系。但是在很多情况下，一种更加可靠的防御措施将自然而然地产生，因为紧密的联盟关系通常就是一种有效的防御手段。任何旨在将注意力集中于对手的行动都将使联盟关系更加紧密，对手间对立程度越高，它们相对于联盟的价值也就越大，从而越有利于联盟关系的巩固。通过制裁造成的同对手紧张关系的增加在双方需求程度都较高的情况下，相对风险会较小，因为联盟中盟友彼此间在对方对自己的支持上早已心中有数。

在这种情况下，制裁措施会伴随着经济让步。但由于经济让步措施更能向盟友直接传递其意图，所以会比制裁有更明显的优势。因此，经济让步措施将有助于在盟友和其他国家之间做出区分。这也是一种模糊性较小的信号。而制裁措施，能够向对手明确传递意图，却不能有助于区分出盟友和中立国家。因此，尽管盟友能够通过这种信号知道很多制裁者与对手之间的情况，但它却不能清楚地了解制裁者与其盟友之间更进一步的情况和信息。

但有的情况下，制裁措施却比经济让步措施更具有独特优势，因为有时候这种方式可以被用来更准确地阐明盟友间安全关注范围相重合的具体领域和范围。特别是当联盟面临诸多潜在对手时，专门向其中某一方施加制裁可以进一步明确盟友间利益重合的范围。这样的情况下，各国更倾向于采取让步与制裁相结合的方式。也就是说，当双方都有着很高的支持需求时，制裁措施会伴随着经济让步措施，尽管有时这二者之间具体的结合程度是不确定的。然而，由于向盟友直接传递信号至关重要，任何情况下或多或少都要有经济让步的措施。

如果仅仅一方希望得到联盟的支持，具有较高需求的一方仍然会采取代价较高的行动，但这种行动不是互补的。这种情况下，经济让步不会伴随着经济制裁措施。通常情况下，当联盟需求程度较高时，安全状况往往是不确定的，特别是在成本信号不是互补的情况下。这样的话，盟友并不是非常可靠的，所以防御成为一个棘手的问题。因此来自盟友支持的不确定性较高，这将使其不采取经济制裁措施从而避免增加与对手之间的紧张关系。虽然联盟中的经济让步措施也会给对手造成经济歧视，但它对中立国家也采取同样的措施，从而使这种方式的结果比经济制裁的结果要显得温和。在联盟中传递一方的意图十分重要，但在同对手打交道时隐藏意图也是十分重要的。当与盟友交流意图的同时限制同对手之间的紧张关系同样重要时，经济让步措施会比经济制裁有更大的优势。简言之，在需求不对称的情况下，如果仅限于一个有限的时期内，经济让步措施会被做出，但经济制裁不会施加。

当双方的需求程度都较低时，也就没有必要向盟友传递信号了，所以经济让步的措施也不会做出。这时经济制裁能否做出将或多或少取决于与对手之间的关系了，所以决策的做出不依靠与盟友之间的关系。虽然在需求较高的情况下，经济政策将做出让步，但在需求较低的情况下，这种情况则不尽相同。在这样的条件下，所有非对手都将被视为非歧视的对象，从而以一种方式予以对待。这样，让步措施在效果上将会收到相反的结果，因为一方面各国可以依靠其各自的能力，另一方面让步措施将调和这种关系，从而使国家间关系的灵活性更大。

总之，对盟友的高度需求是进行经济让步的充分必要条件。判断这种让步是否是相互的成为是否向对手施加经济制裁的重要判断因素。当答案是否定的时候，制裁可以避免。而当双方这种需求都较高的时候，向盟友进行经济让步的同时会伴随着对对手的经济制裁。当这种需求是不对称的情况下，需求程度较高的一方将做出经济让步并承担经济制裁引起的后果。

同时，由于军事手段在使用上代价高昂，因此军事手段与经济措施在实际中存在着相互替代的可能性。而且涉及到了联盟双方的军事手段由于直接与联盟的军事目标相关联，因此可以被视为是联盟国家间意图交流的更有效的手段。例如，在盟国领土上驻扎军队就是一种事例。当一国受到攻击时，由于有其盟国军队在其领土上驻扎，通过发挥预警的功能，可以使盟国参与进战事对其进行支援。[①] 这样的话，军事手段将比经济措施在传递信号上发挥更好的作用。

然而，军事手段的代价是高昂的。经济措施的有效在于它虽然也包含着成本，但却小于军事手段。军事手段最大的问题在于它被认为是对对手的一种直接威胁。因此，除了防御对手，军事手段还会导致对立的双方竞相采取先发制人的措施，从而双方都进一步加剧了国际局势的紧张，所以这样的方式往往最终达不到预期目的。

---

① Thomas C. Schelling, Arms and Influence, New Haven, Conn.: Yale University Press, 1966, p. 47, p. 99.

在这种情况下，经济措施要比采取军事行动有更大的优势。它们可以在那些毫无作用的口头协定与军事手段中提供一种有吸引力的折衷解决方案。[①]

经济措施同军事手段相比较，有时还有其他的优势。相比在盟国领土上进行军事部署，进行经济让步容易减少“搭便车”的可能性。如果一个国家有外国军队在其领土上驻扎，那会减少其自主防御的动力，这样的“搭便车”行为会削弱联盟的整体军事安全。而如果进行了经济让步，盟国又能够将其经济上的收益用于增强其军事实力时，联盟的军事安全便可以得到加强，也可以减少“搭便车”的可能性。

当联盟中对盟国支持的需求程度处于一种不对称的状况下，联盟中的国家便具有较强的意愿避免采取措施增加同对手的紧张关系。由于安全在这种情况下特别具有不确定性，对来自盟国支持要求较低的国家又没有进行合作的动机，因此采取军事手段的风险就非常大。这样，经济措施便具有较强的吸引力，会受到特别重视。由于信号传递功能的相互依赖，军事信号与经济信号的结合在联盟双方都有较高支持需求的情况下会发挥更大的作用。

基于上述论断本书认为：

第一，当联盟中的双方对来自盟友支援的需求程度都较高时，以经济让步形式传递给盟友的成本信号将被双方所采用。

第二，当仅有一方对盟友支援的需求程度较高时，需求较高的一方将向需求较低的一方提供经济让步，这种行为至少在联盟初始阶段存在，也有可能贯穿整个联盟的始终。需求较低的一方对这种经济让步不会进行相应的报答。

---

① David A. Baldwin, Economic Statecraft, Princeton, N. J.: Princeton University Press, 1985, pp. 107 – 108.

第三，对盟友支援需求程度较高的一方一般不会对其对手进行经济制裁。

第四，当联盟中的双方对来自盟友支持的需求程度都较低时，类似的经济让步将不会进行。

第二章
联盟国家经济合作的缘起
US Alliance System and Regional Economic Development

联盟国家的政府往往鼓励与对方进行包括经济往来在内的各种交往，这样可以使彼此的经济实力得到增强。特别是当联盟条约明确规定了相关的经济合作内容时，联盟的经济影响也就更加明显了。[①] 因此，联盟是可以对经济活动产生影响，带来经济上的后果的。学界一般认为，联盟的经济后果主要体现在国家通过向盟国提供经济利益上的优惠措施，使对方在经济上获益，如果共同的安全利益不会改变各国对经济相互收益的关注的话，这种经济上的让步和相互依存关系是可以长久存在下去的。[②]

一、国际体系的无政府状态与安全联盟[③]

在现实的国际政治中，联盟至少以三种类型存在：（1）共同防御条约（Defense Pact），签署的成员承诺在协定规定的范围内要给

① Andrew G. Long and Brett Ashley Leeds, "Trading for Security: Military Alliance and Economic Agreements", Journal of Peace Research, vol. 43, No. 4, 2006, pp. 433 – 451.

② Joanne Gowa, Alliance, Adversaries, and International Trade, Princeton: Princeton University Press, 1994; Robert Art, "American Foreign Policy and the Fungibility of Force", Security Studies Vol. 5, No. 4, 1996, pp. 7 – 42.

③ 杨毅：《安全联盟与经济合作研究》，中共中央党校出版社 2012 年版，第 36—59 页。

予盟友军事上的援助；（2）中立条约（Neutrality Pact）或互不侵犯条约（Non-Aggression Pact），签署的成员在战争期间要按照协定的规定保持中立；（3）协约（Entente），保证在战争发生时，维持一种协商或合作的状态。[①]

国际社会的本质特征是一种无政府状态，在缺少一个凌驾于任何国家之上的权威存在的情况下，国家只有依靠自助来维护自身的安全。因此，除非国家能够依靠自己的能力确保自身安全，它通常要依靠与其他国家结盟的方式维护国家安全，从而确保国际体系的整体均势。现实主义者认为，联盟的功能就是增强国家的权力，从而应对外部的威胁；盟国之间彼此提供军事援助，以对威胁进行威慑。联盟理论与均势理论之间的关系在于：联盟是维护国家或国家集团间均势或权力均衡分配的有效工具，联盟是多极体系下权力平衡的必要功能。[②] 摩根索指出，取得权力平衡需要通过三种方式：一是单方面提高自己的力量；二是依靠其他国家来增强自己的力量；三是阻止别的国家增强对方的力量。第一种手段是进行军备竞赛，而后两者都是指结盟行为。一国是否采取联盟政策，不是一个原则问题，而是一个权宜问题。[③] 通过缔结盟约，可以使国家间既存的共同利益以及相应的政策及实施步骤明确化，而联盟能否维系取决于盟国间的利益能否保持一致。在无政府状态下，利益是联盟维持的关键，如果国家间的共同利益不存在了，联盟也就失去了维持的必要。

随着新现实主义的发展，学术界对无政府状态下的联盟问题有了新的认识。特别是沃尔兹的结构现实主义理论对联盟问题的研究在方

---

① Melvin Small and J. David Singer, "Formal Alliances, 1816 – 1965: An Extension of the Basic Data", Journal of Peace Research, Vol. 3, 1969, No. 2, pp. 257 – 282.

② 汉斯·摩根索著，卢明华等译：《国际纵横策论——争强权、求和平》，上海译文出版社1995年版，第238—247页。

③ 汉斯·摩根索著，卢明华等译：《国际纵横策论——争强权、求和平》，上海译文出版社1995年版，第239页。

法上发挥了重大的启示意义，使这一问题研究能够继续深入下去。

斯蒂芬·沃尔特通过重新审视摩根索和沃尔兹的均势理论，提出了他对国家结盟动机问题的研究。他认为，在对联盟问题进行分析时，权力是一个重要的因素，但却不是唯一的因素。国家之间之所以结成联盟，是为了实现无政府状态下自身的安全。外来威胁是结盟的最重要的原因；其次，面对外来威胁，国家的结盟行为通常是制衡而不是追随。沃尔特指出，由于追随必然会增加威胁方的权力资源，并将本国的安全与生存寄托于对方的克制和善意之上，因而在国际政治中，制衡行为要远比追随常见，尤其对于体系中的大国来说。这里的制衡是指与他国结盟以反对最主要的威胁，而追随则指与威胁方结盟或屈服于威胁。因此，在国际无政府状态下，国家之间的结盟行为主要取决于其所感受到的威胁的来源，而不是谁的权力最大。也就是说，国家制衡的是对自己构成威胁的国家，而不一定是体系中实力最强大的国家。在各国选择结盟的过程中，别国所具有的力量仅仅是国家选择结盟行为时计算是否构成威胁的一个要素，关键要视这种力量位于什么地方，它会怎么做，以及它是如何被使用的。在此分析基础上，沃尔特主张以更加全面的威胁均衡论来取代传统的均势理论，来解释国家的对外政策行为，特别是解释国家之间的结盟现象。

沃尔特提出的威胁均衡论的理论价值在于它把自身与传统的均势理论进行了区分，在传统的均势理论中，无政府状态下的国家是针对其他国家相对力量的改变做出反应的，而这种威胁均衡论则不仅可以解释为什么一国会去结盟对抗最强大的国家，而且可以解释为什么一国会去结盟，反对另一个并不一定是最强大的，但被认为是最具威胁性的国家，为什么地区性大国更关注本地区的权力分布而不太在意全球权力的分布。同时，由于这一理论建立在实证考察的基础之上，其便具有了很强的说服力。

同时，在国际无政府状态下，各国结盟的原因是为使其预期的收益大于所付出的成本，其收益与成本之间的关系是由一国与其最大的对手之间的实力关系决定的。一国与其预期敌人的实力差距越大，它就越希望加入联盟。联盟关系一旦确立，联盟的内部将会进行广泛持久的讨价还价，从而实现联盟利益的最大化，同时对敌对国家发出的安全挑战进行积极应对。这样在联盟内部就出现了两个彼此关联的困境：背叛及重新结盟。这种情况，就是斯奈德所说的“联盟安全困境”。

在对联盟成员之间关系进行研究时，斯奈德借鉴了迈克尔·曼德尔鲍姆（Michael Mandelbaum）在分析核武器对国际政治的影响时所使用的“抛弃”（abandonment）和“牵连”（entrapment）的概念。① 斯奈德认为，一方面，盟国必须在联盟内表现出自己价值和对联盟义务的明确承诺，否则其他联盟伙伴可能会寻求别的安全安排而将其抛弃；另一方面，联盟成员如果急于证明它对联盟的忠诚而积极地承担联盟的义务，又有可能使它被拖入一场它并不希望卷入的冲突或战争。②“抛弃”的形式有多种多样，比如解除盟约或与敌国结盟。由于在多极体系中联盟从来都不是绝对稳固的，所以被自己盟国抛弃的担忧也总是存在的。“牵连”则意味着因盟国的利益而被拖进一场冲突，而那些利益本国却并不能共享或只能部分共享。斯奈德认为，任何结盟的国家都不可避免地要在被“抛弃”和“牵连”之间进行权衡。盟国必须表明自身的价值，以免被其伙伴所抛弃。但是一个想向其伙伴表明忠心的国家会更容易被其盟国拖进一场它不希望参加或可能避免的战争中。相反，一个担心遭受“牵连”

---

① Michael Mandelbaum, The Nuclear Revolution: International Political Before and After Hiroshima, New York: Cambridge University Press, 1981.

② Glenn Snyder, “The Security Dilemma in Alliance Politics”, World Politics, Vol. 34, No. 3, July 1984, pp. 461 - 495.

而打算与盟国拉开距离的国家又要冒着被盟国抛弃的风险。国家在这二者之间应该如何权衡，成为联盟困境的第一层含义。联盟困境的第二层含义则是，一国如果为避免被抛弃而选择强化联盟关系，便有可能引发对手的敌意，从而加剧紧张局势，到头来事与愿违；而如果一国选择弱化联盟关系，则又可能促使那些抱有扩张主义目标的对手得寸进尺。所以，联盟不仅是盟国之间的博弈，同时也是与对手国之间的博弈。①

斯奈德还比较了两极和多极状态下"联盟困境"的差异。他认为，由于在两极体系下，被盟国"抛弃"的风险要比多极体系下小得多，所以"联盟困境"的情况不那么严重，在处理与敌国的关系时，盟国之间可以奉行独立、甚至互相矛盾的政策，而不是那么担心会被伙伴抛弃。斯奈德以这种"联盟困境"理论对20世纪80年代美国与其欧洲盟国之间因部署中程导弹问题而引发的危机进行了分析，认为只要两级体系的结构不发生变化，北约便不会解体或发生根本性的变化。然而在两极体系下的联盟关系中，国家虽然不十分担心会遭到抛弃，但对可能遭到抛弃和受到牵连的担心还是存在的。北约的欧洲盟国尽管不担心被抛弃，却担心美国可能使用核武器而使它们遭受毁灭性打击，或者担心美苏在其他地区的对抗波及欧洲。与此相矛盾的是，这些国家有时也担心美国会减少核承诺以至自己在一定程度上被美国抛弃，也就是担心美国撤走的安全保障或核保护伞。所以说，在安全问题上，各国会在抛弃与牵连之间进行权衡，以维持两者的最佳平衡。安全上，一国对联盟的依赖越小，它行动的灵活性也就越大，与联

---

① Glenn Snyder, "The Security Dilemma in Alliance Politics", World Politics, Vol. 34, No. 3, July 1984, pp. 461 – 467, p. 494，转引自于铁军：《国际政治中的同盟理论：进展与争论》，载《欧洲》1999 年第 5 期。

盟讨价还价的能力也就越强。[1]

通过上述分析可以看出，国家间结盟的决策可以说是理性国家战略上相互影响的结果。这表明由于国家是理性的行为体，在这样的假设前提和分析框架下，可以对联盟下经济交往产生的影响进行相应的评价。因此我们就可以分析究竟在什么样的情况下联盟国家间的经济交往活动会正常进行，而什么情况下又会受到影响。

二、国家安全外部性与经济合作

国家之间的经济往来，特别是贸易活动能够产生安全的外部性。外部性在经济学中比较常见，特别是在分析公共物品时，由于它的排他成本太高，因此存在着外部性的问题。所以经济学中的外部性是指当一种活动的成本或效益自动地“外溢”到其他任何厂商时，外部性事件就发生了。在经济学家看来，当生产或消费对其他人产生附带的成本或效益时，外部经济效果就发生了；也就是说，成本或效益被加于其他人身上，然而施加这种影响的人却没有为此而付出代价。更为确切地说，外部经济效果是一个经济人的行为对另一个人福利所产生的效果，而这种效果并没有从货币或市场交易中反映出来。[2]

外部性问题不仅存在于经济生活领域，同样也存在于社会和政治生活中。具体到安全领域，这种外部性主要表现在：国家之间进行贸易活动能够使一国从其贸易伙伴那里获得更多的绝对收益，而各国也可以使用这笔来自贸易的财富用于扩充军备，壮大武装力量，

---

① 詹姆斯·多尔弟、小罗伯特·普法尔兹茨格拉夫著，阎学通等译：《争论中的国际关系理论》，世界知识出版社2003年版，第575—576页。

② 萨缪尔森和诺德豪斯著，高鸿业等译：《经济学》下卷，中国发展出版社1992年版，第1193页。

从而对其他国家，包括其贸易伙伴构成一定程度的威胁。然而，国家之间政治或者军事联系可以减少这种安全外部性的影响程度。特别是在军事联盟的成员之间，彼此之间的经济往来有助于进一步密切联盟之间的军事关系。

国际社会的无政府状态使各国政府要采取行动维护国家安全。从现实主义的观点来看，各国领导人在贸易政策上会对其盟国采取优惠措施而对其对手采取一种歧视甚至敌对的手段。从关税最惠的博弈中，戈华和曼斯菲尔德认为通过国家间进行贸易可以提升国家的安全外部性，这将使政府的对外经济政策对盟国更加优惠，而其对手却难以享受到这样的待遇。[①] 由于国家可以通过得自贸易的实际收入来发展军事实力，扩充军备，这使得各国不得不对其他国家类似的行为予以关注。与对手进行贸易会扩大潜在或者真正敌人的收入，而“对手的任何实际收入都会削弱国家的安全”。[②]

相反，与盟友进行贸易的收入通常不会对盟友构成威胁，因为在这种情况下得自贸易的收入如果被用于军事目的将会对整个联盟体系的安全带来正面的影响。也就是说，联盟国家间进行贸易将会加强联盟国家的政治—军事实力，而同对手的贸易则会形成一种威胁。国际体系无政府状态的存在，使得军事实力成为抵御威胁的主要手段，各国都必须对其盟友及对手的军事实力有所关注，因此各国要尽力调整自己的贸易政策，积极发展联盟国的贸易，而限制同对手的贸易行为。

通过理论模型可以证明联盟中安全与经济合作的关系，在国际关系的实际经验中，也能证明安全联盟同经济合作的关系。有学者根据联盟条约义务与条款数据库（The Alliance Treaty Obligations and

---

① Joanne Gowa and Edward D. Mansfield, “Power Politics and International Trade”, American Political Science Review, Vol. 87, No. 2, 1993, pp. 408 – 420.

② Joanne Gowa, Allies, Adversaries, and International Trade, Princeton, N. J.: Princeton University Press, 1994, p. 38.

Provisions，ATOP）中提供的数据对军事联盟与经济合作结合的频率进行了分析，在 213 个国家间联盟中，有 39 个联盟，占总数的 18%。在具体的条款中对经济合作提出了特殊的要求，如进行经济合作或消除贸易壁垒等，或者是强调了进行经济合作的意向以及声明在未来的谈判中要将有关经济合作的内容纳入相应的议程。[①]

例如，在 1913 年希腊和塞尔维亚订立的联盟条约的第 7 条就明确规定，希腊王国国王陛下同意他的政府提供必要的设施和保证，以确保在 50 年内塞尔维亚通过萨洛尼卡（Salonika）港享有完全的进出口贸易自由以及使用连接萨洛尼卡到斯科普里和莫纳斯提尔（Monastir）的铁路的自由。[②] 1863 年秘鲁和玻利维亚签订的联盟协定则强调了两国间要在货币政策和贸易领域进行合作。条约第 14 条规定，玻利维亚共和国将限制自身发行金属货币。在第 23 条中则强调，两国之间同意最大限度给予两国间商品互惠待遇，并对对方的产品给予最大限度的关税减免。[③] 在 1921 年法国和波兰签订的联盟条约中，则特别强调，该条约将在两国间商业协定生效之后予以生效。[④] 1934 年奥地利、匈牙利和意大利签订的联盟条约中规定，结盟国家之间的双边贸易协定必须在两个月之内缔结，同时强调将采取必要的步骤帮助匈牙利克服因小麦价格下降而面临的经济困境。[⑤] 总之，在被统计的 213 项联盟协定中，有 16 项联盟协定包含特殊的经济承诺，有 23 项联盟协定中有经济合作的意向表示，其中普遍强

---

① Andrew G. Long and Brett Ashley Leeds，"Trading for Security：Military Alliance and Economic Agreements"，Journal of Peace Research，vol. 43，No. 4，2006，pp. 433 – 451.

② Michael Hurst，ed.，Key Treaties for the Great Powers，1814 – 1914，Volume II，New York：St. Martin's，1972，pp. 846 – 852.

③ Great Britain，Foreign Office，1864 – 65，British and Foreign State Papers，Vol. 55，London：James Ridgway and Sons，pp. 837 – 843.

④ Piotr S. Wandycz，France and her Eastern Allies，1919 – 1925，Minneapolis，MN：University of Minnesota Press，1962，p. 393.

⑤ League of Nations，Treaty Series：Publications of Treaties and International Engagements Registered with the Secretariat of the League，Vol. 154，London：Harrison and Sons，1934，p. 295.

调要加快联盟间经济谈判的进行，实现经济合作。

布洛伊（Brawley）认为，德国贸易政策的自由化就是在 19 世纪 80 年代初，为了维持一系列重要的联盟关系，而通过相关的双边协定予以确定下来的；特别是当时奥匈帝国要求德国进一步向其开放农产品市场，以此来换取对德国政治上的支持。纽纳姆（Newnham）的研究则指出德国愿意实现贸易自由化并向俄国提供贷款以换取同俄国签订 1887 年的《再保险条约》。而经济与安全事务联系最为明显的事例出现在一战之后的法国和比利时之间的结盟谈判中。一战之后，法国领导人担心再次遭到德国的攻击，因此通过一系列的战略措施削弱德国，并加强与周边国家的关系，通过结盟的形式，对德国构成了一种包围之势。法国一系列防卫计划中关键的一步就是同比利时结盟，这样可以最直接地抵御来自德国的进攻。法国构筑马奇诺防线需要与比利时合作，而且在法国看来，比利时在防卫事务上同样也需要法国的援助。①

法国领导人曾经成功地与美国和英国签订了旨在确保相互防御的联盟协定，但是美国国会没有批准这项协定，而英国也拒绝在没有美国同时做出承诺的情况下履行协定所涉及的防卫义务。而比利时则意识到加入有美国、英国及法国参加的联盟体系的价值，所以当美国、英国相继退出了这一联盟计划时，比利时的领导人开始质疑与法国结盟是要付出大的代价还是能够获得丰厚的回报。而且比利时的领导人也不能确定在其长期坚守的中立地位遭到粗暴破坏后，放弃其长期坚持的政策而同法国结盟、取悦法国能否增加比利时的安全。但事实上，比利时与其邻国德国维持着一种明确的敌对关系比一种模糊的关系对其构成的威胁要大。因此，比利时一旦与法国

---

① Jonathan Helmreich, "The Negotiation of the Franco-Belgian Military Accord of 1920", French Historical Studies, Vol. 3, No. 3, 1964, pp. 360 – 378; Sally Marks, Innocent Abroad, Chapel Hill, NC: University of North Carolina Press, 1981, pp. 247 – 248.

结盟，就要保证介入法德之间的任何冲突。[①]

但比利时除此之外，还要与法国建立一种稳固且更加平等的商业关系。随着德国战败后被削弱，法国逐渐成为西欧大陆的经济强国和主导力量。比利时领导人开始关注法国的经济实力并对它的这种主导地位产生担忧。同时，比利时也十分关注卢森堡大公国在未来的走向，这个国家在一战之前曾经在经济上与德国保持着密切的联系。由于国土面积狭小，卢森堡需要与其邻国建立经济上的联盟。而比利时则需要依靠卢森堡境内的铁路系统从事其主要的贸易活动，因此，比利时希望法国能够为比利时与卢森堡间经济联盟的建立拓展交往渠道，也就是使比利时能够控制卢森堡境内的铁路系统。比利时也希望法国能够缩减向它征收的关税。[②]

卢森堡以及法国国内政界许多人士更希望两国之间能够建立起互惠联盟的同时使法国拥有卢森堡境内铁路的控制权。法国因此坚持要求卢森堡将经济合作联盟的建立与军事合作问题联系起来协商。而比利时则在 1920 年 2 月与法国协商军事协定时谈判破裂，因此要求如果继续进行谈判的话，应在经济谈判中有卢森堡的参与。[③]

两个月之后，法国以德国境内左翼势力活动猖獗为名，延长了对德国鲁尔地区的占领。英国则不赞成法国的行为并拒绝参与此次行动。法国因此意识到了没有西欧盟国的参加，自己会处于一种孤立的地位。而此时比利时领导人则感觉到如果让法国单独应对德国

① Jonathan Helmreich, "The Negotiation of the Franco-Belgian Military Accord of 1920'," French Historical Studies, Vol. 3, No. 3, 1964, pp. 360 – 378; Robert L. Rothstein, Alliances and Small Powers, New York: Columbia University Press, 1968, pp. 72 – 88; David Owen Kieft, Belgium's Return to Neutrality, London: Oxford University Press, 1972.

② Geoffrey M. Gathorne-Hardy, A Short History of International Affairs 1920 – 1938, London: Oxford University Press, 1938, pp. 19 – 20; Walter Consuelo Langsam, The World Since 1914, New York: MacMillan, 1948, p. 174; Dan Reiter, Crucible of Beliefs, Ithaca, N. Y.: Cornell University Press, 1996, pp. 128 – 132.

③ Jonathan Helmreich, "The Negotiation of the Franco-Belgian Military Accord of 1920'," French Historical Studies, Vol. 3, No. 3, 1964, pp. 360 – 378.

是不符合自身利益的，因而表示如果在卢森堡问题上能够有所进展的话，比利时将派兵进入该地区支援法国的行动。法国同意将卢森堡境内铁路问题与军事协定联系起来进行协商的动议。一个月后，法国建议卢森堡与比利时建立经济联盟，同时一个正式的法比联盟在随后的秋天得以建立。联盟建立后，随之而来的就是对来自安特卫普的外国商品大幅度削减关税。[①]

在法比联盟这个案例中，小国的领导人相信他们有能力选择是否向大国做出承诺，以及这种承诺的紧密程度。[②] 大国则发现自身在联盟中有足够的能力在经济事务上做出让步以换取联盟安全上的利益。这样的结果导致了法国与比利时之间在结盟期间形成了紧密的贸易关系，具体如下面图表所示。

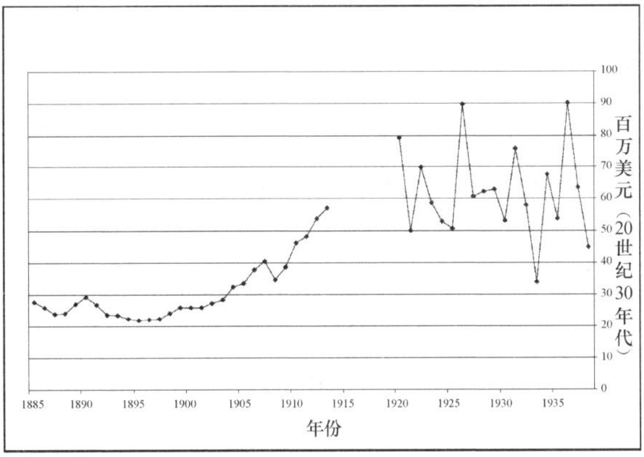

单位：百万美元

图 2.1　法国—比利时两国间贸易量统计（1885—1938）

资料来源：Dan Reiter, Crucible of Beliefs, Ithaca, NY: Cornell University Press, 1996, pp. 128 – 132. 转引自 Andrew G. Long and Brett Ashley Leeds, "Trading for Security: Military Alliance and Economic Agreements," *Journal of Peace Research*, Vol. 43, No. 4, 2006, pp. 433 – 451。

① Geoffrey M. Gathorne-Hardy, A Short History of International Affairs 1920 – 1938, London: Oxford University Press, 1938, p. 20.

② Dan Reiter, Crucible of Beliefs, Ithaca, N. Y.: Cornell University Press, 1996, pp. 128 – 132.

1936年，比利时单方面同法国中止了联盟关系。虽然有很多因素导致比利时对与法国之间的这种军事关系表示不满，但其中一个很重要的因素则是比利时意识到法国已经不能够再对其出口物资给予足够广泛的市场了。由于世界性的经济大萧条的影响，法国施加了进口配额措施并提高了关税，这导致比利时与法国之间的贸易受到了影响。伴随着比利时对法国不满的增加，两国之间没能就缔结新的商业协定达成协议，这成为比利时决定中止与法国联盟的一个重要因素。而随着比利时对这种军事联盟的抵制，法国与比利时之间的商业协定自然也面临着同样的结局。①

因此在一些案例中，经济与安全协定之间有着具体的联系。如果政府间经济协定能够对国家间的贸易水平产生影响，同时这种贸易协定也与国家间的安全合作保持着一定程度的联系，那么联盟与贸易之间将会保持一种正向相关的联系。

根据联盟的定义我们知道，联盟关系通常具有长期性，盟国间的经济合作必然会产生巨大的收益，这也会在盟国间形成一种经济相互依存的状态，这反过来也会促进联盟的发展，经济合作成为维系联盟关系的重要粘合剂。彼此加深的相互依存关系甚至能够通过不断的经济交往将一国的国家利益转化成联盟的共同利益，并进一步促进国家间的政治合作。② 可以说，经济利益是有助于促进联盟形成及巩固的。这种共同的经济交往将彼此保护经济伙伴的利益。联盟中高度的经济相互依存有时甚至会使其成员情愿放弃某些经济利益以便支持安全政策从而实现彼此之间力量对比的均衡。例如，19世纪法俄联盟的形成普遍被认为单纯是出于安全上的考虑，而学者

---

① David Owen Kieft, Belgium's Return to Neutrality, London: Oxford University Press, 1972, p. 49.

② Paul A. Papayoanou and Kastner, "Sleeping with the (potential) Enemy: Assessing the U. S. Policy of Engagement with China," Security Studies, Vol. 9, No. 1/2, 1999/2000, pp. 157 – 187.

通过研究发现，财政上的需要也是驱使俄国与法国结盟的原因之一。[①]

而且，尽管联盟为结盟国家提供的最重要的公共产品是军事安全，但这也为盟国的经贸关系的延续提供了有效的安全保障。稳定的安全环境是经贸关系得以发展的重要支撑，反过来这种经济联系自然也对安全环境形成了较大的路径依赖。正是通过这样的模式，联盟中这种安全与经济利益的互补，成为确保联盟关系稳固的一个重要支撑。

三、国际体系、联盟持久性与经济合作

国家通过进行贸易获得的收入可以成为对安全构成影响的外部性因素。为了使这种影响得到内化，联盟国家之间以相应的军事协定为依托，彼此开放各自的国内市场，从而消除这种影响，将其降低到最低程度。但是在什么样的国际环境中，这种联盟关系更能有效地消除安全的外部性影响，促进彼此之间的经贸往来正常化呢？本书将在下面的部分对此予以分析。

（一）开放市场、囚徒困境与国家实力

在国际政治经济学理论中，最常见的分析安全关系对国际经济合作与冲突产生影响的理论就是霸权稳定论。霸权稳定论对国际贸易问题的理解和解释，是建立在对公共物品囚徒困境的博弈模型基

① Paul A. Papayoanou and Kastner, "Sleeping with the (potential) Enemy: Assessing the U. S. Policy of Engagement with China," pp. 157 – 187.

础上的。[①] 该理论认为世界自由贸易体系的稳定需要大国提供公共物品作为支撑。这样的公共物品在供应上是充足的，同时又是非排他的，也就是说，任何个体对它的使用都不会妨碍其他人对它的使用；同时任何个体无论能否在这类物品的生产上贡献力量，都不能被排除或被禁止使用这类物品。这样的话，由于个体利益的偏好以及一些短视行为，就造成了囚徒困境似的公共物品问题。图 2. 2 以矩阵的形式表示了这种囚徒困境模式。在这种交往环境下，各方的主导策略就是对抗，或是拒绝在公共物品的提供上贡献力量。

	合作	背叛
合作	2,2	4,1
背叛	1,4	3,3

图 2. 2　囚徒困境博弈

资料来源：笔者自制。

这种情况导致了双方对抗（DD）成为帕雷托最优均衡的结果（另一种均衡的情况是至少有一方能够改进现有的均衡结果，而没有任何一方破坏既有的均衡）。在这种均衡状态下，没有任何一方贡献自己的力量，自然也没有任何公共物品产生。另外一种情况，即使存在着不稳定的因素，也会达到一种均衡的结果，那就是帕雷托改进，也就是双方合作的情况（CC）。霸权稳定论认为，为了能够保持一种稳定的自由贸易格局，应当有一个霸权国家或主导国家在国

① Charles P. Kindleberger, The World in Depression, 1929 - 1933, Berkeley: University of California Press, 1973.

际社会中发挥作用。[①] 这样的国家，应该能够具有提供公共物品的意愿，即使是它要承担起为提供公共物品所担负的全部负担。[②] 虽然有些学者接受囚徒困境的论述，但他们认为公共物品的分析本身就是一种霸权理论：因为小的集团同样也可以提供公共物品，所以无论是霸权国家还是小的国家集团同样可以维护自由贸易体系的稳定。[③]

囚徒困境的论述也可以引申到传统的自由贸易理论中。[④] 在传统的自由贸易理论中，任何一个国家拥有足够的实力，都可以通过出口商品的相对价格，施加“最优”关税，使实际收入最大化，从而对贸易发挥影响。也就是说，关税要在保证提高贸易的实质内容前提下，减少贸易量，也就是实现净收入最大化的情况下制定。但是如果最优关税被各国采用，那么单个或者集体的次优结果将出现：贸易量将减少，但是贸易的内容没有变化。由于在自由贸易中并不是一次博弈的纳什均衡，因此很难使双方都达到一种互惠的结果，即每一个国家在其他国家不做出同样举动的情况下最好都不要采用最优关税。所以传统贸易理论在分析大国间的贸易时的分析方法类似于囚徒困境的博弈。

但是，无论是霸权稳定论中的公共物品理论还是传统自由贸易理论对经济交易的分析都是建立在一种完全市场的基础上，也就是排除了其他因素的干扰，特别是政治因素在其中发挥的作用。他们的分析仅集中于通过开放市场进行贸易而增加的实际收入上。然而，

---

① Charles P. Kindleberger, The World in Depression, 1929 – 1933, Berkeley: University of California Press, 1973, p. 305.

② Mancur Olson, The Logic of Collective Action: Public Goods and the Theory of Groups, Cambridge: Cambridge University Press, 1971, p. 50.

③ Duncan Snidal, “Coordination versus Prisoners’ Dilemma: Implications for International Cooperation and Regimes”, American Political Science Review, Vol. 79, No. 4, 1985; Beth Yarbrough and Robert M. Yarbrough, “Cooperation in the Liberalization of International Trade: After Hegemony, What?” International Organization, Vol. 41, No. 1, 1987, pp. 1 – 26.

④ John A. C. Conybeare, Public Goods, Prisoner’ s Dilemmas, and the International Commercial Rivalry, New York: Columbia University Press, 1984.

正是因为自由贸易会产生安全的外部性才导致了国家力量对自由贸易的介入，因为贸易壁垒的消除不但会影响一个国家的实际收入，而且会对该国的安全带来相应的影响。

贸易产生的安全外部性在于经济事务与安全事务之间的联系。通过进行贸易可以增加国家的收入，而这种经济收入既可以被用于经济领域，进行扩大再生产，同样也能被用于安全领域，用于扩充军备。所以贸易活动增加了任何一个国家潜在的军事实力。[①] 因此，贸易活动有可能打破原有的国家间实力对比的平衡状态。

由于国际社会的无政府状态，大国关注的往往是贸易对国家实力影响的相对结果而不是绝对结果。国际体系的结构性特征使各国要消耗他国的财富来增加自身的实力。因此，这样的贸易活动也就成为了一国获得他国商品或服务的最有效的方式。[②] 所以，各国衡量它们得自贸易的收入并不仅集中于实际收入的层面，相对力量的影响在衡量标准上发挥的作用更大。

理论上，贸易上的冲突并不必然导致国家的瘫痪。各国可以通过两步战略来解决这一问题，首先消除彼此之间的贸易壁垒，然后各国根据贸易壁垒消除之后力量对比格局调整各自的防御政策。但是这种方法的缺陷在于它的干扰因素过多，任何一个环节出了问题都可能导致全局的破坏。因此，一种替代方法就是同时进行经济和安全事务的谈判协商。但是执行这种解决方法的代价会非常高。所以假设通过谈判，贸易所得不会有大的改变的情况下，盟国之间单独针对贸易问题进行谈判比对立的国家通过一个复合的谈判过程协商安全和贸易两类问题付出的成本要小得多。

---

① Robert E. Baldwin, The Political Economy of U. S. Import Policy, Cambridge, Mass.: The MIT Press, 1985, p. 211.

② Robert E. Baldwin, The Political Economy of U. S. Import Policy, Cambridge, Mass.: The MIT Press, 1985, p. 116.

因此，虽然理论上各国可以成功面对自由贸易带来的安全外部性问题，但在实际的国际关系中这样的成功事例是不多见的。所以，目前对贸易机制的分析很多都将其与战后的西方联盟体系结合起来进行分析。[①] 但并不是所有的联盟自然而然就会建立自由贸易关系，而要依靠联盟所处的国际体系格局，其中两极体系中的联盟比多极体系更容易建立自由贸易关系。

国际体系的结构需要依靠体系中大国的数量及在其中军事实力的分布来界定。在多极体系中，有超过两个大国拥有势均力敌的军事实力，它们的纷争与合作主导着体系中的政治格局，而两极格局则是仅有两个大国拥有这样的能力，其余国家属于从属地位的小国。[②]

无论是多极体系还是两极体系中的联盟，都会面临通过贸易产生的安全外部性的问题。在任何一种体系中，联盟都会使这种外部性对其贸易伙伴带来的正面影响多于负面影响。而在两极体系中，由于退出成本的存在以及大国不希望利用它们的市场力量来剥削联盟中小成员国的动机，使自由贸易相比在多极体系中更容易实现。

（二）退出成本

联盟中存在现有的成员国退出现在的联盟而参与其他联盟的可能，这无疑增加了联盟国家间彼此开放市场的风险。联盟成员退出联盟改变了原有安全外部性的成本，也使建立新的联盟的成本增大。

---

① Stephen Haggard and Beth A. Simmons, "Theories of International Regimes", International Organization, Vol. 41, 1987, No. 1, p. 134; Beth Yarbrough and Robert M. Yarbrough, "Reciprocity, Bilateralism, and Economic Hostages: Self-Enforcing Agreements in International Trade", International Studies Quarterly, Vol. 30, No. 1, 1986, pp. 7 – 22.

② Glenn H. Snyder and Paul Diesing, Conflict among Nations: Bargaining, Decision Making, and System Structure in International Crisis, Princeton: Princeton University Press, 1977, pp. 419 – 420.

由于这种退出的可能性导致了对权力平衡的新担忧，削弱了人们对未来的预期，所以使得即使是在联盟内进行的自由贸易活动看起来也难度加大。

但是，正像斯奈德在他关于联盟安全困境的分析中论述的那样，退出成本的影响在国际体系中是广泛存在的，而且在多极体系中这种风险程度要高于两极体系的情况下。① 他的这一理论假设得到了经验验证，研究发现，19—20 世纪的国际关系中，这种退出现象发生在由 n 个大国组成的多极体系中的可能性要大于两极体系中的情况。②

大国的数量并不是联盟持久性的唯一因变量，比如，西方联盟的稳定并不仅仅是一种共享战略利益的产物，也依赖于其成员国间的民主制度以及市场经济特征；同样，苏联通过意识形态纽带维持了其固有联盟的稳固，加强了其对《华沙条约》组织成员国的控制程度。但是仅靠意识形态和观念的因素并不能够解释战后联盟的安排，战后这种两极的国际体系结构也是国际上更多稳固联盟建立的重要保障。

首先，按照斯奈德的看法，两极联盟很大程度上是国际体系结构的产物。因为在一个多极的国际体系中，联盟的建立不是体系结构决定的，而是各种可能性之间权衡的结果。③ 通常，任何国际体系中的大国冲突都是源于国际体系的无政府状态。因此，大国间建立联盟的选择之一就是要减少它的成员数量，也就是寻找到合适的大

---

① Jack Snyder, The Ideology of the Offensive: Military Decision Making and the Disasters of 1914, Ithaca, N. Y.: Cornell University Press, 1984.

② George W. Duncan and Randolph M. Siverson, "Flexibility of Alliance Partner Choice in a Multipolar System: Models and Tests", International Studies Quarterly, Vol. 26, No. 4, 1982, pp. 511 - 538.

③ Jack Snyder, The Ideology of the Offensive: Military Decision Making and the Disasters of 1914, Ithaca, N. Y.: Cornell University Press, 1984, p. 415.

国来适应联盟体系的需要。

有经验显示，两个国家之间的亲疏程度可以用来衡量它们彼此之间利益冲突的程度。植根于国际无政府状态的两极体系，使得它们彼此之间的权力分布可以在世界上各占一半，因此在任何两极体系中，大国之间的对立将非常明显，各方都要建立自己的联盟以确保权力的平衡，而联盟自身对联盟成员行为及其退出也做了严格的约束。

而体系中如果有其他一个或更多大国的出现必然会增加联盟的可选择余地。这种变化必然比两极体系的情况更能缩短国家间的距离，同时也能比两极体系情况下使国家有更多选择盟友和改换盟友的机会。因此在一个有 N 个大国组成的多极体系中，不同于两极体系中的联盟，它将充满着“不稳定的局面以及政策纷争的可能性”。①

退出成本存在的第二个原因在于有关潜在盟友的信息在国际体系中广泛分布着。根据产业组织理论，存在着搜寻品（search goods）和体验性商品（experience goods）的区别。应用到对联盟的研究中，这种差别说明信息变化对联盟稳定的影响。在经济学上，消费者对于要购买的商品（也就是搜寻品）在购买之前就已经有了关于这类商品的相关信息；而体验性商品则是消费者在购买并使用之后才能对它的特征有所掌握的商品（比如某家餐厅菜品的口味）。②

由于潜在大国联盟可靠信息的数量与其成员的数量可以说是成反比的，因此两极体系中的联盟可以被视为是一种搜寻品，而多极体系中的联盟则被视为一种体验性商品。所以通过时间的检验，更能有利于衡量多极体系中的联盟，对两极体系中的影响则没有这么

① Jack Snyder, The Ideology of the Offensive: Military Decision Making and the Disasters of 1914, Ithaca, N. Y.: Cornell University Press, 1984, p. 415.

② Jean Tirole, Industrial Organization, Cambridge, Mass.: MIT Press, 1988, p. 106.

大。而联盟成员随着时间的改变，它们的不确定性也就逐渐减少。因此这种现象更容易出现在多极体系中。

最后，退出成本在两极体系下较低是因为重新改变力量对比格局对于任何一个大国来说都是几乎不可能的事情，而维持联盟的稳定也是任何一个大国的重要职责，这样的体系下没有一个大国希望其他国家从其所在的体系中脱离出来。而在多极体系下，确保联盟体系稳定的利益，以及从事这种行为的动机由于体系中大国数量的增加而被分散。因此，各国都希望将维持联盟稳定的责任交由其他国家来分担。

所以说，退出的风险随着国际体系的变化而改变，这样的变化反过来又导致了联盟成员对联盟预期的变化。在多极体系中的联盟，由于联盟数量的增加，成员国通过开放市场而获得的收益会因此受到影响，其收益要低于两极体系联盟中的同类情况。与现在相比，未来的收益会降低，这种情况反映到其对联盟前景的认识上也将受到影响，其对联盟未来拥有的信心也会大打折扣。而在两极体系中，这种对联盟前景的悲观情绪没有那么强烈，由于拥有更强的维护联盟稳定的能力，它将使未来的收益与现在更加接近。

因此，由于退出成本的影响，在两极体系的联盟中，自由贸易所带来的安全外部性更容易在联盟中被内化，而在多极体系中就很难做到。联盟内贸易所带来的政治经济收益在两极体系联盟中也不容易受到削弱，而在多极体系联盟中，则要受到强烈影响。

退出成本对联盟中这种安全与经济利益互补的发展模式的影响也会随着联盟的发展而得以延续。但当联盟中的国家都生产相同的产品，为相同的市场进行竞争时，国家就将在牺牲盟国保护国内经济利益还是自身做出让步以确保联盟巩固上进行抉择。由于联盟具有持续稳定性的特征，如果来自外部的威胁可能性较小，各国往往会将更多精力集中在经济利益的协调上，经济上的收益会使国家更倾向于巩固联盟关系。同时，经济合作的深入进行会促进结盟国家的国家利益不断拓展，而联盟必然要在安全上予以跟进，提供必要的安全保护。比如，冷战时期建立的美日联盟、美韩联盟所涉及的区域仅限于很小的范围。但经贸关系的拓展，经贸利益的延伸成为推动联盟区域扩大的一个主要原因。美日联盟涉及的区域不断扩大，美韩联盟也由朝鲜半岛向区域乃至全球扩展。这种联盟区域的扩大带来了联盟公共产品供给的更新，由维护国家安全向保护国家利益转变，联盟提供的公共产品的内涵不断扩大和更新，由偏重军事安全向兼顾经济安全等非传统安全领域渗透。联盟也正是在这个背景下不断进行自我调适和转型，实现了联盟的延续和发展。前面提到的美日、美韩联盟在创立之初都具备较强的不对称性，日韩的经济都因这种联盟框架的存在而迅速摆脱战争的重创，获得巨大发展。日韩利用美国为首的联盟体系，获取了重要的经济资源和市场，自身的经济地位也发生了巨大的转变，这种改变在日美、日韩间出现了严重的贸易摩擦，甚至一度对联盟的稳定带来了巨大的冲击，其中，犹以日美间的经贸摩擦对联盟关系影响为甚，以致尼克松曾经为此发出了“安保警告”。[①] 但是，这种冲突并未削弱联盟关系，反而成为增强合作所必需的副产品。[②] 美日之间最终于 1995 年 1 月发表《全球合作议程》，完成了一揽子经济协商合作谈判，同年 8 月签署《汽车贸易协议》，解决了美日贸易中的最大难题；美韩则于 2007 年签署双边自由贸易协定（FTA）。经贸协商的妥善解决，为随

---

① 从 20 世纪 60 年代开始的美日经贸摩擦对美日联盟产生了很大冲击。1973 年 5 月，美国总统尼克松曾提出，如果没有基于政治意志的自觉努力，使美日之间的贸易不平衡得到有效控制，美日之间的经济争端就可能破坏两国之间联盟关系的结构；同时，如果美日经济关系恶化，废除安全条约也并非不可能。这就是著名的“安保警告”。参见宋成有、李寒梅等：《战后日本外交史：1945—1994》，世界知识出版社 1995 年版，第 366 页。

② Robert Pahre，Leading Questions，How Hegemony Affects the International Political Economy，Ann Arbor：The University of Michigan Press，1999，p. 9.

后出现的美日、美韩同盟的再定义减少了阻力，推动了联盟的发展和转型。因此，联盟中经济合作而衍生出的经济层面沟通的机制化不仅局限在经济领域，它还会培养联盟成员间的互信、认同和理解，拓宽双方信任的渠道，从而产生巨大的政治效应，增强联盟各方对联盟的认同。这种联盟间的合作，也会使联盟双方进一步将经济利益同安全利益捆绑在一起，增加了联盟中的退出成本，促使联盟关系进一步发展和强化。

第三章

联盟国家经济合作的保障

US Alliance System and Regional Economic Development

冷战结束后，国际政治经济学研究进一步将国际和国内要素结合起来，开始克服将国内政治仅仅作为干预变量的缺点，不再将国内政治看作是次要因素。在理性主义基础上，强调国内政治和世界政治互动的国际政治经济学研究，已经有了共同关注的问题领域，并形成了被多数学者接受的研究工具和工作方法。国际政治经济学在打通国内和国际界限、联系政治和经济的努力下，进行了超越层次分析法和体系层次优先性的尝试，拓展了对理论建构的认识。[①] 将国际和国内要素结合起来的研究为认识世界经济现象提供了较为完善的分析框架。

将国际和国内要素结合起来进行研究的最主要成果就是帕特南的双层博弈模型，该模型假定进行国际谈判的政府首脑一般来说试图同时做两件事情：一是在国际谈判桌上进行博弈；二是在国内的谈判桌上进行博弈。在国际谈判桌上，政府首脑试图在与其他谈判对手博弈的过程中，最大限度地体现本国国内压力和要求的方案，同时希望其他国家的谈判代表能够接受，并且尽量使其对外行为不至于产生不利的后果，以至于能够与其他国家的谈判代表达成某项

---

① 曲博：《国内政治、国际关系与国际政治经济学研究》，载《国际政治研究》2006 年第 2 期。

国际协议。[①] 联盟国家之间的经济交往，也不单纯取决于国际体系的制约条件，国内政治因素对联盟国家的经济交往活动也发挥着重要影响。联盟的建立与维持过程其实也就是一种“双层博弈”的过程。在这一过程中，联盟中存在的安全事务与经济事务之间的议题联系机制使这种经济合作成为可能；同时联盟国家内部的政治环境与政治制度会对联盟国家的对外经济行为构成制约，此时补偿性支付（Side-payment）在联盟国家间的经济交往活动中发挥出了独特的功能。[②]

一、议题联系机制、联盟与经济合作

经济往来所引发的安全外部性会改变国家和相关经济行为体的行为方式。政府往往会专门制定相应的经济政策，使之有利于其盟国，而避免让实际以及潜在的对手从中获益。这种联盟中经济与安全的关系所带来的政治影响也会体现在相应的公司、企业的经济行为中。一国与其经济合作伙伴在安全上没有利益冲突时，不但有利于国家之间进行经济合作，促进经济发展，也使它国内的企业能够获得一种安全感，从而更利于参与到经贸活动中来，并加大对相关领域的投资。而各国对出口市场的投资行为，往往具有一定程度的机会主义倾向，需要寻找比较稳固和可靠的合作者。因此，一国的企业更乐于同其盟国的相关企业建立相应的经贸关系，从而确保交易的顺畅和持久，特别是当商品交易能够产

① Robert D. Putnam, “Diplomacy and Domestic Politics: The Logic of Two-Level Games”, International Organization Vol. 42, No. 3, 1988, p. 438.

② 杨毅：《安全联盟与经济合作研究》，中共中央党校出版社2012年版，第60—75页。

生一定的规模效应时。[1] 所以结盟的国家从各自政治、军事安全角度出发，也愿意各自国内的公司能够彼此之间建立稳固的经贸关系，进一步为联盟的巩固提供相应的经济基础。

可以说，联盟所具有的这种功能确保了各国企业同其经贸伙伴之间能够保持稳固的经贸往来，而国家间关系的稳固又为这种关系的巩固上了一层“双保险”。但是，联盟国家之间促进经贸关系的这种隐含的强制力并不是促进经济合作的唯一因素，因为联盟国家之间还可以将促进国家间的经济关系明确写进联盟的协定之中，从而使之成为一种具有法律效力的明确约束力。此外，牢固而又强大的商业纽带还会成为一种巨大的物质诱惑，使那些不情愿加入或对联盟持观望态度的盟友接受联盟合作这样一种制度性安排。所以，通过对将联盟中经济事务与安全事务联系起来的相关机制的分析，将有助于我们理解为什么联盟能够促进国家间经济交往的进行。

研究联盟视角下经济与安全关系时，一个非常重要的问题就是，为什么各国政府会把安全上的合作同经济合作联系起来？许多学者都认为联盟协定中囊括了诸多问题领域，并将它们纳入到同一联盟框架下，在一定程度上促进了这种合作的实现。特别是在联盟建立和发展的过程中，盟国之间的交往与谈判更是体现了这种问题之间的联系。费伦（Fearon）针对相关国家的领导人在谈判合作协定时所面临的困境，提出了相应的分析模式。他认为，领导人在涉及到与合作相关的谈判中所面临的首先是讨价还价问题，也就是决定什么样的协定自己可以接受并执行，接下来就是协定的强制力问题，也就是创设相应的动机使参与各方能够接受这一协定。这两个问题

① Joanne Gowa and Edward D. Mansfield, “Alliances, Imperfect Markets, and Major-Power Trade”, International Organization, Vol. 58, No. 4, 2004, pp. 778 – 805.

是密切联系在一起的，因为任何一个方面解决不好的话，都会妨碍合作的成功。在这样的条件下，将相应的问题联系起来可以帮助决策者克服这种讨价还价和强制力的困境。

学术界很早就认识到议题联系的重要性。1716 年，法国外交家弗朗西斯·德·卡利埃尔（Francois de Callieres）指出，国家间交往最重要的手段就是要将双方最突出的特点显露出来，然后将这些特点进行联系从而平衡双方的利益诉求。[1] 在卡利埃尔看来，议题联系是一种策略，它能够将双方的优势集中起来，从而有效地解决相应的政治问题。通过扩展协定涉及的领域，不但可以改变国家间讨价还价的范围，也可以使国家内部某些利益集团获益从而解决国家内部的分歧。[2] 很多学者都对这一问题进行过研究。议题联系的概念，从广义上来说，被认为是在某一框架下，将各种问题予以同时讨论协商，这种形式在国际合作中扮演着重要作用。国内某些利益集团可能会反对协定中涉及的某一议题，于是相关机构对其游说并在其他问题上做出让步以换取对它所反对的议题的支持。而另一个议题能够获得其他利益集团对协定的支持，这正好可以抵消第一个利益集团的反对。

这样的策略在国内政治中也会出现，存在分歧的国内行政机关和立法机关之间会使用议题联系的方式来达成某种一致。这样的事例层出不穷。比较有名的如俾斯麦时期德国的黑麦与钢铁关税政策，就是为了进一步保护国内的农业和工业利益，而进行议题联系的典

---

① Francois de Callieres, On the Manner of Negotiating With Princes (1716), translated by A. F. Whyte, Boston: Houghton Mifflin, 1919, pp. 109 - 110.

② Francois de Callieres, On the Manner of Negotiating With Princes (1716), pp. 109 - 110; Robert D. Tollison and Thomas D. Willett, "An Economic Theory of Mutually Advantageous Issue Linkages in International Negotiations," International Organization, Vol. 33, No. 4, 1979, pp. 425 - 449; Frederick Mayer, "Managing Domestic Differences in International Negotiations: The Strategic Use of Internal Side-payments," International Organization, Vol. 46, No. 4, 1992, pp. 793 - 818.

型表现。将相关议题领域联系起来在建立了支持国内政策的国内联盟的同时，也为国际协商谈判建立议题联系提供了可能，通过这种方式，可以使国内利益集团支持国家间的联盟协定。

议题联系的存在取决于在谈判议程范围内，针对某一问题的谈判成果与另一问题的谈判成果相关联的程度。当政府同意联合处理一系列的问题时，议题联系将深嵌于谈判的框架内。在关于谈判的议程设置以及随后的协议草案中都可以发现议题联系的内容。在戴维营和平协议会谈和海洋法的谈判中，虽然将多领域的主题纳入了谈判范围，但采用的是单一谈判模式。这种方式通过紧密的联系将全部问题放到了谈判议程中一揽子解决，它所达成的结果各国要么完全接受，要么全部反对。但是如果在一个问题领域上难以谈妥，那么其他问题领域也难以取得成效。与之相对的是联系的形式较松散，虽然将各种问题纳入一个议程框架下，但提供了更灵活的解决方式，从而不致因为某一问题的矛盾而导致整个谈判的破裂。

议题联系之所以重要还因为它可以对更多的利益集团进行动员。当议题联系扩大了参与谈判各方的利益攸关程度时，会有更多的国内利益集团参与进国际谈判的进程。一个议题陷入僵局会直接导致整个谈判的失败，任何一方如果想从这一过程中获得益处的话，必须确保每一个问题的谈判都能取得进展。通过增加参与方的方式可以有效地克服国内政治中的利益争执。沙特施耐德（Schattschneider）认为，通过扩大冲突的范围，失败的一方希望能够让更多的人参与进冲突直到力量对比格局发生变化。[①] 按照同样的逻辑，参与方的增多可以使国际谈判达成协定涉及的范围扩大。[②] 而且双层博弈的

---

① E. E. Schattschneider, Politics, Pressures, and the Tariff, New York: Prentice-Hall, 1935, p. 40.

② James Sebenius, "Negotiation Arithmetic: Adding and Subtracting Issues and Parties," International Organization, Vol. 37, No. 2, 1983, pp. 281 – 316.

框架表明一国对另一国提出的要求如果得到了国内支持的话，将有助于谈判的进行并取得有效成果。[①]

跨部门的议题联系可以通过限定谈判协定涉及的范围来影响相关部门的政策管辖权。以农产品贸易谈判为例，在农业部门的政策管辖权范围下，针对单一农业政策的谈判就不会取得成功。而当农业议题成为了涉及多个问题领域的一揽子谈判框架下的一个议题时，更多的决策也就需要有更多的部门予以协调解决。当然，在谈判过程中涉及技术层面的内容，其具体的决定权仍然由相关部门的专家最后定夺。尽管这样，部门间的协调功能也表明权衡过程是必需的。

当两个或更多的谈判方不能够就与合作相关的成本收益问题达成一个彼此能够接受的协定时，讨价还价就容易失败。有的时候，当谈判者为了能够达到更好的谈判结果而故意错误表示出其谈判底线时，即使有了谈判协定的达成，谈判者之间的讨价还价也不一定能够成功。[②]但在有的时候，即使没有合作协定的达成，谈判双方也乐于保持合作的现状。在这种情况下，问题之间的联系本身就为国家彼此间相互合作开创了空间从而使合作的领域不仅仅局限于单一问题领域内。[③] 所以说，在谈判进程中，同时就两个或两个以上问题展开谈判并将它们纳入最终签署的协定中，可以产生使双方都满意的合作性结果。

在谈判双方针对两个不同的问题领域有着不同的偏好或者涉及这两个问题领域的谈判协定会对谈判双方带来不同影响的时候，上述这种情况更为明显。也就是说，如果A更多地关注问题甲，而B更

① Robert Putnam, "Diplomacy and Domestic Politics: the Logic of Two-level Games," International Organization, Vol. 42, No. 3, 1988, pp. 427 - 460.

② James D. Fearon, "Bargaining, Enforcement, and International Cooperation," International Organization, Vol. 52, No. 2, 1998, pp. 269 - 306.

③ Robert D. Tollison & Thomas D. Willett, "An Economic Theory of Mutually Advantageous Issue Linkages in International Negotiations," International Organization, Vol. 33, No. 4, 1979, pp. 425 - 449.

多地关注问题乙，那么A会在问题乙上做出相应的让步以求得B在问题甲上进行让步。同样，如果针对问题甲的解决方案更加有利于A而针对问题乙的解决方案有利于B，那么尽管单方面某一解决方案不能被双方所认可，但一种联合的解决方案则有可能被双方所共同接受。因为通过这种直接或间接的议题联系，出现了对双方给予间接补偿的可能性。[①] 这也就是我们在下面将详细论述的补偿性支付问题。

因此，如果一个国家的领导人意识到通过与另一个国家结成军事联盟可以获得更多的收益，但另一个国家却对结盟有着不同意见时，最可能做的就是通过在其他领域内做出让步使对方意识到结盟的好处，比如进行关税减让、降低贸易壁垒，通过这些经济上的措施使对方感觉军事联盟有更大的吸引力。一国的领导人通常不会轻易做出单方面的经济让步，但他会同意开放其国内市场以换取联盟协定的缔结。同样，其伙伴国的领导人在面对着能够为经济领域带来收益的联盟协定时，也不会对此情况置若罔闻，而签署不包含经济内容的军事联盟协定的。特别是在单纯经济领域或安全领域的协定都不能被双方所共同接受的时候，这种寻找了利益契合点的协定是能够让双方都满意的。[②] 因此，议题联系可以帮助联盟中各国解决讨价还价面临的困境并使其找到最佳的解决方案，从而促进谈判双方取得一个彼此都能接受的结果。

但是正如费伦指出的那样，各国的领导人往往认为通过谈判方

---

① Robert D. Tollison & Thomas D. Willett, "An Economic Theory of Mutually Advantageous Issue Linkages in International Negotiations," International Organization, Vol. 33, No. 4, 1979, p. 426.

② 莫罗（1991）认为，联盟有时候体现着国家之间在安全或自主问题上的一种取舍，一些联盟的成员通过联盟可以增加自身的安全，而另一些成员则使其国际政策获得了更广泛的支持。这种主张也反映着一种联盟中的议题联系。莫罗认为这种取舍在国家之间实力不对等的情况下，比如大国与小国之间，特别容易出现，往往大国向小国提供安全上的保障以换取小国对其外交政策政治上的支持。然而，在某一谈判协定上的谈判实力，并不能够反映两国之间关系的全部力量对比，而仅仅是针对协定涉及内容一种临时性的应对手段而已。所以莫罗的关于安全—自主的取舍比本书的经济—安全之间的补偿性支付范围要更广。

式让协定得以缔结的可能性存在时，他们才会竭尽全力地进行讨价还价。所以许多领导人抱着一种机会主义的态度，对合作结果进行价值上的衡量之后再做出相应的决定。而联盟体系下的经济与安全关系有时候就体现了这种特征。有的学者认为国际贸易是用来分析囚徒困境的极佳案例。[①] 当领导人倾向于相互合作而不是相互遏制时，他们反而更乐于在让其伙伴进入本国市场的同时保护自身的市场，其结果就算不会出现一种互惠的结果，但也会向其合作伙伴施加了成本。而如果双方都感到在合作中受骗因而不乐于订立合作协定时，领导人却更愿意开放市场而非实行保护主义。同样，在联盟中，双方都要衡量联盟所产生的威慑力量以及其防御能力所产生的经济影响，因此如果其盟友遭受攻击时，各国反而不愿履行联盟协定的义务对盟友加以援助。所以，领导人在增加自身安全开支的情况下选择结盟的目的，更多的是出于担心被抛弃而被迫进行的。[②]

许多学者将议题联系视为能够克服国际关系中强制问题的一种方式。考察合作带来的长期收益需要克服通过欺骗、背叛而带来的短视性的收益；这也就是解决囚徒困境的合作型解决方式。[③] 议题联系有助于通过提升未来合作的价值来使合作行为更有自我约束力，从而延长合作的时间。[④]

---

① John A. C. Conybeare, "Public Goods, Prisoners' Dilemmas and the International Political Economy," International Studies Quarterly, Vol. 28, No. 1, 1984, pp. 5 – 22.

② Glenn H. Snyder, Alliance Politics, Ithaca, N. Y.: Cornell University Press, 1997.

③ Robert Axelrod, The Evolution of Cooperation, New York: Basic Books, 1984; Michael Taylor, The Possibility of Cooperation, Cambridge: Cambridge University Press, 1987.

④ Robert Axelord & Robert O. Keohane, "Achieving Cooperation Under Anarchy: Strategies and Institutions," in Kenneth A. Oye, ed., Cooperation Under Anarchy, Princeton, N. J.: Princeton University Press, 1986, pp. 226 – 254; Michael D. McGinnis, "Issue Linkage and the Evolution of International Cooperation," The Journal of Conflict Resolution, Vol. 30, No. 1, 1986, pp. 141 – 170; Robert O. Keohane & Lisa L. Martin, "The Promise of Institutionalist Theory," International Security, Vol. 20, No. 1, 1995, pp. 39 – 51; Kenneth W. Abbott & Duncan Snidal, "Hard and Soft Law in International Governance," International Organization, Vol. 54, No. 3, 2000, pp. 421 – 456.

因此，通过提升联盟或贸易协定的价值并对坚守承诺给予相应的保证，国家间通过可获利的经济交往来延续安全合作从而确保合作的进行。将经济与安全议题联系起来的方式也可以减少各方各自背弃协定的动机并进一步巩固彼此之间的合作关系。如果一方没有能够履行军事上的义务，那么会对其商业上的利益带来巨大的损失，而如果不能履行贸易协定所规定的内容，也会使联盟协定面临中止的危险，所以任何单方面的背叛行为都将是得不偿失的，这也就减少了背叛行为的可能性，维持了联盟关系的稳固。当在经济和安全事务上存在着单方面背叛协定的动机与可能性时，议题联系机制可以转化这种动机并使这两个领域的契合点成为对各国的一种自我约束机制。而各国内的企业受惠于相关协定，也将会对国家之间未来的政治关系保持信心从而维持合作关系。

在一些合作的事例中，一些国家将互惠贸易协定及其他经济协定与军事合作的承诺结合起来，但这往往需要详细的联系安排以保证达成双方都能接受的结果。通过增加这种合作的类型和范围，减少机会主义的动机，议题联系可以帮助各国领导人克服讨价还价的困境以及执行协定的困境，进一步促进合作的进行。例如，如果研究推动各国领导人将互惠贸易协定与军事联盟结合起来的动机，我们就需要进一步考察联盟关系对贸易活动带来的影响。如果联盟国家之间贸易往来的增加是通过与联盟相关的贸易协定带来的，也就是说，与联盟相关的贸易协定对贸易水平带来了正面的影响，那这样的联盟关系将有助于国家之间经济往来的顺利进行。这也将为进一步理解贸易与联盟之间关系的因果机制创造条件。[①]

① 曼斯菲尔德和布隆森就认为联盟关系和互惠贸易协定可以带来进一步的商业交往。他们研究发现既是军事联盟中的盟友，又是互惠贸易协定成员的国家之间比仅属于其中一个组织的成员国之间具有更高的贸易量。具体参见 Edward D. Mansfield and Rachel Bronson，“Alliances，Preferential Trading Arrangements，and International Trade”，American Political Science Review，Vol. 91，No. 1，1997，pp. 94 – 107。

二、补偿性支付、联盟与经济合作

议题联系的存在为联盟国家间进行经济交往创造了条件，但是在联盟国家的经济交往中，各国的国内政治环境也会对每个国家在安全利益与经济合作之间的权衡造成影响，这时补偿性支付通过议题联系这一机制便能够发挥重要作用。但国家究竟在什么情况下为其盟国提供经济上的补偿性支付呢？戈华认为，如果这种经济补偿性支付是服务于安全目标的，那么这种补偿性支付的程度会随着联盟间安全关系的重要性而增强。国际体系的结构影响着国家对相互获益的敏感程度以及对由自由贸易引起的安全外部性的关注。她指出，二战后的两极结构是一个稳定的国际体系结构，所以国家间通过联盟为纽带建立起稳定的互惠贸易关系并对其对手施加歧视性的政策。[①] 斯卡勒内斯（Skalnes）认为联盟国家间战略上的需要决定着国内领导者调整经济政策以满足其盟友需要的能力。上述这两种论断都认为，联盟中安全事务的重要性较高时，向其盟国提供经济上补偿性支付的可能性就越高；而联盟中安全事务的重要性降低时，这种可能性也就会随之减少。此外，如果这种经济补偿性支付会带来国家间在安全领域里的合作的话，国家间也会选择进一步增强经济合作的。[②]

补偿性支付在国内政治和国际政治中都时常出现。在国内政治中，补偿性支付一般指行政机关对利益集团或立法机关做出的承

---

① Joanne Gowa, “Bipolarity, Multipolarity, and Free Trade”, American Political Science Review, Vol. 83, No. 4, 1989, pp. 1245 - 1256.

② Lars L. Skalnes, Politics, Market, and Grand Strategy: Foreign Economic Policies as Strategic Instruments. Ann Arbor, MI: University of Michigan Press, 2000.

诺与威胁。而在国际政治中的补偿性支付，则是一国对另一国做出的，是指一国在某一问题上向另一国进行妥协，旨在寻求该国在相关问题上做出让步的策略。补偿性支付往往成为国家施加国际影响的一种手段。它能够使国家之间通过国际协定获得的收益达到一个平衡。一国向另一国使用这种方式可以达到一种对等的效果，所以没有国家能够获得相对收益。[①] 因此补偿性支付是国际博弈的一部分。

补偿性支付作为国内博弈的组成部分，被立法机关用于影响立法程序或相关议案的通过。因此补偿性支付可以针对立法机关或相关利益集团，使它们能够让行政机关的立法动议或法案得到通过。补偿性支付因此也就体现了行政机关所拥有的特殊权力。行政机关可以利用这种方法满足立法机关或者相关利益集团的需要，从而使受到阻碍的法案能够顺利获得通过。例如在北美自由贸易区的谈判中，克林顿总统为了确保这项协定获得国会的批准，在批准的最后关头决定在一些关键的选区对协定涉及的大量商品给予免税。政党纪律也可以被认为是一种补偿性支付的手段，它可以通过承诺或威胁的形式由行政机关依照执政党的纪律向立法机关中的本党成员发出。例如在英国，三线监督的机制通过政党及政府确保本党议员在国会表决时应当支持政府，否则将面临被除名的危险。

补偿性支付也可以作为行政机关确保国际协定获得通过的重要手段。除了需要就立法机关反对的内容再协商外，行政机关可以在某些问题上做出让步以“购买”立法机关和利益团体对它的

---

① Hans J. Morgenthau, Politics among Nations, 6th ed. Revised by Kenneth W. Thompson, New York: Knopf, 1985; Kenneth Waltz, Theory of International Politics, Reading, Mass: Addison-Wesley, 1979; Joseph M. Grieco, Cooperation Among Nations: Europe, America, and Non-Tariff Barriers to Trade, Ithaca, N. Y.: Cornell University Press, 1990.

支持。[1]

帕特南认为，补偿性支付是决策者为了促进国际协定的通过而采取的主要国内谈判手段。[2] 按照他的双层博弈理论，在国际谈判中，谈判者在第一层面，要就某一个或某几个问题领域进行国际谈判，从而达成意向性协定；而在第二层面，谈判者将为了使协定获得正式或非正式的通过，寻求国内的支持。为了获得国内支持的“赢集”，谈判者依靠的主要手段就是补偿性支付这一方式。例如，当1985年广场协定要求日元兑美元的汇率升值后，为了缓解来自国内中小出口企业的反对，日本通产省向这些群体提供了价值1000亿日元的低息贷款，以寻求他们的支持，[3] 这就是一种典型的补偿性支付形式。同样，补偿性支付还可以体现为通过对受到普遍关注的议题进行再定义的方式来进行，也就是决策者使既定的问题能够同涉及国家核心价值的议题结合起来，从而改变原有问题的性质和重要性，以获得相关利益团体的让步，这种方式也是议题联系发挥作用的一种体现。在这个方面，决策者往往将一些经济问题同安全问题进行联系，使国内的相关利益集团更能从国家安全的角度思考经济问题。例如，1945年美国决策者就希望通过这种方式使《布雷顿森林协定》获得国内立法机关的通过。在遭到国内银行业及其在国会中的代表反对后，美国财政部官员亨利·怀特以及亨利·摩根索将布雷顿森林体系与世界和平问题联系了起来。他们认为，过去美国政治经济上的孤立主义在一定程度上促使二战的爆发，通过这样的主张将国际货币合作提升到了国家安全层面向议员进行游说，最终

① Helen V. Milner，Interests，Institutions，and Information：Domestic Politics and International Relations，Princeton，New Jersey：Princeton University Press，1997，p. 112.

② Robert D. Putnam，“Diplomacy and Domestic Politics：The Logic of Two-Level Games”，International Organization，Vol. 42，No. 3，1988，pp. 427 – 460.

③ Yoichi Funabashi，Managing the Dollar：From the Plaza to the Louvre，Washington，D. C.：Institute for International Economics，1988，p. 101.

使这一协定获得了国会的批准。[①]

但是，在联盟中，是什么因素决定了决策者在处理联盟关系与经济合作间的政策选择？一方面，国内对计划中的补偿反对的声音越少，补偿性支付越有可能发生；另一方面，当来自外部的安全威胁越大时，决策者越愿意将经济问题同安全问题联系起来，从而引起国内的足够重视，并使相关议题能够得到国内的支持。

国际经济合作往往会造成一种不对等收益的出现，因此在利益上受损的国家，特别是那些利益直接受损者，会对这种形式的国际合作予以强烈的反对。在这种情况下，决策者以向他们提供补偿性支付这种措施来确保相关合作协定能够获得国内的接受和认可。[②] 补偿性支付的形式可以说是多种多样，但使用最普遍的形式就是进行直接的货币补偿或者是以其他物质让步形式进行的间接补偿。[③]

因此，除了通过直接的货币补偿及物质上让步这样的补偿性支付方式外，他们还常常将国际经济合作的议题与其他问题联系起来，特别是打安全牌的方式，突出经济合作的重要性。在联盟关系下，国家之间进行经济合作更是常常采用这种方式。通过这种方式，决策者经过广泛动员，使更多的人从涉及国家核心价值的层面关注经济合作问题，从而增加相关合作议题获得国内认可和批准的可能性。为了打安全牌，决策者们想方设法进行游说，让国内各利益集团接

---

① John S. Odell, "From London to Bretton Woods: Sources of Change in Bargaining Strategies and Outcomes", Journal of Public Policy 8, July 1988, pp. 287 – 315; Richard N. Gardner, Sterling-Dollar Diplomacy in Current Perspective: The Origins and the Prospects of our International Economic Order, New York: Columbia University Press, 1980, pp. 140 – 143; Alfred E. Eckes, Jr., A Search for Solvency: Bretton Woods and the International Monetary System, 1941 – 1971, Austin: University of Texas Press, 1975, pp. 165 – 209.

② Thomas C. Schelling, The Strategy of Conflict, Cambridge, Mass: Harvard University Press, 1960, p. 31; Dean G. Pruitt, Negotiation Behavior, New York: Academic Press, 1981, pp. 148 – 153.

③ Robert D. Putnam, "Diplomacy and Domestic Politics: The Logic of Two-Level Games", International Organization, Vol. 42, No. 3, 1988, pp. 427 – 460.

受他们所规划的国际经济协定是与影响国家的生存、独立与国家福祉等国家安全问题紧密联系在一起的，这样可以增大国际经济合作协定获得国内通过的可能性。[①] 也就是说，决策者通过两种方式进行动员，即：通过改变国内行为体的观念，使其认识到相关问题对于国家安全的重要性；通过增加反对协定通过的政治社会成本，这样可以使其规划的国际经济协定能够获得广泛支持。

决策者们通过重新界定议题范围的方式来转化国内压力，既是基于谈判协商的需要，也是出于国家自身能力的考虑。谈判者们有时通过利用国内的反对来作为改变原先承诺的借口，以确保自身的国际声望不致因此受损。例如在一些谈判中，谈判者利用爱国主义的名义使反对者放弃其先前以国家安全利益为名所进行的承诺。[②] 而在国际谈判的例子中，改变争议问题的性质，可以转换原有利益集团在这一问题上的既定预期，通常谈判者占据着信息和专业上的优势，这就使他们能够通过理性的游说方式使相关利益集团改变原有的态度。[③] 对于问题再界定方面的考虑，也有的学者从国家能力的角度加以分析。国家能力被认为是一国执行官方目标，特别是在面临着强大的社会利益集团公开或暗中反对时的能力。[④] 很多学者以美国对外经济合作为例，进行分析。他们认为，通过把一些国内问题放在对外政策背景下考量，美国的行政部门不但能够比立法部门更有

---

① Clark A. Murdock, "Economic Factors as Objects of Security: Economics, Security, and Vulnerability", in Klaus Knorr and Frank N. Traeger, eds., Economic Issues and National Security, Lawrence: Regents Press of Kansas, 1977, pp. 67 –98; Barry Buzan, People, States, and Fear: An Agenda for International Security Studies in the Post-Cold War Era, Boulder, Colo.: Lynne Reinner, 1991.

② Richard E. Walton and Robert B. McKersie, A Behavioral Theory of Labor Negotiations: A Analysis of a Social Interaction System, Ithaca, N. Y.: ILR Press, 1991, pp. 118 –119.

③ William H. Riker, The Theory of Political Coalitions, New Haven, Conn.: Yale University Press, 1962, p. 113.

④ Theda Skocpol, "Bringing the State Back In: Strategies of Analysis in Current Research", in Peter B. Evans, Dietrich Rueschemeyer and Theda Skocpol, eds., Bringing the State Back In, Cambridge: Cambridge University Press, 1985, p. 9.

效地控制住相关政策的进程，同时能够更有效地动员各种中间利益集团的支持。特别是将原有的问题放在公共特征已经变化的前提下考虑时，美国的决策者们可以确定利益集团间集体行动的模式，也就是说，可以进一步影响社会反对力量的运作模式。[①]

（一）国内抵制与补偿性支付

如果按照帕特南的分析，使用补偿性支付与否取决于决策者对相关成本的权衡，但是在何时补偿性支付是代价低的，而何时又是代价高的呢？关于谈判的研究认为补偿性支付可以包括一系列的成本，因此是难以估算衡量的。[②] 但是，当国内的反对者对于国家向其提供物质补偿的抵制程度较弱时，决策者通常将补偿性支付作为一种主要的国内谈判策略。

国内对补偿性支付的抵制是指来自行政、立法部门的官员或社会利益集团的反对以及这种反对对决策过程的影响。通常，当行政和立法部门的官员认为计划中的补偿性支付会损害他们的利益、削弱他们的机构或者相关制度时，他们会反对提供补偿性支付。利益集团如果认为计划中的补偿措施会对他们的经济状况带来负面影响时，他们也会坚决反对补偿性支付措施。[③] 这种反对力量通过进入决策层或者影响决策过程的方式来施加他们的影响。例如，利益

① G. John Ikenberry, "Conclusion: An Institutional Approach to AmericanForeign Economic Policy", International Organization, Vol. 42, No. 1, 1988, pp. 219 – 243; Joanne Gowa, "Public Goods and Political Institutions: Trade and Monetary Policy Process in the United States", International Organization, Vol. 42, No. 1, 1988, pp. 15 – 32.

② William H. Riker, The Theory of Political Coalitions, New Haven, Conn.: Yale University Press, 1962, p. 115 – 119.

③ Graham Allison, Essence of Decision: Explaining the Cuban Missile Crisis, Boston: Little, Brown, 1971; Peter Gourevitch, Politics in Hard Times: Comparative Responses to International Economic Crises, Ithaca, N. Y.: Cornell University Press, 1986; Helen Milner, Resisting Protectionism: Global Industries and the Politics of International Trade, Princeton, N. J.: Princeton University Press, 1988.

集团可以通过对选举中的票源流向进行威胁来提高政府提供补偿性支付的成本。根据政府决策过程的结构，行政与立法部门的官员可以用制度性的权力来施加更大的压力，从而反对相应的补偿措施，或者延缓，或者阻挠相关措施的通过，有时甚至可以使相关措施“胎死腹中”。

分析国内抵制与提供补偿性支付之间的关系，需要依靠议题联系机制与关于国家能力的理论，这也是提供补偿性支付的整体步骤之一。议题联系机制可以通过提供更多的替代物促进谈判策略的实施。[①] 然而，议题联系机制影响下的国际经济合作在国内会产生输赢两方。遭受损失的国内利益集团往往都同立法机关或行政机关有着密切的联系。同样，国内权力的分布结构也会使这些议题联系的管理更加复杂。虽然这种反对既来自立法机构，也来自行政机构，但议题联系的分析经常将重点集中于对行政机构的分析上。[②] 在发达国家，政府部门常按功能的不同，负责处理相应的问题争端。如美国的商务部和财政部，日本的通产省、大藏省以及农林省，德国的经济财政部等部门。政府内部不同部门之间针对议题联系会有不同的看法和争议，这反过来也会增加提供补偿性支付的困难程度。

例如，在美日联盟的框架下，1969 年，美国总统尼克松与日本首相佐藤荣作就美国向日本归还冲绳展开秘密谈判。这一问题本是在联盟框架内的一项以安全事务为主的议题，但为了使美军在归还冲绳时能够撤走在岛上留下的核武器，佐藤同意在随后进行的关于向美国出口纺织品问题上做出让步；但是，当美国的官员开始研究

---

① Robert O. Keohane, After Hegemony: Cooperation and Discord in the World Political Economy, Princeton, N. J.: Princeton University Press, 1984, p. 91.

② Robert D. Tollison and Thomas D. Willett, “An Economic Theory of Mutually Advantageous Issue Linkage in International Negotiations”, International Organization, Vol. 33, No. 4, 1979, pp. 425 – 449.

出口限制问题的时候，日本通产省和纺织业界对此表示强烈反对，使得佐藤政府不得不放弃早先的承诺。通产省除了与外务省之间产生争执外，它在这一问题上的反对立场导致日美在几年后爆发了激烈的纺织品争端。[①]

总之，议题联系机制对补偿性支付的影响在一定程度上取决于国内政治制度。立法机关和行政机关在国家权力和管理职能上的不同分工，以及在行政机关内部的分歧，导致了政府部门内部潜在的利益冲突。在联盟关系中，当决策者为了加速在经济领域合作的进程将安全与经济议题联系起来而向外国政府提供补偿性支付时，这样的利益冲突便会产生。

除了国内政治制度的特征会对补偿性支付的提供带来影响外，来自国内的反对越强，决策者在国际谈判中提供补偿性支付的可能性也就越小。那么在什么情况下，决策者为了实现相关协定的批准会倾向于向其他政府部门或社会利益集团提供补偿性支付呢？通常情况是，当国内反对者计划阻止协定批准时，决策者往往要考虑而不是必然使用补偿性支付措施。联系政治理论认为，决策者希望协定获得通过的渴求越强烈，他们在这方面暴露出的弱势也就越明显；阻止国际合作协定获得通过的能力则成为这些国内反对者的强势。而补偿性支付这时往往会发生作用，决策者通过向国内相关的政府部门或社会利益集团提供它们以往无法获得的利益，以换取它们在协定通过上的让步。

随着决策者开始使用补偿性支付，国内对这一策略的抵制也开始出现。联系政治理论认为，来自政府部门或社会利益集团潜在的

---

① I. M. Destler, Haruhiro Fukui and Hideo Sato, The Textile Wrangle: Conflict in Japanese-American Relations, Ithaca, N. Y.: Cornell University Press, 1979; I. M. Destler, Hideo Sato, Priscilla Clapp and Haruhiro Fukui, Managing an Alliance: The Politics of U. S. -Japan Relations, Washington, D. C.: Brookings Institution, 1976.

反对力量会对物质补偿的提供产生负面影响。然而，戈华在分析集体行动与利益集团的动员时却认为，补偿性支付的公共特征可以决定动员的实际范围。[①] 而且，从国家能力的角度考察，这些反对力量试图进入并影响决策的过程。国家机构中权力的分立以及不同部门的权力分工，为这些力量影响决策提供了多种渠道，虽然这种分权模式在发达国家不尽相同，但是所有国家制度上的分权特征都使处于最高层行政机构的官员在提供物质补偿的能力上要应对各方面的挑战。[②]

同样，国内对提供物质补偿的抵制越弱，决策者越有可能通过补偿性支付这种方式作为国内谈判的策略。通过美国酒税问题的争端，可以说明有限的国内抵制可以有效地促进补偿性支付措施的实施。酒税问题是东京回合贸易谈判涉及的一个问题。美国向国外蒸馏酒制造者征收酒税，被认为是歧视国外产业、保护本国蒸馏酒制造者的一项措施。美国的酒税政策遭到了来自欧共体和加拿大的反对，也成为东京回合贸易谈判中美国与这些国家争论的一个重点。美国取消酒税的决定遭到了来自蒸馏酒制造业及其在参议院代表的强烈反对。为了使相关的贸易谈判结果能够获得国会通过，美国贸易谈判代表处开始寻求利用补偿性支付的方式。贸易谈判代表处和参议院财政委员会草拟了包括对蒸馏酒制造业者实施税收缓缴措施在内的税收优惠计划。这一计划几乎没有什么利益集团表示反对，在政府部门内，除了管理与预算处表示反对外，也没有其他机关表示反对，而即使管理与预算处反对，它在制订执行税收缓缴措施的

① Joanne Gowa, "Public Goods and Political Institutions: Trade and Monetary Policy Processes in the United States", International Organization, Vol. 42, No. 1, 1988, pp. 15 – 32.

② G. John Ikenberry, Reasons of State: Oil Politics and the Capacities of the American Government, Ithaca, N. Y.: Cornell University Press, 1988, pp. 26 – 30; Peter J. Katzenstein, ed., Between Power and Plenty: The Foreign Economic Policies of Advanced Industrial States, Madison: University of Wisconsin Press, 1978, pp. 35 – 63.

政策过程中发挥的作用也十分有限。在这样的情况下，由于没有什么国内的反对，卡特总统对这项补偿性支付计划表示支持，并向蒸馏酒制造业者实施税收缓交政策。①

与之相对，卡特政府在为了确保1978年波恩峰会协定获得通过时，提供的补偿性支付计划却遭到了来自国内的强烈反对。波恩峰会协定满足了德国提出的刺激财政要求，美国同意放开油价。然而，来自国内的石油产业却强烈反对这种开放石油价格管制的措施，国会也在1978年初便搁置了对这一法案的审议。按照1975年的《原油政策与储备法案》，总统有权在1979年5月31日之后，不经国会授权，取消价格管制。② 虽然总统可以绕开国会，但是这样的举措仍然存在着巨大的政治风险。因此在1979年初，卡特政府决定将不实施石油特别税，也就是暴利税作为一项补偿性支付措施以实现解除价格管制。由于担心价格管制解除后会出现行业暴利，一些民主党议员告知政府，他们在国会没有审议通过暴利税的情况下，将反对取消价格管制。这一补偿性措施也遭到了来自国会共和党议员的反对，他们不赞成实施暴利税，而且有能力阻止这一动议的通过。因此，卡特总统在当年4月5日的一份声明中指出，他将在1979年6月1日起开始实施解除石油价格管制措施，这一举动说明了国内反对力量的强大。虽然政府保证支持日后国会制定暴利税，但卡特的声明还是显示出他既不能动议立法，也不能为了这一立法而延缓解

---

① Gilbert R. Winham, International Trade and the Tokyo Round Negotiation, Princeton, N. J.: Princeton University Press, 1986, pp. 287 - 297.

② Robert D. Putnam and Randall Henning, "The Bonn Summit of 1978: A Case Study in Coordination", in Richard Cooper, Barry Eichengreen, C. Randall Henning, Gerald Holtham and Robert D Putnam, Can Nations Agree? Issues in International Economic Cooperation, Washington, D. C.: Brookings Institution, 1989, pp. 38 - 41, pp. 56 - 58, pp. 76 - 89.

除价格管制的进程。①

（二）外部安全威胁与议题再界定

除了考虑直接物质补偿这样的补偿性支付方式外，决策者在什么情况下会利用问题再界定这种间接的补偿性支付来促进联盟协定的批准或维系联盟关系呢？在这种情况下，决策者首先应该说服其他方，使他们接受相关合作在很大程度上是与影响国家核心价值的国家安全问题紧密联系在一起的。所以，外部的安全威胁越大，决策者越容易利用安全问题，凸现联盟的价值，从而巧妙地将这两个领域内的问题联系起来。

外部安全威胁通常是指影响国家生存、独立以及国家福利安危的国际挑战力量。而外部安全威胁影响决策者打出安全牌是基于两个理论假设的：第一，外部威胁的变化可以影响到公众对于安全问题的看法和观念；第二，外部安全威胁决定着决策者寻求政治支持的机会。

从1961年底开始，肯尼迪总统便将贸易谈判作为一项国家安全问题加以对待，以获取国内对肯尼迪回合多边关税谈判的支持。他指出，为了抵消共产主义援助和贸易进攻的效果，西方国家应该尽快团结起来，赢得这场冷战。② 肯尼迪以“共产主义经济对自由世界的渗透”所带来的危险为名，对国内各利益集团进行动员。肯尼迪

---

① Robert D. Putnam and Randall Henning, “The Bonn Summit of 1978: A Case Study in Coordination”, in Richard Cooper, Barry Eichengreen, C. Randall Henning, Gerald Holtham and Robert D Putnam, Can Nations Agree? Issues in International Economic Cooperation, Washington, D. C.: Brookings Institution, 1989, pp. 63 –65.

② Gerard Curzon and Victoria Curzon, “The Management of Trade Relations in the GATT”, in Andrew Shonfield, ed., International Economic Relations of the Western World 1959 –1971, Vol. 1, Politics and Trade, London: Oxford University Press, 1976, p. 177.

指出的这些威胁代表着对美国的几种挑战。苏联的经济扩张，特别是对非洲和印度加大经济援助，表明赫鲁晓夫早先曾经指出的苏联有能力将冷战向第三世界扩展。而欧洲经济一体化的进行也对美国带来了经济挑战。在实行共同关税的前提下，这一共同体不断扩大。对美国商品的歧视不但扩大了欧洲与美国之间的鸿沟，而且侵蚀着“自由世界经济体”抵御苏联经济扩张的能力。①

而到了 1967 年，特别是肯尼迪回合谈判国内批准的最后冲刺阶段，美国决策者便不再运用安全牌了。因为 20 世纪 60 年代初那些外在的威胁随着谈判进程的发展已经逐渐减少了。外部条件的变化，特别是古巴导弹危机后美苏关系的缓和以及美国对亚洲和非洲共产主义势力扩展而采取的军事经济应对措施，使东西方的政治经济关系有了进一步的缓和。虽然苏联仍然拥有挑战美国的能力，但此时与 20 世纪 60 年代初相比，已经不常使用。相反，随着肯尼迪回合关税减让谈判的进行，英法之间在这方面的争执也牵制了欧共体的能力，从而减轻了美国的压力。总之，外部安全威胁的变化是美国决策者决定使用安全牌与否的重要标志。

所以在安全联盟中，当经济合作议题在国内遇到相关利益团体的阻挠和反对时，决策者有可能向相关利益集团或其盟友提供补偿性支付来应对这些反对意见，确保联盟的稳定。这些补偿性支付主要就是提供直接的物质补偿和通过议题再界定的方式打安全牌。国内对物质补偿计划的抵制情况以及外部安全环境的变化，是决定具体的补偿性支付的主要影响因素。正如海伦·米尔纳所指出的，未

① John W. Evans, The Kennedy Round in American Trade Policy: The Twilight of the GATT?, Cambridge, Mass: Harvard University Press, 1971, pp. 133 – 159; Ernest H. Preeg, Traders and Diplomats: An Analysis of the Kennedy Round of Negotiations Under the General Agreement on Tariffs and Trade, Washington, D. C.: Brookings Institution, 1970, pp. 45 – 46.

来对国际合作研究最大的成果将产生于从国内政治视角进行的研究。[①] 所以，从国内政治的视角对联盟中的经济合作进行研究，无疑将拓宽我们对这一问题的深入认识。

① Helen Milner, "International Theories of Cooperation Among Nations: Strength and Weaknesses", World Politics, Vol. 44, No. 2, 1992, pp. 466 - 496.

第四章

美国联盟战略的演进与对外经济政策的变革

US Alliance System and Regional Economic Development

从历史上看，美国的联盟战略直到20世纪初才开始形成。通过战时联盟为开端，才开始一步步参与持续的联盟体系。它的身份也逐渐从次要及从属的盟国转变为众多盟国依从的联盟主导者。美国之所以采取这样的联盟战略，是与其利用两次世界大战之机崛起成为世界大国的进程分不开的。早在第二次世界大战期间，美国国内便提出了建立战后国际组织的设想。1941年的《大西洋宪章》便体现出由美英两国共同主导反法西斯侵略的战略构想。[①] 太平洋战争爆发后，美国总统罗斯福又酝酿以美英苏中四国合作为基础，建立新的国际组织，以形成美国主导下的和平体制。[②] 第二次世界大战结束后，美国倡导组建以大国合作为主要形式、以联合国为核心机构的集体安全体系，但很快发现联合国不足以为其霸权战略服务，因而放弃了战时联盟与大国合作的模式，开始组建地区联盟体系，并以此作为与对手抗衡的重要组织模式。[③] 在随后开始的冷战中，美国与从前的战时盟友苏联开始出现严重分歧和对立，并以此作为构筑联盟和发展联盟的动因。

---

① 刘陵、洪育沂主编：《国际关系史简编》，世界知识出版社1986年版，第257页。

② 资中筠主编：《战后美国外交史——从杜鲁门到里根》，世界知识出版社1993年版，第21—22页。

③ 王帆：《美国的亚太联盟》，世界知识出版社2007年版，第1页。

一、美国联盟战略的确立与实施

第二次世界大战末期，美国面对国际形势的新发展，开始对国际力量对比格局进行新的研判，认为美国需要在重建和规划国际秩序时发挥特殊的作用。

为了维持战后和平的局面，美国积极推动建立联合国，期望能够在战时联盟的基础上建立新的世界性国际组织，这就是以大国为主导的世界蓝图的构想。但是，这一构想在不到两年的时间内就陷入了困境。由于世界经济政治形势的深刻变化，美国开始制定以遏制政策为基础的冷战政策，美苏之间出现冷战对峙的局面。美国放弃了联合国成立后形成的美、苏、英、中“四国警察”的集体安全观念，改变了以往对军事联盟的排斥心理，开始将这一手段作为对苏联扩张的威慑和阻截方式。由于美国以反对共产主义运动的“天然领导者”自居，联合国内五个常任理事国一致原则主导下的和平机制实际上悄然瓦解，军事联盟被美国决策者视为维护国际秩序的一种工具。随后的一段时间，美国在世界范围内与数十个国家缔结联盟，形成多边或双边的安全合作模式。但美国联盟政策的转变经历了一段发展历程，是随着冷战中的一些重大变化和美国安全利益观念的变化而发展的。随着国际体系结构的变化，随着美国利益和其联盟利益的修订，美国联盟的价值和成本也不可避免地出现了改变。

从形成的过程看，美国的联盟体系经历了由美洲内部联盟向全球性的应对冷战联盟的转变，这也使美国的联盟体系在地理空间上逐渐扩大。从形成过程看，美国的联盟体系经历了以下几个阶段：

第一个阶段：美国内部联盟的形成与发展时期。其中以 1947 年签署的《里约热内卢条约》为标志，这个条约导致了第二次世界大战期间的美洲轴心国家成员共同创立了美洲国家组织。这也成为了美国在战后建立的第一个联盟。但《里约热内卢条约》和1948年成立的美洲国家组织只是完成和建立了局限于西半球的集体防务地区安全体系，并没有体现出新的联盟特色。

第二个阶段：美国联盟政策的转变时期。其中以北大西洋公约组织的组建为标志。在美苏争霸的两极格局下，北约成为了美国参加的最大联盟，也是发展得最为完善并形成了制度化的多边联盟。

20世纪40年代后期，国际体系逐渐形成了以美苏对抗为特征的两极格局，将欧洲组织起来以满足激烈争夺的需要实际上成为美苏制定对外政策的潜在依据。为了继续维持战后在欧洲的利益，美国认为必须遏制苏联在中欧和东欧日益扩大的影响以及扩张倾向，对于任何有可能打破欧洲现有力量平衡的做法都必须做出反应。1947年出台的杜鲁门主义即是美国对这一形势进行研判的结果，自此，美国开始逐步介入全球事务，因此有人认为，杜鲁门主义甚至为美国埋下了介入全球事务的种子。[①]

随着西欧和苏东集团之间敌对程度的增强，西方国家逐渐意识到：除了经济合作之外，制定一个保障共同安全利益的计划是十分必要而且紧迫的事情。安全利益的争夺、意识形态的对抗终于使美国和西欧加快了军事合作的步伐，并于1949年组建了北大西洋公约组织，在地域上，美国的防务防卫也扩展到了整个西欧和南欧。

表面上看，北约是为了给西欧经济复兴重建以及政治稳定提供一个安全框架，但其深层的原因在于，以西欧作为与苏联进行冷战对抗的前沿基地。因此，这一条约的缔结具有明显的针对当时的苏东集团的性质。

---

① Robert E. Osgood, Alliance and American Foreign Policy, Baltimore: The John Hopkins Press, 1968, p. 36.

但北约的建立也使美国的联盟政策发生了重大转变，美国首次将结盟政策用于美洲大陆以外的地区；北约也因而成为美国第一个和平时期的军事联盟，抑制进攻的威慑观念也有了具体实施的领域。

第三个阶段：美国对欧亚边缘地带实施遏制政策时期。这一时期美国开始在亚太地区构筑自己的联盟。北约的成功为美国沿着苏东集团的边缘地带实施其对外政策提供了蓝本。针对20世纪50年代的朝鲜战争，美国提出了对远东的遏制政策。朝鲜是第一个由美国利用联合国制裁“共产主义扩张”的国家。在此之后，美国虽没有放弃联合国，但很难再公开打着联合国的旗号实施冷战，因而更大范围地推动其联盟战略的展开，以强化遏制姿态。

在美国遏制战略付诸实施的最初十年间，朝鲜战争成为了美国联盟战略演变的决定性因素。如果说遏制战略为美国联盟传统的转变提供了基本原则的话，那朝鲜战争则对美国实施新的联盟战略产生了一系列的推动作用。①

朝鲜战争爆发前，美国一直秉持避免介入亚洲地面战争的立场，只对北约规定所及的地区，拉美和由日本经菲律宾到澳大利亚的“弧形”防御地带给予直接的军事支持。美国当时认为冷战几乎是完全局限于欧洲的冲突。② 像第二次世界大战那样，亚洲乃是第二战区。随着朝鲜战争爆发并引发多国卷入，美国公开出兵朝鲜，杜鲁门主义及其遏制政策才开始被应用于世界上任何地区的“共产主义侵略”。

朝鲜战争后，美国加快了组建军事联盟的步伐，强化了军事联盟政策的实施。这种改变不仅出现在亚洲太平洋地区，而且延伸到中东地区。美国不仅开始对中国实施遏制，而且扩大了对苏联的遏

---

① 王帆：《美国的亚太联盟》，世界知识出版社2007年版，第2—3页。

② Robert E. Osgood, Alliance and American Foreign Policy, Baltimore: The John Hopkins Press, 1968, p. 76.

制范围。如同在欧洲一样，对中国遏制政策的主要手段就是组建在亚太地区的联盟。从根本上说，美国向亚太地区拓展联盟，实现了从计划到实施的飞跃，并把美国核威慑战略置于其与盟国的关系之中。

通过联盟实施的威慑原则在朝鲜战争后开始应用于亚太地区，美国与这一地区的韩国、日本、菲律宾、泰国、澳大利亚、新西兰以及中国台湾分别建立起双边的联盟。1954 年，在法国从印度支那地区败退之后，美国联盟的影响力又扩展到了这一地区，由美国、英国、法国、澳大利亚、新西兰和巴基斯坦等国组建了东南亚集体防务条约组织。该条约适用的范围主要是“泛南亚地区”，实际上也包括一些非条约国，如南越、老挝、柬埔寨等。[①]

美国在亚太地区的联盟从历史发展进程看可以分为以下几个阶段。首先是形成时期。自 1951 年起，美国开始对旧的防务圈进行强化。当年 8 月 30 日和 9 月 1 日，美国先后与菲律宾和澳大利亚及新西兰签署了《互助防务条约》和《澳新美安全条约》。这些条约限定美国防御的范围包括“对太平洋地区的武装进攻，包括岛屿、军队及有这一地区标志的公共船只、飞机”。[②] 但对这类进攻做出反应的义务限定比北约的限定要宽泛得多。条约原则上虽然针对苏联和中国，但也反映了亚太地区的国家希望借助美国的力量来保证遏止日本军国主义复活的愿望，其中《澳新美安全条约》体现得最为明显。

1951 年《旧金山对日和约》是在美国主导下制订出来的。美国计划通过这个条约在抑制苏联和中国的同时控制日本，但在控制环

---

① Robert E. Osgood, Alliance and American Foreign Policy, Baltimore: The John Hopkins Press, 1968, p. 77.

② Amos A. Jordan, American National Security, Baltimore: The John Hopkins Press, 1989, p. 504.

节上，仍与北约不同。美国在相当长的一段时间内只是让美日联盟作为一种单向的联盟存在，并没有让日本完全对等地加入进来，这个联盟并不包括互助的联盟义务。条约赋予美国在日境内或周边部署军队的权力，同时也包括控制日本内部安全和抑制其对外政策的相关条款。虽然1960年的条约修改放松了对日本的特殊限制，但仍然打上了“美国监护”的烙印。

这些条约的军事意义并不是美国组建联盟的唯一目标，当国际政治出现两极格局、世界进入了核时代之后，联盟不仅仅服务于军事目的，同时也为政治安全需要服务。这些盟国对美国的主要价值是它们的战略地位，也就是依托这些国家的基地，美国可以将其军事力量投射到中国或苏联的前沿。同时这些条约还具有明显的针对性条款，可以划分出一个清楚的区分敌友的意识形态界限。

其次是朝鲜战争停战后，美国又将其军事联盟从南太平洋地区扩大到了东北亚、东南亚以及中国台湾地区，包括1953年10月1日的《美韩共同防御条约》、1954年6月8日的《东南亚集体防务条约》以及与台湾当局签署的“共同防御条约”等。这些条约通过连续和有效的自助和互助的方式，其成员将维持和发展它们独立或集体抵制武装进攻的能力。这里的武装进攻通常是指“使本国的和平与安全处于危险之中”。其成员将视对每一方的进攻为共同威胁，将按照符合宪法程序的方式采取行动。

在认定亚洲的间接或外部威胁时，东南亚集体防务条约成员有义务在主权与领土完整、政治独立受到威胁时协商共同防务的方法。而与台湾当局签署的相关协定则涉及美台双方联合抵制中国政府解放台湾、实现祖国统一的内容。

而美韩条约则与美日条约一样，授权美国可以在其盟国领土范围内驻扎军队，同时对适用范围有所限定，如果这些国家采取旨在改变国家地位的进攻性军事行为，则该条约无效。[①]

通过对相关条约内容的表述我们可以发现，所有的亚太地区联盟首先是支持美国反对“共产主义扩张”的威慑战略；其次是构筑一个“地区安全力量”的政治框架，反对外部威胁，制约联盟成员的对外政策。[②]

与北约比较而言，这些联盟条约在义务上的限定相对笼统和含混，表明成员国间在保证共同使用武力的重要利益方面的一致性不强。因为在冷战初期美国的战略中，亚太地区的重要性无论在物质上、政治上或文化上均没有欧洲重要。加上这一地区的国家差异性大，不稳定，对外政策尚处于变动和调整之中，美国的亚太政策也处于转型期；与北约不同之处，还在于亚太联盟条约没有一个实施机构，即没有一支在和平时期由美国指挥的地区武装。

在正式的概述中，东南亚集体防务条约组织像北约一样是一个多边的地区联盟。但其指导原则倡导者美国国务卿杜勒斯认为，它在地区凝聚力、政治稳定或军事潜力方面不是一个发育充分的组织。[③] 与北约不同的是，它并没有集体防御进攻的条款。虽然有集体军事计划和演习，但从未谋求建立一个在中央指挥部下属的完整的军事力量。

因此，在《东南亚集体防务条约》中，政治军事的一致性相当有限，菲律宾、泰国和巴基斯坦等国间的利益联系极其薄弱和互不相容，彼此援助的能力也十分脆弱。对亚洲成员国而言，《东南亚集体防务条约》主要提供了经济相互优先援助的渠道，但从军事安全的角度而言并没有达到美国所希望的效果。由于成员国间政治上存

---

① 王帆：《美国的亚太联盟》，世界知识出版社 2007 年版，第 4—5 页。

② Robert E. Osgood, Alliance and American Foreign Policy, Baltimore: The John Hopkins Press, 1968, p. 79.

③ Robert E. Osgood, Alliance and American Foreign Policy, Baltimore: The John Hopkins Press, 1968, p. 81.

在巨大差异，加上后来形势的变化，使得这一组织经历了一段时间后，难以继续维持下去，而不得不于1977年宣布解散。

美国在中东的联盟从时间上看，可以看作是对亚太联盟的延续，从性质上则是为了弥合《东南亚集体防务条约》和《北大西洋公约》的威慑防御线的缝隙。1955年2月24日签署的《巴格达条约》表明，美国希望该组织的成员国为这一地区的军事力量增加一些实质内容。这个条约最初由伊拉克和土耳其于1955年签署（其中伊拉克由于1958年政权更迭而退出），随后英国、巴基斯坦和伊朗相继加入。这个组织成为正式的政治和军事协调机构，称为中央条约组织。

与在东南亚一样，美国也渴望在中东施加影响，但因不愿过分得罪埃及而没有完全参加这一联盟。因此，美国不是中央条约组织的正式成员，只是参加了政治和军事委员会，并表示向成员国提供援助。同时，美国在1959年还与伊朗、巴基斯坦和土耳其分别组建了双边联盟。

通过这一措施，美国不断扩大其在中东的军事影响，但美国在这一地区却始终没有形成一个紧密的联盟体系，而只是一个充满差异性的、形式上的特殊关系的集合。虽然中央条约组织名义上继续着，但美国在中东地区的影响实际上是由双边联盟加以维系的。

此外，美国还有大量的政策声明和公报表达对一些国家或地区的承诺，如对以色列的承诺。大量的条约仅仅是涉及防务和安全的实施协定，如1962年与泰国的协议。这些文件同样可以使美国与这些地区和国家联系在一起，成为非条约性联盟的组成部分。所有这些协议和文件都与美国决策者当时认定的特殊安全利益相关。

因此，美国的联盟战略形成过程中，除了稳固其传统势力范围外，还实现了将影响扩大到欧洲和亚太地区的战略目标。而在中东或非洲一些地方，美国或者未能有效实施联盟政策，或者使联盟战略陷于瘫痪，其深层原因在于在两大阵营及势力范围形成僵持局面的情况下，这些地区成为了美苏争霸的焦点。[①]

二、战后美国对外经济政策的出台及演变

（一）遏制共产主义——美国对外经济政策的出发点

一个国家的对外经济政策往往服务于它的对外战略需要，但针对美国在二战之后的对外经济政策是否服务于美国战略需要的观点存在着很大的争议。研究美国对外经济政策的修正主义学派认为，美国对外经济政策的核心不是为了遏制共产主义，而是出于新的经济实力及经济需要，进一步拓展和扩张美国资产阶级的利益。美国商业的繁荣需要政治上可信赖并稳定的国家作为支撑。[②] 因此，修正主义模式依据的是列宁对资本主义的分析，认为资本主义体系在美国的生存需要更多的海外市场和投资机会。也就是说，对外经济政策是美国资本主义体系要求的主要反映。[③] 这样，原有的因果关系出现了颠倒，不是战略上的需要决定或限制着国家的对外经济政策，追求国家安全从根本上说是受到国内居于主导地位的资产阶级推动的。他们认为，此时的美国不像20世纪30年代那样对国际经济交往施加了过多的限制，而是对开放的世界经济予以更多的关注。[④]

---

① 王帆：《美国的亚太联盟》，世界知识出版社2007年版，第6—7页。

② Joyce Kolko and Gabriel Kolko, The Limits of Power: The World and United Staes Foreign Policy, 1945 - 1954, New York: Harper&Row, 1972, p. 2, p. 23.

③ Joyce Kolko and Gabriel Kolko, The Limits of Power: The World and United Staes Foreign Policy, 1945 - 1954, New York: Harper&Row, 1972, p. 19.

④ Fred L. Block, The Origins of International Economic Disorder: A Study of United States International Monetary Policy from World War II to the Present, Berkeley and Los Angeles; University of California Press, 1977, p. 10.

但是，这样的解释存在着很多值得置疑的问题。正如加迪斯曾经指出的，二战结束之后，在美国决策者看来最紧迫的问题并不是要确保美国资产阶级的生存，美国在经济上关注的是20世纪30年代创立的那些地区经济合作形式纷纷解体，取而代之的是为了遏制苏联及其同盟而建立的新的经济合作组织。[①] 为了壮大美国在欧洲和亚洲盟友的实力，美国甚至允许这些盟友对自己的出口商品采取歧视性的政策，而这样的政策纯属是出于军事战略的考虑。因此，美国在冷战开始前后所推行的经济政策存在着明显的断层，这样的情况按照修正主义者的观点是无法进行解释的。因此，可以说美国的对外经济政策存在着政治上的动机，它并不是为了确保美国资产阶级在政治和经济上的主导地位，它反映的是美国决策者所面对的战略需求。

这样的情况在经济繁荣期间不能得到检验。即使在经济周期的谷底，例如1949—1950年间这段经济衰退期，美国仍然担心的是进口下降。美国政府当时认为，应该限制美国出口以缓解困扰欧洲国家的收支平衡问题，而美国无法向海外销售的产品将由美国国内自行“消化”。美国政府认为，通过欧洲的复兴来抵御共产主义的扩张要比促进美国经济增长重要的多。

在一份关于美元缺口的内部报告中，美国预算委员会所表达出的观点也反映了当时政府对国家安全问题和对外经济政策二者关系的态度。这份报告认为，对外经济政策的制定不应当只着眼于实现经济目标；它们必须服务于国家的政治—安全目标，而且后者更应当予以优先考虑。[②]

---

① John Lewis Gaddis, “The Emerging Post-Revisionist Synthesis on the Origins of the Cold War,” in Diplomatic History, Vol. 7, No. 3, Summer, 1983, pp. 173 - 174.

② Melvyn Leffler, A Preponderance of Power: National Security, the Truman Administration, and the Cold War, Stanford, Calif.: Stanford University Press, 1992, pp. 316 - 317.

即使这样，在实现这一目标安排上仍然存在着很多问题。一个主要的问题是，美国自己有时在政策制定上就应当如何在实现经济目标和政治—安全目标间做出选择和取舍。美国决策者认为国家权力是获取经济资源的主要手段，这使得他们会在追求经济目标的同时也追求战略目标。① 但即使在美国经济处于低谷时期，将经济目标与安全目标分离开也是十分困难的事情。由于经济形势的恶化使得美元缺口越来越严重，国务卿艾奇逊极力向总统陈述这一问题的严重性，他认为美元的紧俏将会威胁并削弱美国出口进而加速经济衰退。如果不采取有效措施加以应对，在政治上会使美国的盟友转而投向苏联阵营，问题的严重性更在这里。②

从美国的利益考虑，经济上的多边主义是更符合美国利益的。通过扩大美国的出口，自由贸易和更大程度的货币稳定对于美国经济来说将是巨大的刺激因素。对外援助从根本上来说对于建立一个真正的多边世界经济是必要的。因此，对外援助应该从美国的经济利益出发，服务于美国经济的发展。美国政府一名官员为此指出，如果我们能够为我们所有的工人提供就业机会的话，我们必须出口商品，但是我们无法出口商品，除非其他国家有足够多的美元来购买这些物品。③

因此，经济利益对于美国转变其经济政策并不是最重要的考虑，因为如果那样的话，美国参与管理国际经济事务应该在更早的时期就出现了。例如，美国出口占国民生产总值的比例，从 1947 年的 4.6% 下降到了 1950 年的 3.6%，其中 1947 年的数字与 1889—1917

---

① Melvyn Leffler, A Preponderance of Power: National Security, the Truman Administration, and the Cold War, Stanford, Calif.: Stanford University Press, 1992, p. 14.

② Melvyn Leffler, A Preponderance of Power: National Security, the Truman Administration, and the Cold War, Stanford, Calif.: Stanford University Press, 1992, p. 317.

③ Robert A. Pollard, Economic Security and the Origins of the Cold War, 1945 - 1950, New York: Columbia University Press, 1985, p. 16.

年间的平均水平基本持平。而20世纪20年代的数字甚至高于杜鲁门执政期间的水平。因此，美国的对外经济政策很大程度上是与占主导地位的经济利益相适应的。但经济政策的主要动因更多地出自军事和战略上的考虑，而非经济上的考虑。所以，美国的对外经济政策在当时最主要的目的就是为了遏制共产主义的扩张。

（二）从经济多边主义向经济歧视性政策的转变

按照美国在二战行将结束之际对战后世界经济秩序的规划，美国在战后对外经济政策是要打破经济民族主义的藩篱，实现经济交往的自由化。这样的经济秩序强调多边主义、非歧视性贸易以及货币的自由兑换，从而取代20世纪30年代在经济交往上设置的人为障碍、数量限制以及货币兑换上的阻碍。那种以邻为壑的国家间贸易战的消除将有效地防止像二战这样的大规模战争的爆发。虽然美国官员在原则上反对一切形式的贸易壁垒，但他们认为经济歧视性政策而不是保护主义是当前最根本的问题。歧视性政策会对国家间关系产生一种致命性的影响，因为据此可以看出，国家在贸易中会遭受什么样的损失从而会通过诉诸武力的方式来获取。1944年，美国国务院的一份备忘录表达了美国政府当时对这一问题的看法。他们认为，和谐的国际经济关系的发展与安全问题是密切相关联的。国际贸易体系的建立将使各国有更多的机会进入世界市场、获取资源从而降低军事进攻的可能性，这也将为政治合作提供一个坚实的基础。以往的经验证明政治领域中紧密而又持久的合作有赖于经济事务上稳定的合作作为基础。[①]

---

① Robert A. Pollard, Economic Security and the Origins of the Cold War, 1945 – 1950, New York: Columbia University Press, 1985, p. 13.

对20世纪30年代设立的经济障碍的第一个冲击是1941年美国同英国签订的《租借法案》，其中第7条规定，美国向英国提供援助要建立在消除国际商业领域中一切形式的歧视性措施以及减少关税壁垒和其他形式的贸易壁垒的基础上。可见这一法案明确对英国当时提出的帝国特惠制进行了否定，同时也表达了美国对来自英国、德国及日本所设置的经济障碍的反对。[①] 到1944年，在布雷顿森林会议上建立了布雷顿森林体系，设立了国际复兴开发银行和国际货币基金组织。这两项制度安排都希望能够促进资本主义国家同社会主义国家间的协调合作。西方国家认为，国际经济秩序的稳定需要苏联的参与。

在《布雷顿森林协议》谈判期间，美国遇到了来自英国和苏联很大的阻力。英国希望能够得到来自美国的贷款用于战后重建，并将这作为了其接受国际货币基金协定的先决条件。同样，苏联也提出了类似要求，最终美国财政部长摩根索同意向苏联提供数十亿美元贷款用于战后重建。[②] 但由于苏联与美国在1945年底关于东欧问题上的分歧，导致苏联拒绝接受《布雷顿森林协议》，美苏间政治关系的恶化在经济政策上的反映就是美国开始准备放弃原有筹划的多边主义原则。基于这样的情况，美国在面对来自西欧和苏联的贷款请求时给予了不同的对待。

二战刚一结束，美国就决定利用英国请求经济援助的机会让英国改变原有的帝国特惠制并取消英镑不可兑换的规定。英国的贸易集团被认为是实现美国的非歧视性贸易目标的主要障碍之一。在英国同意非歧视性原则的情况下，美国给予了英国比其他国家

---

① Jr. Alfred E. Eckes, A Search for Solvency; Bretton Woods and the International Monetary System, 1941 - 1971, Austin, Tex.: University of Texas Press, 1975, p. 39.

② Jr. Alfred E. Eckes, A Search for Solvency; Bretton Woods and the International Monetary System, 1941 - 1971, Austin, Tex.: University of Texas Press, 1975, p. 144.

更加慷慨的经济援助。在推行这项政策的过程中，美国的决策者主要是出于经济因素的考虑，因此得到了美国商界的大力支持。①

美国向英国提供的贷款总计达到37.5亿美元，但却遇到了来自国会的极大阻力。国会担心这样的贷款会产生新的政治集团，而这又是与决策者的初衷相违背的。一些国会议员也对美国如此慷慨甚至不计代价的贷款表示质疑。但由于美苏之间关系的恶化使国会改变了原有的看法，这项贷款协议最终于1946年7月获得国会的批准，但美国与苏联之间的裂痕因此也进一步加大。

美国对法国的政策也遵循着相似的发展路径。经济状况的持续恶化使法国共产党在1946年夏天的大选中取得很大胜利。为了帮助法国巩固其在非共产主义阵营中的地位，美国很快决定放弃原先让法国做出的商业让步与经济援助挂钩的决定。美国认为，法国向美国提出的贷款请求，应该从政治的高度予以考虑。在法国同意支持美国提出的世界贸易自由化主张并承诺将共产党从政府中排除出去后，美国向法国提供了总计达6.5亿美元的贷款。美国同时指出，一旦法国共产党重新回到政府，那么贷款将被终止。美国向法国提供的赠与及信贷款项从1945年的1.49亿美元增加到1946年的11.58亿美元，可见一个非共产化的法国在美国看来也是如此重要的。②

与向英国积极提供贷款相对照的是，美国与苏联关系的进一步恶化。1945年1月，苏联向美国提出60亿美元的贷款请求，美国并未做出积极的回应。到同年4月，美国国务院根据进出口银行做出的评估决定将贷款额减少到10亿美元。到1946年9月，杜鲁门政

---

① Richard N. Gardner, Sterling-Dollar Diplomacy in current Perspective: The Origins and the Prospects of Our International Economic Order, New York: Columbia University Press, 1980, pp. 196 -211.

② Melvyn Leffler, "The United States and the Strategic Dimensions of the Marshall Plan," Diplomatic History, Vol. 12, No. 3, Summer, 1988, p. 281.

府改变了原有的政策，在对外经济政策上明确按敌友标准进行划分，于是美国向西欧国家提供的援助及贷款额从 1945 年的 5.54 亿美元增加到 1946 年的 27.52 亿美元，到了 1947 年更是增加到了 43 亿美元，而同一时期向东欧国家提供的这类款项则从 3.9 亿美元下滑到 2.1 亿美元，对苏联的援助也同时中止。[①]

（三）美国推动盟国复兴战略的出台

二战期间，美国主要的安全威胁来自德国和日本，所以将消灭德意法西斯作为此时的最高目标。按照这样的利益判断，美国一方面对德国和日本实施包括冻结资产、物资禁运、贸易封锁等在内的经济制裁措施，推动战争双方的力量对比向有利于反法西斯同盟的方向转化；另一方面，通过向战时盟国提供大量财政和物资援助，不但壮大了国际反法西斯阵营的力量，而且形成了西方盟国对美国进口依赖的物质力量资源。这也就构成了美国所设想的战后“美国领导、大国合作”的世界政治经济秩序蓝图的重要基础。但 1947 年，欧洲合作委员会的报告还认为：“如果美洲大陆产品停止输送到欧洲的话，结果将是灾难性的：欧洲的生活将会变得更为混乱和不稳定；工业会因原料与燃料的短缺逐渐走向停产；欧洲食品供应就会开始萎缩和没有。”[②] 但是冷战的出现，迫使美国对其原有的“美国领导、大国合作”的战略目标进行了重大调整。由于苏联成为美国的主要安全威胁以及战略对手，美国不得不推出新的战略目标，也就是遏制、瓦解、演变苏联和以苏联为首的社会主义阵营。美国

---

① Robert A. Pollard and Jr. Samuel F. Wells，“1945 – 1960：the Era of American Economic Hegemony，” in William H. Becker and Jr. Samuel F. Wells，eds.，Economics and World Power；An Assessment of American Diplomacy Since 1789，New York：Columbia University Press，1984，p. 338.

② William S. Borden，The Pacific Alliance，United States Foreign Economic Policy and Japanese Trade Recovery，1947 – 1955，The University of Wisconsin Press，1984，p. 26.

为了实现这一目标，除了利用军事、宣传、心理攻势等各种可以利用的手段的同时，对于发挥经济手段的特有作用更是给予了高度重视。

在战后初期，美国首先对希腊、土耳其进行援助，这是美国运用其经济手段服务于它的对外政策目标的突出事例。1947 年 2 月，当英国向美国提出援助希腊、土耳其的请求时，美国国务院的主流看法认为，它将是美国承接“世界领导权”的“一个历史转折点”，因此理应当仁不让。在美国政府看来，对希腊的援助是非常重要的，如果希腊陷入内战，它就会成为一个由苏联控制的共产主义国家。土耳其也就会受到包围，形势也就会更加严峻，苏联支配的势力也就会扩展至整个中东直到印度的边界，进而向整个世界蔓延。因此，美国基于“杜鲁门主义”同意给予希腊和土耳其 4 亿美元的援助，这样也就实现了美国对受援国的控制。

从美国开始援助希腊和土耳其到 20 世纪 40 年代末，美国配合冷战的需要推出了它的“盟国复兴战略”，这一战略并未出自官方称谓，而是对 40 年代末到 60 年代末美国对外经济战略的一种总体性概括。美国通过这样的战略安排，以经济援助推动盟国的复兴，形成稳固的对苏战略同盟。

这一战略主导思想经历了一个由局部到全球的形成过程，最后在艾奇逊于 1950 年 2 月致总统的一份备忘录中做了明确表述：

世界上自由国家的经济实力，和它们对于取得经济成长所抱的希望，是可以用来抵制苏联共产主义进攻的最强大力量。我们当前的经济政策就是要最终建立这种实力和提供这种希望。现有的各种计划并不能适应当前形势的需要……其政治后果将会出现从民主式向苏联式政权实质性的变化。这种可能性使得解决美元短缺问题成了真正紧迫的问题。[1]

根据这一战略主导思想，美国的决策者认为，从国家安全的角度看，世界上有五大工业和军事力量对实现其战略利益至关重要，即美国本身、英国、德国、日本以及美国的对手苏联，只要美国能够控制住英国、德国和日本，使这三个国家经济尽快实现复兴，便可以达到孤立并遏制苏联的目的，使整个世界的力量对比向有利于美国的方向发展。在美国设计的大西洋联盟中，由于美国与英国已经存在着特殊的关系，因此应将西德作为其依靠的主要支柱；而在太平洋联盟中，美国有赖于日本在美国支配的国际资本集团框架内完成其经济复兴。[2] 所以美国构想的实现，取决于以西欧和日本要尽快完成经济上的复兴，而在这方面美国的援助又是必不可少的。“欧洲复兴计划”和“日本复兴计划”之所以成为美国该时期对外经济战略的最重要的举措，根本原因也在于此。

美国推行的欧洲盟国复兴战略主要分为三个步骤，即首先在欧洲国家巩固布雷顿森林体系的成果，确保美国战后经济规划在欧洲的建立和实施；进而实施欧洲经济复兴，通过执行马歇尔计划，复兴欧洲经济，从而建立对付苏联及其社会主义阵营的战略政治同盟。在此基础上，美国再通过军事援助巩固它的战略军事同盟。

美国通过推行马歇尔计划并建立北约重新恢复了欧洲的自信并为欧洲防止共产主义的扩张提供了保障。苏联的存在及其在欧洲、亚洲的扩张，使美国倍感安全上的压力，因此美国需要西欧国家的支持以应对苏联的威胁。西欧经济和军事实力的恢复对于美国推行它的安全计划也是至关重要的。同时，西欧国家的领导人也希望得

---

① Foreign Relations of the United States, 1950, Vol. 1, pp. 831 - 832，转引自张敏谦：《美国对外经济战略》，世界知识出版社2001年版，第76页。

② William S. Borden, The Pacific Alliance, United States Foreign Economic Policy and Japanese Trade Recovery, 1947 - 1955, The University of Wisconsin Press, 1984, p. 10.

到美国的支持，因为离开了美国的援助这些国家很难确保是否能够继续维持现有的政治制度。

所以说，从战略的角度来看，美国和西欧之间的战略需要是对等的，因此不需要西欧国家在经济上做出大规模让步。战后重建问题困扰着西欧各国，无论经济实力还是军事实力都因战争遭到了严重破坏，它们根本不可能在经济上做出让步或是在军事上提供相应的支持。欧洲国家此时既无能力对外提供经济援助，也不可能做出任何降低关税的举措，如果这样的话只会使经济复苏雪上加霜。欧洲国家经济的复苏需要大量美元作为支持，但当时最大的问题是面临着巨大的美元缺口，因此，只有美国的经济援助和贸易让步举措能够有效弥补这一巨大的资金缺口。

欧洲国家在二战结束之后这几年所面临的情况并不像俄国在一战前所面临的。二者面临的共同问题都是资金短缺。这也就预先排除了这一地区针对对外投资或进入资本市场进行让步的可能。收支严重不平衡问题实际上意味着降低关税或大规模配额是根本不可能的。因此，西欧国家只能诉诸于非经济政策来同美国和苏联打交道。

西欧国家向美国传递的政策信号是多种多样的。通过要求美国进一步对欧洲军事和经济事务进行干预，欧洲国家可以进一步防止来自国内的反对力量实力壮大。特别是那些存在着影响力巨大的共产党的国家，这种情况更为明显。而欧洲国家也同意美国要求欧洲国家间进一步加强合作的要求，并愿意接纳西德进入欧洲的经济军事架构中。但这两方面都需要付出较大的成本。为了向美国的要求让步，西欧国家不得不放弃部分国家主权，并承担着一定风险允许德国进行经济重建工作。通过这些方式，西欧国家向美国和苏联传递了这样的信息：它们乐于接受美国的领导并认同这样的西方联盟。

而在亚洲，美国最初的目标是限制苏联的影响，使之不能够超出《雅尔塔协定》规定的政策边界。因此，美国与中国的合作是这一战略的基础，而日本的作用应受到进一步削弱。但随着冷战的发展，特别是中国革命的成功，美国在亚太地区的战略目标开始从遏制苏联转向遏制中苏同盟。美日合作成为这一新战略的基石。美国对日本及相关东南亚国家经济复兴政策，也是在这一背景下提出的。[①]

在朝鲜战争爆发以前，关于日本经济复兴的道路问题，美国政府有过两种考虑。一是通过“日本—中国—美国”模式推动日本的经济复兴。以迪安·艾奇逊为首的国务院乃是这种政策的倡导者。按照这一构想，“中国共产主义权力的扩大，对我们来说是政治上的严重失败”，“如果共产主义进而席卷东南亚，我们就必然遭受政治上的大溃退，其影响将扩及世界其他地区，尤其是在中近东以及那时暴露于危险边缘的澳大利亚将受到影响。”“中国被共产党征服后，东南亚便成了从日本向南伸展到印度半岛这一遏制线上的致命环节。”“如果能保住东南亚，这条锁链便将继续在世界这一部分存在下去，并且逐步形成一股相互依存和融为一体的对抗斯大林主义的力量。”[②] 美国应在亚洲大陆周边地区确保有效的战略防御，最低限度要维持亚洲沿岸岛屿的现状，而不介入亚洲内陆地区。日本地处美国战略防卫第一线，如果日本参加苏联集团，就足以使世界的势力均衡转化为不利于美国。为了把日本吸引到美国这一方来，就必须利用日本潜在的工业力量，引导日本经济自立。为此，中国大陆的传统市场是必要的。“日本经济若不与中国进行相当数量的贸易，就不能恢复自立的基础。”必须禁止对中国提供战略物资，但“合众国对日本自然贸易关系进行干涉，恐将造成对日本的深刻敌意”。美国必须一方面允许日本进行与西欧同样的对华贸易，另一方面为避

---

① 崔丕：《美国对日经济复兴政策与中国》，《美国研究》1993 年第 4 期。

② NSC 51, “U. S. Policy Toward Southeast Asia”, July 1, 1949. NSC Files, Modern Military Branch, National Archieves, Washington, FRUS, 1949, Vol. 9, pp. 1128 - 1133.

免日本过分依赖中国市场，“鼓励日本在世界其他地区，包括南亚及东南亚在内，开辟新市场”。[①] 二是通过“日本—东南亚—美国”模式推动日本的经济复兴。以五角大楼为核心的军方势力乃是这种主张的始作俑者。在他们看来，承认美国在亚洲正面临着共产主义的威胁是毫无疑义的，关键在于怎样进行遏制。他们主张，应该通过政治、经济、军事等方面的援助，发展亚洲非共产党国家的实力，在亚洲大陆上遏制共产主义，断绝共产党中国与非共产主义世界的联系。不论直接性、间接性战略物资，一律禁止日本向中国出口，将东南亚作为日本经济的替代市场。[②] 这两种主张，虽然在注重东南亚在美国东亚遏制战略中的地位、试图将日本与东南亚连接起来这一点上不无相通之处，但在中国大陆与日本经济复兴关系问题上的对立，又是极其明显的。这两种主张虽然同时并存，但主要是国务院影响着总统的最高决策。

然而，朝鲜战争的爆发，特别是中国派遣志愿军赴朝作战，从根本上改变了美国亚太政策的外部环境，也进一步增强了美国军方在外交决策过程中的影响力。1950 年 7 月，美国政府宣布，为遏制苏联而建立的巴统管制制度适用于中国。同年 11 月，美国又宣布对中国实行全面禁运。12 月，东京盟军统帅部指令日本政府终止对华贸易。1951 年 5 月，美国要求日本政府保证无意同中国的共产党政府缔结媾和条约，只同“中华民国”政府缔结恢复正常关系的条约。这样，美国对日经济复兴政策中，就彻底排除了中国大陆，限定了日本同共产党中国关系的范围，日本若想迅速实现经济复兴，就必须在东南亚开辟新市场，接受“日本—东南亚—美国”这种三边关

① NSC 41, “U. S. Policy Regarding Trade with China”, February 28, 1949. FRUS, 1949, Vol. 9, pp826 – 834; NSC48/1, “The Position of the United States with Respect to Asia”, December 23, 1949, FRUS, 1949, Vol. 7, pp. 1215 – 1220.

② John Gaddis, Strategies of Containment, Oxford University Press, 1982, pp. 82 – 126

系框架的制约。1951 年 5 月 17 日，美国国家安全委员会通过的第 48/5 号文件和 6 月 27 日美国向日本提出的美日经济合作计划，标志着“日本—东南亚—美国”这种构想已经成为确定不移的基本国策。NSC48/5 号文件将“促使亚洲有关国家的发展，以使任何国家或联盟都不能威胁美国在该地区的安全保障”，作为美国当前亚洲政策的当务之急，其中，又把使日本“对远东的安全保障与稳定做出贡献”定为对日政策的中心课题，要求在对日媾和中和媾和后都要援助日本的经济复兴，使其能够从事对美国和亚洲非共产党地区的稳定所需要的商品生产、军需生产和劳役。[①] 日美经济合作计划更明确地确定了在以美国为中心的西欧阵营共同防务生产体制之中日本与东南亚的关系。[②] 这种关系，就其对美国的意义来说，意味着日本经济复兴只能采取日美经济合作这种形式来进行，日本的东南亚政策从属于美国的东亚遏制战略。[③] 就其对日本的意义而论，意味着改变了日本与东南亚关系的性质。如果说，战前日本向东南亚的扩张，是突破欧洲国家殖民统治的单独的帝国主义侵略，那么，战后日本向东南亚的扩张，则是协助美国孤立中国、对共产主义实行遏制的行动。[④]

---

① NSC48/5, “United States Objectives, Policies and Courses of Action in Asia”, May 17, 1951, FRUS, 1951, Vol. 6, pp. 33 – 63.

② Enclosure with Burns to Mattews, February 20, 1951; Memorandum of Conversation by Allison, January 18, 1951; FRUS, 1951, Vol. 6, pp. 887, 888, 804.

③ Michael Schaller, “Securing the Great Crescent: Occupied Japan and the Origins of Containment in Southeast Asia”, Journal of American History, LXIX, September 1982, pp. 392 – 414.

④ 崔丕:《美国对日经济复兴政策与中国》,《美国研究》1993 年第 4 期。

第五章

美日联盟与日本经济发展

US Alliance System and Regional Economic Development

1945年8月，日本战败投降，美国军队以联合国军的名义单独占领日本，开启了战后美日关系的新时期。这种占领状态从1945年的9月2日美国军队进入日本本土开始，一直延续到1952年。这时的美日关系可以说是胜者和败者的关系。[①] 美国在对日本实施军事占领的同时，也对日本实施整治改造，试图按美国的模式塑造一个新日本。[②] 美日关系在新的环境下开始了新的时期。

一、美国对日政策的发展与美日同盟的建立

（一）美国占领改造日本

二战之后，美国对日本实行了单独的军事占领以及严厉管制的政策，并在日本强力推行以非军事化和民主化为基调的改革。1945年8月29日，杜鲁门政府批准了《美国战后初期对日政策》并交由盟军最高统帅麦克阿瑟负责具体实施，这一政策确立了“确保日本

① 刘世龙：《美日关系（1791—2001）》，世界知识出版社2003年版，第374页。

② 张小明：《美国与东亚关系导论》，北京大学出版社2011年版，第115页。

将来不再成为美国的威胁，不再成为世界和平与安全的威胁，并促使日本最终建立一个和平和负责任的政府的目标”。[①] 1946 年 2 月，美国国务院向有关使馆下发的《关于解除日本武装并使之非军事化的协定草案》规定：日本在 25 年内不得保有军队和准军事部队，不得制造、生产或进口军事装备。在这个阶段，日本对所有海外资产和占领区的控制权均被剥夺，几百万军事人员和平民被遣返，武器弹药被收缴和销毁，日本的战争设备被拆迁，战争潜力被彻底摧毁，武器生产和飞机制造也被明令禁止。[②]

二战结束时，日军有 740 万人。到了 1945 年撤销陆军省、海军省时，日本本土 390 万军队基本上被遣散完毕，海外 350 万军队也在当地被解除武装，并分批遣返日本。在战后最初几个月里，美国占领军没收和销毁火炮 4 万门、枪支 200 万枝、弹药 100 余万吨、飞机 1.3 万架、坦克 3000 余辆、舰艇约 50 万吨。到 1949 年 5 月，共有 2 万台日本的机械设备被拆迁，作为赔偿交付盟国。到 1946 年初，日本只有限额的治安警察不到 10 万名，而且几乎不许配备任何武器。[③]

同时，美国还对日本的政治体制进行改革和重塑。他们按照美国的模式，在日本实施宪政改革，制定战后日本的新宪法，在日本确立了议会民主制，彻底剥夺天皇的实质统治权，只保留国家象征的地位。而且日本新宪法第九条明确规定，日本“不保持海空军及其他战争力量，不承认国家的交战权”。通过这一条款的约束，使日本放弃了发动战争和拥有军队的权利，体现了麦克阿瑟想把日本变成“亚洲的瑞士”的想法。[④] 通过这样的方式，美国以一个“变革

① 资中筠主编：《战后美国外交史——从杜鲁门到里根》，世界知识出版社 1994 年版，第 89 页。

② 张小明：《美国与东亚关系导论》，北京大学出版社 2011 年版，第 115 页。

③ 刘世龙：《美日关系（1791—2001）》，世界知识出版社 2003 年版，第 374 页。

④ Edwin O. Reischauer, Marius B. Jasen, The Japanese Today: Change and Continuity, enlarged edition, Cambridge, MA: The Belknap Press of Harvard University Press, 1995, p. 105.

塑造者”的身份对日本进行全面改造，彻底铲除军国主义的影响，使日本朝着民主化的方向发展。但是冷战的爆发改变了这一切，美日关系在这一背景下有了新的发展。

（二）冷战的发生与美国对日政策的变化

在二战结束之后不久，美苏之间很快形成了冷战的格局。随着中国革命的逐步胜利以及亚洲民族解放运动的风起云涌，美国开始调整对日政策。1947 年 3 月，杜鲁门主义出台，美国正式确立了以遏制苏联为核心的战略，并由此为美国的亚洲政策定下了基调。为了实施这一战略，美国在欧洲建立起大西洋联盟，在亚太地区则构筑遏制共产主义扩张的远东防线。出于自身安全战略的考虑，美国决定放弃早先出台的由联合国对日本的非军事化和民主化进行长期监督的“博顿草案”。[①] 1948 年 2—3 月，美国国务院政策规划室（Policy Planning Staff，PPS）主任乔治·凯南对日本进行了考察并同麦克阿瑟具体商讨了新形势下的对日政策。回到华盛顿后，凯南于当年 3 月 25 日向美国国务卿乔治·马歇尔提交了一份报告，全面系统地阐述了美国调整对日政策的思路和建议。通过对美国远东战略进行评估，凯南指出美国对日政策的目标不是在日本推行社会改革和尽快缔结和平条约，而是提高日本的自主能力和维护社会稳定，防止共产主义者对该国社会的渗透。基于此，他提出了一系列对日政策建议，包括：美国要继续在日本保持驻军和长期使用日本的军事基地；加强日本的警察和海上巡逻力量；减少美军占领机构的权限和人员，让日本政府承担更多的行政管理责任；纠正惩治军国主义者的行动扩大化，让那些对美国友好、能干的人士，甚至是那些

---

① 坂元一哉：『日米同盟の絆—安保条約と相互性の模索』，有斐閣 2000 年，第 3—5 页。

曾经受到惩治的人重新回到政府、媒体和企业管理岗位；美国向日本提供长期的援助，帮助日本恢复经济。[①] 以凯南的这份报告为主要基调，美国国务院政策规划室最终向美国国家安全委员会提交了正式的对日政策建议文件，在经过些许修改后，1948 年 10 月 7 日美国国家安全委员会通过了名为国家安全委员会第 13/2 号（NSC13/2）文件，并在两天后获得了杜鲁门总统的批准，它成为美国对日政策表述的正式文件。

在这一方针的指导下，美国停止了战后在日本实施的以惩罚和改造日本为核心的政策，而开始实施以扶持日本为核心的有限武装或有限军事化的方针，将维护社会稳定、恢复经济和管理日本的权利与责任从美国占领当局逐步转移到日本政府，同时对日本国内的左翼势力进行积极镇压。通过这样的方式，日本逐步建立起了海上警察力量，陆上警察力量也得到很大发展。美国在终止非军事化政策的同时，也从以赔偿为手段的惩戒日本的方式，改变为以减轻日本的赔偿负担为手段来重建日本。[②] 美国对日本政策的变化，实际上表现为美国因为冷战的需要而对日本进行了全面扶植，旨在使日本成为冷战时期美国在东亚的主要盟友。[③]

美国还希望利用日本作为自己的军事基地，并对此表现出了极大的兴趣。美国国防部在 1949 年 6 月的《关于美国在日本的军事必要性的战略性评估》（NSC49）文件中，表示日本列岛对美国在远东的安全保障利益具有高度的战略重要性。因为日本列岛位于北太平洋的贸易通道，日本海、东中国海和黄海的出海口，相对于上海吴淞以北的各港口来说其位置都十分重要。从地理位置而言，如果日

---

① George F. Kennan, "Observations", March 25, 1948, Anna Kasten Nelson ed., The State Department Policy Planning Staff Papers, 1947 - 1949, Vol. II, 1948, New York and London: Garland Publishing, Inc, 1983, pp. 203 - 243.

② 刘世龙：《美日关系（1791—2001）》，世界知识出版社 2003 年版，第 400 页。

③ 张小明：《美国与东亚关系导论》，北京大学出版社 2011 年版，第 117 页。

本被苏联统治的话，苏联就会产生向东方以及东南亚地区逐渐推进的企图，日本就会成为苏联向美国的西太平洋基地发起直接攻击的基地。反之，如果美国对日本实行直接或间接的统治的话，不仅不会把这一攻守相宜的极其重要的基地交给苏联，而且一旦战争爆发，日本就能成为美国的战略前哨基地，从而阻止苏联在战争开始阶段渡过日本海、黄海、东中国海，最终使这些海域要么被美国所控制，要么实现完全中立化。这样的话，美国就可以获得作战基地，通过这些基地，可以向亚洲本土以及苏联的岛屿投射军事力量。①

此后，随着中国革命的胜利，朝鲜战争的爆发以及冷战格局在亚洲地区的最终形成促使美国下定决心加紧扶植日本，希望日本今后在对付远东地区可能发生的新的极权主义威胁方面充分起到强有力的、稳定的防波堤作用。为此，美国放宽了对日本的种种限制，改变了对日本战争赔款的要求，帮助日本实现经济复兴，重建日本武装力量。美国对日政策又大大向前迈进了一步，即主动与日本结成军事同盟，日本也因此成为美国在东亚最重要的同盟国家。

（三）朝鲜战争的爆发与美日联盟的建立

1950 年 6 月 25 日战争爆发后，美国占领当局立即允许日本建立警察预备队，大大扩充日本警察数量，使之实际上等同于日本的陆军。到 1951 年初，美国不满足于日本国家警察预备队的轻武装性质，开始谋求向其提供包括中型坦克和 150 毫米榴弹炮在内的重型武器，以便让日本警察预备队可以在本土防御作战中发挥作用。与此同时，日本的海上武装力量也得到迅速扩充，并增强其对外防御功能。美国借军舰给日本海上武装力量使用，日本甚至还曾经秘密

---

① 坂元一哉：『日米同盟の絆—安保条約と相互性の模索』，有斐閣 2000 年，第 16—17 页。

派兵去朝鲜附近海域参加扫雷，配合美国在朝鲜的军事行动。到了1952年，日本海上保安厅正式设立海上警备队。除了鼓励和帮助日本建立起陆上和海上防卫力量外，在朝鲜战争爆发后，美国还逐步恢复了日本的军火生产，让日本为美国军队生产反坦克地雷、飞机、舰艇以及其他武器和弹药。1954年4月，在《朝鲜停战协定》签署后不久，日本与美国达成协议，决定日本创建航空自卫队。此时的日本已经有了自己的三军自卫队，这些自卫队实际上属于正规军队，而且它们是以美军为样板建立起来的武装力量。[①] 三军自卫队的建立，有助于美国在东亚追求自己的战略目标，因为“自卫队的结构和任务是美军太平洋整体战略中的一部分”。[②]

在强化日本武装力量构建的同时，美国同日本缔结了军事同盟条约，美日之间也从敌人转变成为了盟友。

冷战的发生以及随之出现的一系列不利于西方阵营的突变事态，如1948年的捷克事件、1948—1949年的第一次柏林危机、1949年中华人民共和国成立以及苏联掌握了原子武器，促使美国决策者加紧制定针对东方阵营的遏制战略。1950年的中苏结盟更是加速了美国要将日本纳入其战略盟友的考虑。早在1949年秋天，美国在与英国磋商并取得一致意见之后，美国国务院便开始着手制定对日媾和战略。美国主张媾和条件以从宽而非惩罚性为准绳，拟定的和约将全面恢复日本的主权，使日本独立，并在缔结和约的同时缔结一项新的军事协定，以便使美军能够继续驻留日本。1949年11月，日本首相吉田茂首次向国会表示，日本将接受美国提出的这项和约。1950年4月，吉田茂派池田勇人访问美国，向美国表示日本在与美国实现媾和后，将以请求的形式让美军继续留在日本。随后爆发的

① 张小明：《美国与东亚关系导论》，北京大学出版社2011年版，第120页。
② 彼得·J. 卡赞斯坦著，李小华译：《文化规范与国家安全——战后日本警察与自卫队》，新华出版社2002年版，第118—120页。

朝鲜战争无疑加速了这一进程。1950 年 11 月，在中国人民志愿军部队入朝作战后不久，美国便发表了“对日媾和七原则”，强调缔约当事国须同意美国的媾和提案，美国托管冲绳、小笠原群岛；台湾、澎湖、南库页岛和千岛群岛地位由多国协商解决；美军驻留日本；全体缔约当事国放弃对日赔偿请求权等等。1951 年 1 月至 4 月，美国不顾中苏等国的反对，单独制定媾和条约和美日安全条约草案。[①]

1951 年 9 月 4 日，旧金山对日和会召开，9 月 8 日，出席会议的 52 个国家中有 49 个国家在《对日和约》上签字，承认日本恢复国家主权。在《对日和约》签订 5 个小时后，美日两国在旧金山军人俱乐部签订了《美日安全保障条约》，美国驻军日本合法化，日本也因此获得美国长期的军事保护，美日之间初步确立了联盟关系。美国在防止日本军国主义死灰复燃的同时，也把日本变成了美国在远东地区的军事基地和战略桥头堡。1952 年 2 月，美日之间又针对实施《美日安全保障条约》签署了《美日行政协定》。它的内容主要体现在三个方面：日本同意美国有权在日本国内和周围地区驻扎武装部队；日本优先向美国提供航空管理、铁路、劳务以及相关设施；美国军人及其家属在基地内外享有治外法权。《美日安全保障条约》和《美日行政协定》确保了美国军队驻扎日本的合法性，日本也在美日安保体制下成为美国在远东的军事和战略基地。

二、美国对日本经济发展的重要作用

战后的日本经济一度处于崩溃边缘，美国占领后，对日本经济

① 梁志明主编：《东亚的历史巨变与重新崛起——东亚现代化进程研究》，香港社会科学出版社有限公司 2004 年版，第 403 页。

结构进行了伤筋动骨式的改造。这些改革措施，扫除了日本资本主义健全发展的障碍，建立起对战后日本影响深远的政治经济制度，从而为日本构建起了适应工业现代化发展的制度框架。可以说，如果离开了美国的支持，战后日本的发展是不可想象的。①

美国对日本社会经济的改革持续了不到三年的时间，但它的意义远远超过了明治维新。它从根本上铲除了日本现代化发展的障碍，卸掉了战前日本资本主义发展的历史包袱，造成了以扩大国内市场为基础的再生产条件，从而开拓了战后日本社会生产力巨大的发展空间。

（一）美国对日本的经济民主改革

上文曾经提到美国占领日本、对日本进行改造的目的是为了在日本建立一个和平与负责的政府，从而不再威胁美国以及世界和平。因此，为铲除军国主义的影响和遗毒，除了在政治军事上对日本的改造外，美国还全力消除曾经为日本军国主义势力提供支撑的经济基础和政治机构，对日本的政治制度、股份制度、土地制度和司法、教育系统进行了一系列改革，这也促进了日本战后资本主义的健康

① 学术界普遍认为战后日本经济的发展属于“白手起家”，参见［英］汤姆·肯普：《现代工业化模式》，中国展望出版社 1985 年版，第 29 页；但很多日本学者，如高桥龟吉、大来佐武郎等人都认为日本战前经济基础在战争中并未被完全摧毁，它们构成了战后初级经济的基础条件，日本经济的恢复正是利用了原来的设备而实现的。有统计显示，按照停战时的价格计算，生产资料损失 198 亿日元，停战时留存的生产资料价值是 597 亿日元。在战后经济安定本部 1949 年公布的《太平洋战争中日本所受损失的综合报告》中，估算日本战争损失数量大约相当于 1935—1940 年这 10 年间净增加的国家财富，所留存下来的相当于 1935 年的统计数字。（参见都留重人：《日本的资本主义——以战败为契机的战后经济发展》，上海：复旦大学出版社 1995 年版，第 10 页。）这些数据表明战败初期日本的工业水平相当于战前的状况，但战前的日本已经实现了工业化，其工业生产在世界工业生产中的比重占到了 4%，仅次于美、德、英、法。战争虽然给日本造成了巨大破坏，但是仍保留了相当的工业基础。同时战前日本工业化发展过程中培训了一大批业务熟练的技术人员和工人，并取得各种经验教训，这也是战后日本经济得以迅速恢复的一个重要原因。

发展。

这一系列改革除了涉及政治、军事系统的改革外，还包括经济领域的相关举措，包括实施农地改革、解散财阀、制定《禁止垄断法》和《排除经济理论过度集中法》、推进金融改革等措施。这其中的农地改革、解散财阀以及劳动立法是促进日本经济民主化的三大支柱。[①] 农地改革的结果，是彻底根除了寄生地主土地所有制，建立起了以自耕农为主体的小农经济，为解放农业生产力，实现农产品商品化、扩展国内市场和农业资本主义化扫清了道路。农业自耕地面积因此而扩大，自耕农成为了农业生产者的主体，也成为战后日本保守政权的社会基础；解散财阀的结果就是比较彻底地改组了日本特有的财阀封建家族经营体制，形成了以银行为核心的新的垄断组织形式财团，实现了企业资本所有权与经营权的分离；以制定“劳动三法”为中心的劳动改革，保障了最低基准的劳动条件，承认了工人的团结和团体交涉权，奠定了工人参与企业管理、焕发劳动积极性的基础。

可以说，战后初期日本所实行的重要的社会经济改革，得到日本社会进步力量和下层民众的有力支持，这是改革基本的动力。但美国的作用更是显而易见，特别是随着驻军日本，美国拥有实质占领的垄断权威地位，指令日本政府推行改革。这一系列的改革如同摧枯拉朽，为日本的社会和经济注入了新鲜血液，更为日本以后蓬勃的经济活动奠定了基础。

（二）美元缺口问题与美国对日本的经济政策

美国对日本的经济政策如同在欧洲对德国的政策一样，对于美

---

① 梁志明主编：《东亚的历史巨变与重新崛起——东亚现代化进程研究》，香港社会科学出版社有限公司2004年版，第398—399页。

国的政治和安全战略至关重要。保证德国与日本能够始终同美国立场一致将能够确保权力对比的均衡，从而有效地抗衡来自苏联的威胁，而确保这两个国家实现经济复兴是美国巩固在西欧和太平洋地区联盟体系最有效的方式。然而，仅仅实现经济上的复苏是不够的，还要确保这两个国家的经济不能对美国的对手形成依赖，也就是不能让西德依赖苏联和东欧，日本不能依赖苏联和中国，因为在经济上如果对苏联东欧国家形成了依赖，会削弱美国联盟体系的影响力。为了防止这种情况的发生，美国必须要将西德和日本同美国主导的国际经济秩序紧密地捆绑在一起。① 同时，经济复苏对于日本和欧洲国家防止国内亲苏势力的上台、维护国内政治稳定都会发挥重要的作用。②

起初，美国在1945—1947年间对日本的政策出发点不是出于对共产主义势力扩张的忧虑，而是为了从政治、经济及军事上彻底根除日本军国主义的影响，防止日本重新走上扩张之路。然而，随着冷战的逐步扩大，特别是中国共产党取得政权，美国不得不放弃原有的政策。而日本国内此时面临的经济困境也是促使美国改变既往政策的另一个原因。1946年，美国国务卿贝尔纳斯接到来自驻日官员的警告说，日本能否寻找到充足的海外市场将决定日本未来经济的发展方向，更将影响日本未来的和平发展方向。如果日本人的生活标准得不到改善的话，他们会转而同苏联集团进行贸易以增加国家财富。而且如果日本国内经济状况进一步恶化，日本将不得不为遏制国内共产主义势力的兴起投入过多精力。所以，为了创造国内改革所必需的政治经济环境，原有的推进日本社会变革的措施应当

---

① William S. Borden, The Pacific Alliance: United States Foreign Economic Policy and Japanese Trade Recovery, 1947 - 1955, Madison, Wis.: University of Wisconsin Press, 1984, pp. 6 - 7.

② Melvyn Leffler, A Preponderance of Power: National Security, the Truman Administration, and the Cold War, Stanford, Calif.: Stanford University Press, 1992, p. 256.

立即停止。因此从1947年开始，美国重新起用日本原有的政治经济精英管理国家。①

替代原有政治经济改革的经济复兴政策遭到了英联邦成员以及日本亚洲邻国的反对，但是美国的决策者认为他们除此之外别无选择。在美国看来，进一步遏制苏联是最重要的目的，由此带来的日本经济和军事实力的复苏可能并没有那些亚洲国家认为得那么重要。② 在美国看来，构筑它在亚洲的联盟体系，是有效防止苏联势力进入亚洲的必要步骤。而日本关注的正是与经济复苏相关的一系列严峻问题。为了能够购买美国进口商品，日本必须扩大出口，获得更多的海外市场，否则日本经济复苏计划将成为泡影。

如果出口市场不能够在资本主义国家中寻找到的话，美国担心日本为了经济的需要会转而同中国进行贸易，因为在二战前中国曾是日本重要的海外市场。在美国看来，同中国进行贸易在战略上是不可取的。如果日本对中国市场形成了依赖，一旦中国拒绝向日本出口物资，那么日本就会转而寻求苏联的帮助，所以同中国进行贸易将是对美国太平洋联盟的潜在威胁。美国认为日本此时担心的是没有出口市场和不能获得急需的物资，因此日本有可能在美苏两大国之间寻求一种中立的地位。出于这样的担心，美国在1949年3月同意日本与中国发展贸易关系，但是应当采取措施为日本的出口商品寻找到替代市场。在获得了杜鲁门总统同意后，美国官员也开始着手进行有关事宜，并在1950年初解除了相关限制。但是由于朝鲜战争的爆发，国会通过战争法案禁止同中国进行贸易活动，这样计

---

① William S. Borden, The Pacific Alliance: United States Foreign Economic Policy and Japanese Trade Recovery, 1947 - 1955, Madison, Wis.: University of Wisconsin Press, 1984, pp. 61 - 63, 67 - 68; Melvyn Leffler, A Preponderance of Power: National Security, the Truman Administration, and the Cold War, Stanford, Calif.: Stanford University Press, 1992, pp. 257 - 258.

② William S. Borden, The Pacific Alliance: United States Foreign Economic Policy and Japanese Trade Recovery, 1947 - 1955, Madison, Wis.: University of Wisconsin Press, 1984, pp. 78 - 79.

划不得不中止。

杜鲁门发展中日贸易关系的政策被艾森豪威尔政府继承了下来。由于1953年日本的贸易赤字已增加到了10亿美元，关于日本同中国进行贸易的问题再次被提了出来。在1954年8月6日的内阁会议上，针对日本同中国进行贸易问题，艾森豪威尔认为，不但应该允许日中两国间发展贸易关系，还应当对此予以鼓励。因为通过同中国进行贸易，日本可以获得廉价的钢铁和煤炭，这样的贸易关系还可以对中苏之间的关系构成威胁，从而对中苏同盟造成潜在的削弱。但是日本与中国进行贸易并不能替代日本同自由世界国家的贸易关系。因为对自由世界国家开放市场，将有效地防止日本走向共产主义阵营。因此，同中国进行贸易是一把双刃剑。对于美国来说，美国市场难以吸纳如此数量庞大的日本商品，同时国会也施加了保护主义的限制措施，但是应当采取必要的措施，确保日本同西方国家之间的紧密联系。①

日本同中国发展贸易关系的设想出于战略原因受到了限制，而此时的日本又必须为其商品找到相应的出口市场。因此，虽然日本几乎完全依靠从美国的进口，但它却没有足够的支付能力。它从美国的进口远远超过了它向美国的出口，因此这中间存在着巨大的美元缺口。从理论上说，日本可以同英镑区国家进行贸易并获得足够的美元以弥补同美国贸易造成的巨大赤字。但是英国及其他英联邦国家此时同日本一样，也面临着巨大的美元缺口，因此拒绝将日本手中的英镑兑换成美元。最终，日本的贸易也不得不依靠美国的援助才能获得生计，也就是说，日本的贸易赤字只有美国的财政援助

---

① William S. Borden, The Pacific Alliance: United States Foreign Economic Policy and Japanese Trade Recovery, 1947－1955, Madison, Wis.: University of Wisconsin Press, 1984, pp. 120－177.

才能得到有效解决。[①]

为了对日本进行援助，美国军方向国会建议拨款1.65亿美元用于1948年4月到1949年7月对日本进行援助，这笔资金将被用来购买原料及其他日本急需的进口物资，离开了这些原料和物资，日本的工业生产将难以恢复。另外，美国还于1948年6月向日本提供了1.5亿美元，用于帮助日本的纺织产业和美国的棉农。因为在美国占领日本后，日本成为了美国农产品最重要的进口国。到1949年，利用美国援助在日本进行的经济复兴计划越来越相似于欧洲复兴计划了。从1949年到20世纪50年代末，美国始终对日本的贸易活动给予补偿。[②]

但是美国的援助不可能永远持续下去，日本必须寻找相应的替代市场，东南亚市场可以作为中国市场的替代，除此以外还有其他的原因。1947年，美国就认为东南亚的原料可以作为日本从美国进口原料的替代，同时日本同东南亚国家贸易的增加，还可以弥补日本的美元缺口。日本也同意这样的安排，并要求美国在亚洲提供类似于欧洲马歇尔计划那样的援助计划，这样的援助可以增强东南亚国家的购买力，使这些国家能够有能力购买日本的商品。

但是美国拒绝了“亚洲马歇尔计划”，因为美国缺少足够的资金进行这项事业。如果对亚洲国家增加援助，势必牺牲对西欧和日本的援助。同时，许多亚洲国家政局动荡，经济也处于不发达状态，这也为美国向这些国家提供援助带来了很大疑虑。因此，在1949—1952年，美国通过世界银行向这些国家提供了总共不到4亿美元的援助。1950年4月，在东京举行的经济商务会议上，美国官员讨论

---

① William S. Borden, The Pacific Alliance: United States Foreign Economic Policy and Japanese Trade Recovery, 1947 - 1955, Madison, Wis.: University of Wisconsin Press, 1984, p. 76.

② William S. Borden, The Pacific Alliance: United States Foreign Economic Policy and Japanese Trade Recovery, 1947 - 1955, Madison, Wis.: University of Wisconsin Press, 1984, pp. 75 - 76.

了缩小美元缺口的其他方式。除了对外援助，美国决定增加它从亚洲国家的进口，这样亚洲国家将获得更多的美元从而能够购买来自日本的商品。早在1950年3月，美国国务院就研究了设立“日元基金”的问题，日本将使用日元购买美国的进口商品，而这些日元将被借贷或赠予东南亚国家。同时，通过流通管制措施，日元只能被用来购买来自日本的商品。

但是不得不承认日本同东南亚国家进行贸易并未能够立即解决美元缺口问题。东南亚国家的民族主义、反殖民主义以及经济不发达状况都成为执行这一计划的障碍。但是东南亚国家仍然是日本的一个潜在市场。从长远看，东南亚国家对于日本的经济复苏是至关重要的，而且经济强大将确保日本继续留在西方阵营内，而一个非共产化的东南亚对于美国的安全也是非常关键的。

朝鲜战争的爆发更让美国关注亚洲的战略地位。虽然在1947—1950年间通过美国各种各样的经济援助，美元缺口有所缓解，但战争的进行推动美国对日本由进行经济援助向增加美国在日本的军事开支方面转移。因此，在1950—1954年间，经济援助是与在日本的军事开支结合起来进行的，而且军事物资有时更是直接的赠与，包括日本在内的外国生产商，如果他们比美国厂商的成本高出不到10%的话，他们将可以获得美国政府发出的战争订单，这实际上是向外国厂商提供了10%的补贴。日本对这样的政策非常欢迎，日本首相吉田茂甚至认为日本自身的工业生产能力就完全能够满足美国的订单需求。在他看来，没有比这种方式能将日本同自由世界紧密地联系起来了。美国也认为，通过提供战争订单并确立日本的独立地位，可以进一步防止来自苏联的颠覆性影响。通过旧金山和会，美国与日本缔结了和约，从而结束了原有的被占领状态。但日本此时的情况与欧洲类似，对国内稳定最大的威胁来自经济的动荡，而不是苏联的入侵。而且提供军事订单比直接向日本提供军事援助具有更大的隐蔽性，从而不至于遭到国会的非难，因为国会在表决时，更愿意支持防御性计划而不是经济援助计划。[①] 有统计显示，美国在朝鲜战争期间仅从日本购买的战略物资就达到了30亿美元，因此这笔战争订单对日本来说无异于美国执行了另一项“马歇尔计划”。

美国的战争订单缓解了日本面临的困境并躲过了国会的反对，美国决策者也主张在战争结束后向日本继续提供这样的订单。此时的日本继续面临着与以往类似的经济问题，美元缺口仍然存在，日本也没有足够的实力进入其他国家市场。因此一旦美国结束了原有的经济让步计划，那无异于会损坏日本同美国的友好关系。特别是1953年，日本社会党在选举中实力大增，这又引起了美国的密切关注，美国必须通过增强经济援助的方式来强化非社会主义的力量。1953年4月，美国通过《友好通商航海条约》向日本提供了最惠国待遇，日本向美国的出口享受了低于平均关税26个百分点的优惠待遇，这比美国向其他国家提供的优惠高出了14个百分点。为了进一步确保日本的非社会主义化，美国决定相对高水平的军事征购计划被延长到1955年。[②]

尽管采取了各种各样的措施，经济问题仍然困扰着日本，美元缺口继续成为日本经济复苏的主要障碍，特别是朝鲜战争结束，通过美国军事征购计划获得的收入明显减少。因此，为了使日本能够进入出口市场，还要进一步采取相关的措施。除了继续进行军事征购计划外，美国还决定在1953年后开始增加从欧洲和日本的进口以解决美元缺口问题。这就是美国推行的贸易而非援助的经济政策，而贸易加援助的计划由于将增加进口、军事征购以及经济援助结合

---

① William S. Borden, The Pacific Alliance: United States Foreign Economic Policy and Japanese Trade Recovery, 1947 - 1955, Madison, Wis.: University of Wisconsin Press, 1984, pp. 150 - 154.

② William S. Borden, The Pacific Alliance: United States Foreign Economic Policy and Japanese Trade Recovery, 1947 - 1955, Madison, Wis.: University of Wisconsin Press, 1984, pp. 170 - 171.

在一起，所以更易于被标签化。①

在20世纪40年代末期，日本对美国的出口就有了小幅度的增加，主要是纺织品和金枪鱼类，而这已经遭到了国会内保护主义者的反对。即使这样，美国极力推动日本进入世界市场很大程度也是出于经济上的考虑。美国援助很大一部分是以农产品的形式提供的，这为美国农业出口商提供了重要的产品销路，日本因此成为美国最重要的农产品出口市场。1951年的《共同安全法案》第550款规定，确保共同安全而提供的援助必须要有一部分是以农产品的形式提供，售往受惠国的农产品所得的款项政府要用来购买军火，这样通过农产品援助不但帮助了国内的农业生产者，还使军火商从中受益，这样最终的结果将能够减少国内收支平衡带来的赤字。另一方面，根据1954年美国的《农业贸易与发展法案》，美国的农业贸易政策也使日本从中受益。在20世纪50年代末，美国农产品在同澳大利亚和加拿大的竞争中逐渐失去优势，美国便开始加大农业出口补贴以确保它在日本市场的份额。

（三）朝鲜战争与美日经济关系

朝鲜战争影响了整个50年代世界经济的复苏以及美国的对外经济政策，但是影响最大的还是日本的经济复苏进程。这场战争让日本的兵工厂充分运转，为美国输送了大量的战略物资，从而有力地支持了美国在亚洲地区的军事行动。这样的安排是因为日本与朝鲜地理位置的接近，同时也能够解决日本面临的美元短缺问题。

到1950年末，在世界经济的带动下，特别是不断激增的战争订

① William S. Borden, The Pacific Alliance: United States Foreign Economic Policy and Japanese Trade Recovery, 1947－1955, Madison, Wis.: University of Wisconsin Press, 1984, p. 167.

单进一步改善了日本对外贸易的处境。日本接获的订单主要涉及武器、吉普车、卡车、服装、帐篷等军需物资。当时有人认为这样的订单只是暂时的，因为战争很快就会结束，美国将把这些订单重新投回国内，而美国国会也将对军事预算进行限制；而另一些人认为这场战争是持久的，日本将能够持续为美国提供这些物资生产。到第二年9月，这样的订单达到了1.49亿美元，征购计划将大量美元输往日本，缓解了日本的美元短缺。更为重要的是，美国和欧洲从出口商品的生产者转变成为了军火的生产者，而且由于恐慌性买入的出现导致世界贸易急速增长。因此，世界由买方市场变为了卖方市场，商品价格上扬，日本也自1945年来第一次具有了竞争性的优势。而且东南亚国家也因为向美国销售战略物资在战后首次拥有了美元储备，日本也因为增加了向东南亚的出口而获得了更多的美元，日本的竞争力有了明显增强。

朝鲜战争在经济上对日本带来的影响无异于在日本执行了一项“马歇尔计划”。1950—1954年间，美国总共向日本投放了将近30亿美元用于购买战略物资，从而开启了日本经济新的一页，这也挽救了吉田茂政权，并确保了美国对日本的进一步控制。[①] 日本的重工业得到的恢复最明显。在朝鲜战争爆发前，日本丰田公司已经处于倒闭的边缘，从1949年4月开始就几乎难以维持生产，但是战争订单的到来使这家企业起死回生，大笔的订单让丰田的产量激增了40%，丰田总裁因而被视为该企业的“救世主”。[②] 不但丰田一家企业，朝鲜战争可以说救活了整个日本经济。

日本经济状况的改善也让一些美国官员对日本经济复苏充满了信心，他们认为这场战争会对日本经济产生正面影响。美国国务院

---

① Chalmers Johnson, Conspiracy at Matsukawa, Berkeley: University of California Press, p. 23.

② Oriental Economist, February 3, 1951, p. 89.

预计日本的美元缺口会从2.7亿美元减少到1.65亿美元，这将导致囤积大量来自美元区的美元。由于日本美元缺口的状况有所改善，国会预算委员会及参议院拨款委员会都认为应该停止对日本继续实施美元援助。但是美国军方以及日本自身却并不认为经济状况有明显改观。美国军方认为停止对日本的美元援助将会妨碍日本长远的偿付能力，因此未来应该继续加大对日本的美元援助。

三、维系联盟的纽带：美日联盟条约后的经济合作（1952—1955）

1952年4月，《美日安保条约》缔结后，美国开始通过加强与日本经济上的合作来确保日本能够服务于美国在亚太地区的安全政策。为了确保美日联盟关系的稳固，美国继续向日本提供援助以弥补日本巨大的美元缺口，并希望能够寻找到一个长久的解决办法。从1952年到1954年，日本经济处于停滞阶段，美元缺口迅速加大，但与此同时，欧洲的美元缺口却明显缓解。到1954年，与日本的经济关系成为美国政府面临的最为紧迫的对外经济问题。加大日本商品对东南亚国家的出口，扩大美国进口日本商品的幅度以及进一步推动多边贸易，都是美国政府考虑的解决方案。

美元缺口对日本经济造成新的冲击开始于1953年。从1947年到1950年，经济援助解决了美元缺口问题，而从1950年到1953年美国在海外的军事开支取代了经济援助。1953年后，美国政府希望增加美国的进口来缓解美元缺口问题，同时通过军事开支来解决收支危机，这个措施特别针对日本而做出。离岸军火供应仍然是最主要的一种方式。同时，让日本进入美国市场也解决了对美国进口的过度依赖。经济合作计划的最后阶段就是将日本纳入共同安全体系。

美国通过一系列的共同安全防御体系最终巩固了它在太平洋地区的战略联盟。日本因此牢牢地与美国结合在一起。

（一）日本经济的停滞不前

尽管获得了来自美国的8亿美元的军火订单，但是日本经济在1953年仍未得到改观。特殊收入占正常出口的64%，而且日本仍然受到朝鲜战争结束后经济停滞带来的困扰。日本的出口额在一年之内就减少了8000万美元，有人因此担心会出现新的收支赤字。最让人担忧的是，1953年日本的出口总额不到300万美元，而进口却达到了24亿美元，日本的美元缺口急速增加，1950年时为1.5亿美元，1951年增加到6亿美元，1952年为7.5亿美元，到1953年激增为11亿美元。这一年的征购订单为8亿美元，其中38%为外汇凭据，70%为商业出口。征购订单刺激了消费，对国内的工业生产和机械制造业实施保护，保持了巨大的商业贸易赤字。

尽管美国的军事开支计划使日本的工业生产重新焕发了活力，并为日本赚得了高额收入，但是日本面临的结构性经济问题在1953年没有得到明显改善。日本的贸易额恢复到了战前贸易额的40%，而同时期欧洲的贸易额则已达到了战前的150%。日本的企业家开始担心全球生产过剩对其带来的冲击，与此同时刚刚上台的美国共和党政府则威胁要重新规划军事开支。朝鲜战争的结束更让日本感到了最大的压力，日本的国内股价在朝鲜停战谈判的最后一周内下跌了37个百分点。日本政府和一些观察家都认为，朝鲜战争造就的人造繁荣已经把日本经济推向灾难的边缘。[①] 有人认为，如果切断了每天200万美元援助的话，日本将难以为继。更有人认为，如果日本

① Oriental Economist, May, 1953, p. 224.

的经济崩溃，那么对美国的打击无异于使美国又遭受了另一场军事失败。①

因此，美国政府开始增强对日本以及与日本合作计划的关注程度。有人认为，日本出口的问题在于它没有能力获得廉价的燃煤和铁矿石，而朝鲜战争结束，美国的防御计划将逐渐停止，这对日本经济来说都是不祥之兆。美国也担心日本经济不成功会导致日本寻找新的贸易伙伴，从而造成日本同中国接近。美国依据当时的政治经济形势判断，只有日本向美国大量出口才能解决日本面临的美元缺口问题。

美国国内的保护主义者是解决美元缺口的最大障碍，他们的行为能够危及到经济合作计划的进行。美国的大公司则认为日本是他们巨大的贸易伙伴，因此支持政府的合作计划并主张增加从日本的进口。而日本对美国的出口直接威胁的是美国的小制造业者的利益，因此他们联合英国的同业者一起主张抵制日本的商品进口。而美国的金枪鱼业者、手套和玩具制造业者也对日本向美国的出口充满怨言。日本商品在美国开始受到冲击，而日本对美国向其释放善意的信心也开始动摇。日本抱怨美国报纸宣传对日本商品的抵制是受到了他们对手的压力不得已而为之的。同时美国的船运业也反对对日本的船运进行限制。

当日本决定将对美国的金枪鱼出口量增加一倍时，美国则宣布将对日本的金枪鱼征收双倍的关税，美日之间的争端达到了白热化。美国的船运业主认为，日本的工资水平远低于美国，他们每小时要向工人支付 1.75 美元的工资，而同样的工种在日本每月才挣得 8 美元。但是美国政府认为，运用关税手段对付日本，日本可能要损失 1100 万美元，但是对日本人造成的心理冲击却是巨大的。日本在战

① New York Times, August 4, 1953, p. 4 and January 5, p. 45.

后成功对美国出口的第一宗商品就是金枪鱼，这场关税战会使日本人重新回忆起若干年前对亚裔的排斥。因此美国的保护主义会使日本陷入孤立主义的境地。

而艾森豪威尔政府担心的也正是这一问题。如果日本商品不能进入美国市场，美国也很难让其他国家对日本商品开放市场。美国的平均关税是12%左右，但对日本商品征收的关税高达26%。因此从1953年起美国政府开始对商业团体和公众进行游说劝说，希望他们能够进行配合接纳日本商品进入美国市场。美国国务院官员在向众议院对外经济政策委员会报告时指出，美国政府冒着来自日本政府极大的压力，迫使其不同中国发展贸易关系；西方市场也已全面开放代替了原有的征购订单，这样的话同日本原有的合作计划将归于失败。美国国务卿杜勒斯也警告国会，西方市场对日本极其重要。因为朝鲜战争结束，日本在获得美元上面临着极大的困难，它需要以最小的成本满足其国内民众的温饱。美国相关的智库也认为美国对外经济合作计划的成功取决于增加日本对西方国家的出口量。美国必须为其他国家做出表率，但是美国国会仍然担心美国瓷器、丝织、金枪鱼业、纺织品、鞋类、玩具等行业会反对美国的对日政策。

到1953年，日本在经济关系上与美国为主导的西方阵营的联系比昔日明显减弱，这直接威胁到了美国在亚洲的存在。美国承诺将继续确保日本现有的体制，并寻找方法解决日本面临的美元赤字问题，直到日本经济恢复稳定。1953年日本将举行大选，社会党声望日增，这引起了保守派政府的担忧。为了安抚日本政府，美国于同年4月决定同日本缔结通商条约，并给予日本贸易最惠国待遇；4月15日美国国务院授权驻日大使通知日本，美国将确保1955年向日本的征购订单继续维持较高的水平。但即使这样，日本社会党还是在大选中取得了佳绩。[1]

1953 年夏天，随着朝鲜停战谈判接近尾声，日本经济又一次面临生死抉择。国内的船运、纺织业和渔业组织希望采取独立的对外经济政策，与中国等周边国家发展贸易关系，而重工业、金融和贸易部门则主张继续与美国保持合作。因为美日之间关系的紧密能够带动日本国防和军工产业的发展，从而为经济发展投入大量资金。由于后者的实力远甚于前者，因此他们的主张再一次占了上风。[2]

美国国内也有人对日本加入共同安全体系表示担忧，他们认为这样的安排将使日本分享欧洲的经济成果的同时，继续接受来自美国的援助，日本将双重获利。从长远来说，这样的做法将使日本的竞争能力逐渐增强，从而对美国构成威胁，因此他们希望政府要对向日本进行高技术转让予以警惕，并应当按照军事订单的情况对日本进行经济援助。但日本则希望美国继续将全部的军事征购订单给予日本，帮助日本实现技术的现代化，日本认为共同安全协定对于日本的经济重建将起到积极的作用。因此当美国国务卿杜勒斯在参议院外交委员会宣布美国将日本纳入了共同安全防御体系后，又一次引起了激烈的反响。当时有评论指出：这项新的决定提高了人们对新的商业周期的期待，国防产业更是反响热烈。当美国确保日本军队不必参与美国在东南亚地区的军事行动时，建立共同安全协定的最后一个障碍消除了。这一协定提交到国会进行审议，但是日本却没有接受这样的安排。美日两国不得不于 1953 年 7 月 15 日在东京就未来的联盟关系重开谈判。[3]

---

① Hollis W. Barber, et. al., The United States in World Affairs, Council on Foreign Relations, New York: Harper&Bros., 1957, pp. 262 – 263.

② Chitoshi Yanaga, Big Business in Japanese Politics, New Haven: Yale University Press, 1968.

③ Oriental Economist, September, 1953, p. 427; Chitoshi Yanaga, Big Business in Japanese Politics, New Haven: Yale University Press, 1968, p. 260.

（二）池田—罗伯特森会谈

日本首相的助手池田勇人同美国远东战区司令官沃尔特·罗伯特森（Walter Robertson）针对日本在共同安全协定中发挥作用而进行的谈判，被称为池田—罗伯特森会谈，这是处理战后美日关系中最关键的一次谈判。谈判旨在解决美国向日本征购订单减少、拓展与东南亚国家贸易以及朝鲜战争结束所遗留的相关问题。

朝鲜停战协定签署后，美国履行了实行长期经济合作的承诺，战略物资的订单并没有突然减少。但是日本期盼已久的有关朝鲜半岛重建的订单却没有随之到来。由于日本曾经对朝鲜半岛实行了长达半个世纪的殖民统治，韩国总统李承晚拒绝放弃执行反日路线，使得日韩关系几乎处于停滞状态。1953 年 11 月，日本与韩国针对捕鱼权以及处理在日韩国人问题上发生了激烈争端，两国间进行的贸易谈判被迫中断，直到 1960 年才得以恢复。这种情况使美国不得不为日本重新寻找新的市场。[①]

日本针对失去韩国市场所产生的问题有着明确的立场。池田首先阐述了日本经济目前面临的形势：资本不足导致的恶性循环，妨碍了日本的现代化进程，并导致了严重的通货膨胀以及出口倾销。日本因此要求美国在亚洲的军事行动应该最大限度地给予日本征购订单，帮助日本解决同英镑区国家进行贸易上的限制并放宽与中国进行贸易的管制。池田还指出，经济上的危机导致日本国内出现了严重的民族主义情绪，他们主张取消对中国贸易禁运的限制。因为他们认为这样的出口竞争与其使日本贸易商处境日渐艰难的话，不如转而依靠“红色中国”拓展自己的海外市场。目前国会已经通过

① Oriental Economist，November，1953，p. 533.

了一项议案，要求逐步与中国开展贸易。日本的保守主义者担心如果美国政府不进一步满足日本要求的话，社会主义者会获得更多的国会议席。最后，池田要求美国给予日本与西欧国家一样的援助与支持，并再次重申日本眼下最关注的就是未来的海外采购订单。

美国代表也认为，海外采购订单比直接的经济赠与在经济上更有利于日本的发展。海外采购实际上能够促进经济的重建并加速工业的现代化进程。而且，日本的海外采购所得已经远远超过了它的经济援助所得。罗伯特森表示，美国政府对日本政府没有采取足够的措施遏制国内的通货膨胀和畸形消费表示不满，美国国会对日本政府的请求也不会予以积极对待。因此日本政府必须尽最大可能限制国内消费，并将军事预算占国民生产总值的比例调整到最低水平。美国认为，欧洲当时为了同美国缔结共同防御协定，获得这方面的援助也遇到了类似的问题。但是不同于欧洲，日本仍将重整军备看得很重要，而没有对经济复苏给予优先考虑。池田则认为，日本民众现在已经接受了占领委员会起草的日本宪法第九条关于和平主义的主张，宪法已经保证了日本不建立正规军队。而美国则要求日本应该加大对民众的教育力度，使其进一步接受和平宪法，同时要求日本将国防预算减少到占国民生产总值的2%。

当池田拒绝了美国要求日本压缩国内开支和重整军备的要求后，美日经济合作计划的潜在危机逐渐显现。日本甚至向美国打中国牌，这样可以继续确保美国的援助。而美国对日本的苛刻要求将使日本经济陷于混乱的境地，这将进一步加强国内反对势力的力量，甚至有可能导致日中朝着盟友的方向发展，这对美国在亚洲发挥影响将是致命的打击。因此，日本政府对于美国帮助其渡过经济难关充满信心。①

① John Allison, Ambassador from the Prarie, New York: Houghton Mifflin, 1973, p. 223.

此时，日本也并不急于寻求重整军备。美国太平洋战区司令官克拉克向参谋长联席会议保证，日本目前确信来自共产主义国家的威胁相对较小，因此重整军备的可能性不大。美日两国在关于驻军的问题上存在分歧，日本要求为18万，并不在这一问题上有丝毫让步，而美国则主张30万，双方僵持不下。最后，池田断然拒绝了美国要求日本削减制造业成本，限制信用额度、控制消费，以提高日本出口竞争力的建议。当美国指出削减海外采购订单将会使日本企业的生产更趋合理化时，池田则认为这样将使日本越发失去耐心。但是吉田茂政府最终还是在1953年底采取措施遏制国内的通货膨胀。

到1954年，美日之间关于限制国内消费及重整军备的争论仍在继续。到当年3月，美日之间签署《共同防御援助协定》时，关于日本军事实力的发展仍然没有给出一个明确的目标，只是指出日本重整军备应当在其国内经济状况允许的条件下进行。作为这一协定内容的一部分，美国承诺将最大限度地给予日本海外采购订单。而美国国会则对给予日本援助不甚理会。1953年，随着欧洲农业生产的恢复以及欧洲复兴计划的结束，美国农业生产出现生产过剩的情况，大量农产品充斥国内市场，国会援引《共同安全法案》第550条的规定，对美国农产品实施保护。第550条款规定，要求美国对外援助的接受国将援助款项的一部分用于购买美国国内过剩的农产品，而美国所得的款项将用于购买军火。这一政策对于军工企业和其他重工业是一项刺激政策，但是却减少了用于解决国际收支平衡的美元存量。

《美日共同防御援助协定》也是吉田茂政府经济外交上的一个胜利。日本能够暂缓重整军备的计划，并根据《共同安全法案》第550条的规定获得了5000万美元的援助。但由于这一协定在当年5月才获得国内的批准，实际这笔援助直到1955年才落实到位。然而，这一协定使日本在美国的共同安全体系中与西欧国家享有同等的权利，享受美国的国防和工业补贴。这些协定刺激了日本国防产业的发展并使日本走出了朝鲜战争结束后导致的经济低迷。除了使日本获利，这一协定还具有更大的象征性意义。它为美国在今后较长时期对日本军工企业进行援助铺平了道路，保证了日本在很长时间作为“亚洲兵工厂”的地位。[1] 尽管美日之间合作的障碍尚未完全扫除，但这一协定也成为美国构筑其亚太联盟体系迈出的最关键一步。

（三）1954 年美元缺口危机

1953 年底，吉田茂政府实行了一系列限制消费的政策措施，日本银行开始限制贷款并提高利率，从而取得了预期的效果。一方面，出口与生产成本均有所下降；另一方面，这一政策却引发了一系列的破产危机。到 1954 年，日本政府限制通货膨胀的政策使日本经济实际处于停滞阶段。在朝鲜战争期间成长起来的成千上万家从事商品销售和服务业的公司，此时不得不被迫关门歇业。同时，日本开始担心世界经济的萧条会使日本在朝鲜战争期间的所得一夜之间化为乌有。[2] 而由于日本政府在 1953 年的财政赤字已高达 10 亿美元，艾森豪威尔政府则担心经济动荡会威胁美日同盟的稳定。

1954 年 5 月 20 日，美国驻日大使针对日本经济状况向艾森豪威尔政府发出警告。同年 6 月 21 日，他告诉美国政府，日本在亚洲的地位极其关键，它所面临的收支平衡问题必须予以解决，当然这也

① Chitoshi Yanaga, Big Business in Japanese Politics, New Haven: Yale University Press, 1968, pp. 261 - 262.

② Chitoshi Yanaga, Big Business in Japanese Politics, New Haven: Yale University Press, 1968, p. 280.

不能为了确保日本同美国站在一方而牺牲美国产业的利益。此时美国政府内部也有人认为应该允许日本同中国接触，发展两国间贸易关系，这不但可以挽救日本的经济，还可以疏远中国同苏联之间的关系。但是美国政府自身也深知自马歇尔计划实施以来，美国国会始终是美国推行对外援助计划的最大障碍。美国国会中有四种强大的声音，即反对与中国进行贸易、反对干预东南亚事务、反对贸易自由化以及限制同日本的贸易。但是美国政府认为，如果在这一问题上美国无所作为的话，很有可能就会失去日本这个盟友。因此，艾森豪威尔在 6 月 22 日公开表示为了防止日本走向敌对的阵营，美国应该支持日本。随后美国政府更是明确意识到，为了确保美国在远东地区的利益以及这一地区的稳定，日本必须属于自由世界阵营，而要实现这一目标，首先应该重振日本经济。更有人认为，日本除非找到充足的销售市场，否则将永远离不开美国的援助。

美国政府在 1954 年中期对日本贸易状况进行了详细分析，认为日本限制消费的计划应该在不带来政治动荡和经济萧条的情况下继续进行下去。对于日本经济状况目前唯一可行的解决办法就是使日本人降低自己的生活标准。但是美国政府又认为不应对吉田茂政府过分施压，否则可能会危及吉田茂政府的稳定，因为他的政府已经屈从于美国的压力采取了限制消费的措施。如果在美国的压力下导致吉田茂政府倒台，那么美国将面对一个不熟悉甚至有可能难以对付的新政权。当前西方国家没有认识到日本政府加大出口是迫于严峻的经济形势不得已的做法，但对西方国家来说，最大的威胁不是日本对各自国内经济的冲击，而是来自苏联集团的威胁。

日本政府抱怨在它经济最关键的时刻，海外采购订单却在减少。它向美国政府表示，由于驻韩美军人数的减少，日本 1953 年的军费开支可能会下降 4000 万美元。与此同时，按照美国军方要求针对采购订单订立的劳动雇佣合同规定，日本将以日元支付驻日美军中的日本劳工的工资，这一下又使日本的开支增加了6000万美元。美国国务卿杜勒斯1954年8月在内阁会议上指出，美国政策面临的问题在于，美国国内对日本商品没有兴趣，尽管日本的商品价格低廉，但是美国国内市场对此的需求量不大，所以从长远来看，日本在世界不发达国家寻找市场，也能获得它所急需的原料。① 但是一旦东南亚市场向日本开放，美国就要允许日本进入国际市场，使之同美国、英国还有德国进行竞争。但日本自身的实力难以同这些国家抗衡，这样的局面正是苏联所愿意看到的，而增加同日本的贸易对美国来说并非难事。艾森豪威尔也同意杜勒斯的观点，同时补充说东西方之间的贸易同样有利于日本。因为中国的市场对日本具有强大的吸引力，一旦中国对来自日本的廉价商品形成依赖，就可以削弱中国与苏联之间的联系，同时日本也可以通过同中国贸易，以低廉的价格获得日本急需的铁矿石及煤炭。美国因此决定向日本提供关税减让措施。在美国政府看来，这样的举措是必要的，因为它能够将日本拉到美国这一边，否则日本如果找不到新的替代市场的话，经济将会迅速崩溃。美国总统艾森豪威尔也认为，接受日本的进口、做出必要的牺牲是必需的，只有这样才能有效地防止日本受到共产主义世界的威胁。他认为1955年同日本进行的关税谈判将是至关重要的，如果对全部具有竞争性的产品施加限制，从长远上来说会引发战争。②在美国看来，遏制苏联对日本的威胁是当务之急，美国必须在经济问题上对日本做出让步，向其提供补偿性支付。在美国看来，除了这样的措施外，还要说服美国人和欧洲人，使他们相信只有接受更多的日本商品，才能够避免日本被共产化。虽然日本对美国出

---

① William S. Borden, The Pacific Alliance: United States Foreign Economic Policy and Japanese Trade Recovery, 1947 – 1955, Madison, Wis.: University of Wisconsin Press, 1984, pp. 178 – 179.

② William S. Borden, The Pacific Alliance: United States Foreign Economic Policy and Japanese Trade Recovery, 1947 – 1955, Madison, Wis.: University of Wisconsin Press, 1984, pp. 178 – 179.

口持续增加获得了一些大公司的支持，但也损害了很多美国生产商的利益，这些生产商对国会进行游说，反对日本对美国出口。美国商务部的一些官员也认为由于日本的低工资具有很大吸引力，美国应该运用关税手段和排除条款保护美国公司的利益。美国对日本的种种优惠措施，对国内造成的最大冲击就是失业率增加，但艾森豪威尔认为这样也比让日本与苏联接近更加符合美国长远的战略利益。[①]

面对着向日本商品开放西方国家市场的问题，美国政府决定继续执行提供最大限度的经济和军事援助的计划。但援助毕竟不是一个长远的解决办法，长期靠援助度日会使日本感到颜面扫地，也会使日本人对与美国的这种伙伴关系产生不满情绪。同时，美国还劝说它的盟国，英国、法国、意大利等国接受日本成为关贸总协定的成员国并对日本给予最惠国待遇。给予日本最惠国待遇对于美国来说并不是最佳选择，因为这有可能招致国内的强烈反对。但是一旦日本获得了最惠国待遇，必将增加日本的出口，减少美国对日本的援助。同时，非歧视性原则的实施，也会有利于日本的民主化建设，还可以彻底改变日本希望开拓中国和朝鲜市场的念头，确保日本牢牢地呆在西方阵营之内。[②]

虽然美国采取了各种措施，但给予日本最惠国待遇的请求还是遭到了美国盟国的反对。许多亚洲和大洋洲国家以国内政治压力为由反对给予日本这样的待遇，因为这些国家都曾经遭受过日本的侵略，战争的惨痛教训让国内人民难以忘怀。它们认为，如果允许日本加入关贸总协定，会削弱国内民众对这一国际贸易机制的支持和

---

① William S. Borden, The Pacific Alliance: United States Foreign Economic Policy and Japanese Trade Recovery, 1947 – 1955, Madison, Wis.: University of Wisconsin Press, 1984, pp. 179 – 180.

② Gardner Patterson, Discrimination in International Trade: The Policy Issues, 1945 – 1065, Princeton, N. J.: Princeton University Press, 1966, p. 273.

认同程度，最终可能不得不退出这一组织。除了来自国内的反对，由于给予日本最惠国待遇，使得歧视性政策成为必然，这样日本就会在这种不公平的竞争中获得更大的好处，从而重演二战之前发生的那些倾销、贸易战、输出劳工等经济问题。日本据此提出了反驳，认为这些国家的指责是毫无根据的，因为日本在战后所进行的制度化变革消除了日本进行不公平竞争的机会。①

与此同时，英国主张将日本排除在关贸总协定和国际粮农组织之外。因为英国担心美国切断了日本与中国的贸易往来后，日本会抢占英国在亚洲和世界其他地区的市场。英国认为正是由于美国的政策，日本才中断了与中国的贸易往来，而美国不属于英镑区，因此有理由吸纳更多日本出口商品。但尽管美国丝毫不留意英国的关注，还是通知了日本，1951 年即将签署的《美日通商航海条约》会触怒英国，因此应当先搁置下来。因此 1950 年日本同英国之间签订了一项支付协议，根据这一协议的安排，日本成为了一个账务中转国，这样英国同日本进行贸易将不会加重英镑区的美元缺口，而英国反对日本加入关贸总协定的最主要原因就是担心那样会加重英国的收支平衡问题。②

最后，反对日本加入关贸总协定已没有任何可能。到 1954 年夏天，关贸总协定 34 个成员国中已有 24 个国家同意给予日本贸易最惠国待遇。日本于 1955 年加入了关贸总协定，享有了完全会员的资格。

然而围绕着最惠国协定的问题，英国带头协同 14 个国家针对关贸总协定第 35 条款有关排除条款的内容进行发难，反对给予日本最

① Gardner Patterson, Discrimination in International Trade: The Policy Issues, 1945 - 1065, Princeton, N. J.: Princeton University Press, 1966, pp. 279 - 281.

② Gardner Patterson, Discrimination in International Trade: The Policy Issues, 1945 - 1065, Princeton, N. J.: Princeton University Press, 1966, pp. 276 - 277.

惠国地位。因为美国在与这 14 个亚欧国家缔结了三边贸易协定的同时，还单独同日本缔结了双边贸易协定。在三边贸易协定中，第三国决定给予日本贸易减让的优惠措施，以换取美国对它们实施贸易减让，同时日本也对美国做出一定程度的让步。通过这样的方式，能够帮助日本增加对美国的出口，美国也能够分担日本向其他国家出口而带来的负担。[①]

（四）日美经济合作计划的危机

为了解决朝鲜战争结束后日本海外采购订单减少的问题，美国与日本于 1954 年 8、9 月间举行会议进行协商。双方针对美国海外采购订单的数额产生了激烈的争执。日本经济的低迷使吉田茂政府倍感压力，为了巩固政府的执政地位，吉田茂于 1954 年 11 月出访美国，希望得到美国的支持，迅速实现日本经济的复苏。吉田茂表示，日本军工产业的发展离不开海外采购订单源源不断地涌来，而且日本军工产业确保了美国在韩国军事存在，为其提供了有力的后勤保障。因此，吉田茂这次访美期冀能够继续推进他的经济外交。日本大藏省认为，首相这次访美的主要目标就是要得到美国的保证，当日本的经济恶化到几近崩溃的境地时，美国会采取一切行动稳定日本的局势。这也是日本对美国对日本态度的一次试探。日本对美国继续维持高水准的军事开支缺乏足够信心，因此请求相应的援助，利用援助日本可以建设生产中心，同时日本保证同中国进行贸易纯属出于经济原因。日本同时表示，由于实施限制消费的措施，经济

---

① Gardner Patterson, Discrimination in International Trade: The Policy Issues, 1945 - 1065, Princeton, N. J.: Princeton University Press, 1966, pp. 285 - 286.

破产和日趋严重的社会问题导致公众不断要求同中国进行贸易。①

到1954年底，日本已将美国市场作为它的主要出口目标。吉田茂宣称，日本最关心的就是美国市场能否接纳日本商品，从而与美国建立起长期稳定的经贸关系。因此，为了缓解日本面对的美元缺口，美国一定要对日本商品降低关税，特别是在金枪鱼、棉纺织品、玻璃制品、毛皮制品等商品的关税。美国同意了日本的部分要求，同时希望日本能够对自身的不公平贸易行为有所约束，这些不公平贸易政策是为了应对美国和西欧国家对日本实施的保护主义政策而做出的。同时，美国同意使用日元支付用于援助东南亚国家的发展援助计划，但是以日本目前仍然持有美元为由，拒绝了日本要求的2900万美元的“防御性支持”的经济援助计划。

（五）农产品剩余争端：PL480法案与日本

在美国看来，与日本经济合作的深入发展可以使日本吸纳美国大量的农产品剩余。1954年10月，在美国农业利益集团强大的游说攻势下，美国国会通过了《农业贸易与发展法案》，这一法案体现了美国在冷战时期经济政策的主要特征。这一法案对此前国会通过的向欧洲和日本倾销农产品，用所得款项购买武器的做法继续予以支持和肯定。

此前美日签订的《美日共同防御援助协定》中做出了相应的经济安排以及关于购买美国农产品的协议，为了报答美国给予日本的海外采购订单，日本要购买美国剩余的农产品，因为美国农业部门将日本视为美国农产品的重要市场。但美国国务院则担心美国向日

① Chitoshi Yanaga, Big Business in Japanese Politics, New Haven: Yale University Press, 1968, pp. 264 – 265.

本倾销大米的做法会削弱日本大米在东南亚国家的购买力。因为日本需要通过增加东南亚国家的购买力来增加同东南亚国家的贸易，而向日本倾销大米会直接损害日本的利益。同年 11 月，日本公开表示对美国国会通过的《农业贸易与发展法案》表示失望。因为这一法案只顾及美国国内利益，而丝毫没有考虑到日本的感受。日本提出如果美国以这种方式对日本进行援助的话，日本将把所有援助款项用于国内投资或发展与东南亚国家的贸易。日本通产省官员表示，日本通过《农业贸易与发展法案》可以掌控 1.3 亿美元的援助，如果以这种形式代替了通过海外采购订单对日本的援助的话，日本将损失它通过海外采购而赚得的全部美元。因此，如果美国的援助不能够完全有利于日本经济与贸易拓展的话，日本将把购买美国农产品的订单削减到最低程度。日本认为美国的做法是剥夺了其他国家在日本的市场份额，从而影响了日本的出口及进行非美元贸易活动。因此日本拒绝了通过三边贸易的方式将经济援助与倾销美国农产品挂钩的要求。按照这样的规划，美国向日本销售过剩的农产品，日本则向菲律宾销售水泥，而菲律宾向美国销售铬铁矿石。通过这样的方式，美国不需要任何代价就可以获得来自菲律宾的铬铁矿石，而日本在水泥出口中不会获得任何外汇，因此根本无法解决日本面临的美元缺口问题。但最后令人奇怪的是，日本虽然为美国农产品提供了庞大的国内销售市场，但却仍然主动限制了它对美国的出口。美日之间的商谈最后决定向日本提供 8500 万美元的援助，其中的 30% 由美国掌控，用于日本的房地产开发、农业市场发展以及向第三世界国家进行采购，剩余的 70% 将以贷款的形式用于日本的工业建设。除此之外，美国还向日本提供 1500 万美元的无条件赠予。这样日本在 1955 年得到的 4 亿美元援助中，有 1 亿美元以这种方式购买了美国的武器。日本对这种将援助与购买农产品挂钩的做法十分不满，它希望以类似西欧的方式获得援助，从而增加国内投资并扩展同东南亚国家的贸易。[①]

《农业贸易与发展法案》是一个非常特殊的援助案例。它对印度农业的发展产生了几乎是破坏性的后果，数十亿美元的美国农产品被倾销到印度，从而导致谷贱伤农，印度自身的农产品不能得到一个合理的价格。但是它从长远上却对日本农业市场的发展带来了积极影响。由于日本吸纳了美国大量的农产品剩余，1954年后美国与西欧国家之间的贸易保护大战逐渐减少。到1956年美国与日本根据《农业贸易与发展法案》签署了另一笔价值6600万美元的协议。即使在战后10年，美国农产品相对于澳大利亚和加拿大的农产品失去了它的价格优势后，仍然可以用出口补贴的方式确保它在日本市场的巨大份额。当日本在1957年希望购买澳大利亚的农产品时，美国通过循环信贷并利用进出口银行向日本提供贷款，以此保护在日本的农产品市场。日本也因此获得了相应的补偿，日本纺织业者能够得到比美国国内还要低廉的价格购买美国的棉花，而纺织业所缴纳的税款则继续用于对日本进行相应的补贴。[②]

虽然日本的出口和经济活动在1954年中期得到了恢复，但美国政府仍然密切关注日本的动态。美国相关的智库在提供给总统的报告中针对日本的对外经济政策指出，日本对外经济政策面临的主要问题仍然是它同工业化国家保持着较微弱的联系，日本的经济前景不容乐观，除非能够寻找到正确的发展方式，否则日本很有可能迫于经济形势的压力而加入敌对阵营。因此，为了不失掉日本这一美国亚洲政策的“桥头堡”，美国开始寻找方式，使西方各国能够接受

① William S. Borden, The Pacific Alliance: United States Foreign Economic Policy and Japanese Trade Recovery, 1947－1955, Madison, Wis.: University of Wisconsin Press, 1984, pp. 182－183.

② William S. Borden, The Pacific Alliance: United States Foreign Economic Policy and Japanese Trade Recovery, 1947－1955, Madison, Wis.: University of Wisconsin Press, 1984, p. 185.

来自日本的商品。[①]

四、日美长期经济合作关系的确立（1955—1959）

1955 年对于美日经贸合作关系是关键的一年，这一年原有的旨在确保日本经济现代化的四年经济合作计划到期，同时日美两国为了促进经济合作，推动日本出口复苏而订立了新的合作协定。美国此时关注的是日本的贸易赤字、确保海外采购补贴以及让东南亚国家向日本开放市场。随着日本的出口以及特别的采购订单逐渐增加，日本在 1955—1960 年几乎连年出现了收支盈余的情况（除了 1957 年受国际经济形势的影响出现了价格下跌）。尽管有了盈余，但并不意味着日本已经摆脱了美元缺口的困扰，因为日本通过海外采购订单的所得还要用于补贴日本的收支平衡。实际上，日本在这一年面临的情况与西欧国家在 1952 年的境况极其相似。商业复兴和军事开支使日本有了一定程度的黄金和美元储备积累，这样的积累经过一定时期就成为发展多边经济关系的前提条件，而多边经贸关系也正是美国对外经济政策的长远目标。

1955 年日本的经济形势仍然引起了美国政府的关注。美国政府认为日本仍然存在着非常严重的经济问题，如果不继续加强对日本的援助，日本的经济状况会更加恶化，国内局势的动荡会危及美国在东亚地区的利益。因此在给予日本资金援助的同时，美国也加大了对日本技术援助的力度，这种技术上的合作为日本实现经济复苏与发展提供了巨大动力。[②]

---

① Randall to President, December 7, 1954, Whitman Cabinet Series, box 4.

② Chitoshi Yanaga, Big Business in Japanese Politics, New Haven: Yale University Press, 1968, p. 266.

1955 年 9 月，日本成为关贸总协定的正式缔约国后，美国在日本经济复苏与发展中所承担的责任才算告一段落。但是以英国为首的 11 个国家，根据关贸总协定条款第 35 条的规定，利用排除条款，反对给予日本最惠国待遇。在同年 9 月，美国还与日本签署了一项双边贸易协定。尽管美国国内仍然有人认为允许日本商品进口是一个灾难性的选择，但美国已经认识到从日本进口将为美国市场增加自来日本巨大的购买潜力。为了能够分担日本出口带来的国内负担，美国与亚洲和欧洲的 14 个国家签署了三边贸易协定，美国向第三国提供关税减让，而该国对日本实施同样的政策。因此当美国与日本的贸易存在巨大顺差时，美国利用这样的方式“照顾”日本，给予日本更多的贸易优惠措施。美国认为自身没有能力接受日本日益增加的出口，世界其他国家理应替美国分担这份责任。

美日之间这种长期的经济合作最引人注目的地方在于美国继续给予日本的军工产业相应的补贴。1955 年，日本向美国抱怨，美国的海外采购订单减少将危及日本国防产业的发展。美国则认为给予日本的订单只是发挥调节作用，而日本自身有责任为国内军工企业的发展寻找海外订单。到 1956 财政年度，美国给予日本的订单只有 1000 万美元，美国官员为此同日本官员会谈，商洽未来的防务订单问题。美国希望日本能够向美方表示它所希望得到援助的领域，以便与美方进行研判；而日本则提出中止为解决美元缺口而进行的援助，代之以对日本微波通讯系统和战略线路建设进行援助，这两个领域都是日本新的经济增长点。日本向美国表示，目前国内有 126 家企业、75 项生产合同是依据军事订单进行生产、维持企业运营的，它们在加速日本经济复兴的过程中发挥了巨大作用，一旦军事订单不再继续，这些企业将有可能陷于停产的境地，因此它们目前是冒着极大压力从事这项生产活动。如果让这些企业停产，将对经济发展带来非常严重的负面影响，因此日本希望美国能够向东南亚国家施压，向日本提供海外订单，以维持这些企业的运转。

1955 年中期国际贸易处于急速发展的阶段，这进一步改变了日本经济自战后以来面临的国际需求不足的局面。1955 年日本出口增加了近 4 亿美元，而海外采购订单又减少了 4000 万美元，仅为 5.57 亿美元，随后 1956 年出口为 5.95 亿美元，1957 年则为 5.49 亿美元。日本出口的繁荣主要受国内纺织业、钢铁制造业，特别是造船业的迅猛发展所带动。此时的日本一跃成为世界第二大造船国。日本出口的增加也受到欧洲国家通货膨胀以及通产省组建出口卡特尔以进行国际倾销活动的影响。

虽然许多援助日本的计划没有得到完全落实，一些仍在执行或刚刚启动，但是美国在 1947 年开始筹划的复兴日本的计划到 20 世纪 50 年代末基本得以实现。日本此时已经成为了一个名副其实的“世界工厂”，它 70% 的初级产品通过进口，而将工业制成品的 90% 用于出口。

结　论

美国的对外援助和贸易减让措施是美国推行对外战略的重要手段，美国政府将这种让步性的对外经济政策与美国国家安全战略联系起来。虽然军事手段十分重要，但实施经济让步措施可以避免欧洲国家同苏联接近的可能性，而对日本进行的经济让步则避免了日本与中国增进贸易往来的机会。在这种情况下，美国通过缓解其盟国面临的严峻经济压力，避免了这些国家出现亲苏政权执政的可能，从而减少了对美国的战略威胁。

可以说，安全利益是决定美国对外经济政策极其重要的影响因素。二战结束之际，美国便开始筹划以多边主义和非歧视原则构筑新的世界经济秩序，随着与苏联关系的恶化，苏联东欧国家被排除在美国的规划之外。同两极的世界政治军事格局类似，美国在国际经济世界中也将其构筑为两极，也就是美国为主导的资本主义世界经济体系和以苏联为领导的反资本主义体系运动。

尽管这样，美国国会和国内的反对力量仍然是美国政府给予经济让步措施最大的约束力量，特别是在向日本进行贸易让步的过程中表现尤为明显。实际上，多边经济体系在美国领导的世界经济体系下虽然作用有限，但却有利于美国生产商。而且欧洲和日本的经济复苏也有赖于多边经济体系提供支撑。没有经济复苏，贸易活动仍然会受到各种各样针对贸易和投资管制措施的限制，这最终将损害美国出口商的利益。然而，战后国际经济关系中的歧视性政策并没有促进美国的经济利益，相反却使经济复苏更加困难。如果国内经济利益具有决定性作用，美国设计战后国际经济秩序的初衷将能够得以延续。但这将使日本发展与中国的贸易关系，西欧国家则同苏东集团进行贸易，这又是美国最不愿意看到的现象。因此在必要的条件下，只有让国内生产者做出必要的牺牲，才能从长远上满足美国的战略利益。

第六章
美韩同盟与韩国经济发展

US Alliance System and Regional Economic Development

1945 年 8 月 15 日，日本战败投降，韩国也开始了它民族国家建构的历程。随后不久，影响长达半个世纪的冷战大幕徐徐打开。朝鲜半岛由于独特的地理位置以及当时美苏双方各自的战略需求，成为双方冷战争夺的重点。这无疑对韩国与美国的关系产生了重要影响。随着朝鲜战争的结束，韩美之间确立了结盟关系，韩国的安全得到了保障，但同时韩国经济也受到了毁灭性打击，社会贫困，经济落后，甚至在美国人眼中成为了一个“无希望的、无底的深渊”。此后，直到 1960 年，韩国的人均产值仅为 83 美元，远远低于周边国家和地区。但是，从 1962 年起，韩国经济开始起飞，到 70 年代末，不到 20 年的时间，一跃成为亚洲的工业化国家，跻身亚洲“四小龙”。韩国经济的发展同样也得益于特殊的政治地理环境，特别是美韩联盟下美国给予韩国安全上的保障以及经济上的援助。本章将着重分析美韩联盟背景下，韩国的经济起飞与发展。

一、战后美韩关系的发展与美韩联盟的建立

1945 年 8 月日本战败，朝鲜半岛也结束了长达半个世纪被日本殖民的历史，走向了民族国家建构的进程。美国与朝鲜半岛也开始

恢复自1910年日本吞并朝鲜之后中断多年的官方往来。[1]

（一）朝鲜战争与美韩关系的转变

早在第二次世界大战期间，盟国领导人就已经开始讨论战后朝鲜问题。1943年12月的《开罗宣言》就曾提出："我三大盟国轸念朝鲜人民所受之奴役待遇，决定在相当期间，使朝鲜自由独立。"[2]此后，美苏等国也曾讨论过美、苏、英中对朝鲜半岛实行托管的方案，但是没有达成协议。1945年8月9日，在日本宣布投降前夕，苏联红军进入中国东北，并于8月13日挺进朝鲜半岛。就在苏联人有望很快占领朝鲜全境时，美国出于战略上的考虑，要求美苏两国以北纬38度线为界分别在朝鲜半岛的南部和北部接受日本投降。苏联领导人接受了美国人的建议，苏联红军在"三八线"以北停止了前进的步伐，而美国军队则于当年9月进驻"三八线"以南的朝鲜半岛。"三八线"的划定开始了朝鲜半岛南北分裂的历史。[3] 美国和

---

① 1866年8月，在美国人佩里运用武力敲开日本大门后不久，美国商船"谢尔曼将军"号从中国山东芝罘港出发，沿朝鲜大同江驶向平壤，力图在朝鲜为美国寻找贸易的机会。在遭到朝鲜拒绝后，该船同朝鲜当局发生冲突，最终于同年9月2日该船被焚毁，船上人员24人全部被杀，这一事件被称为"'谢尔曼将军'号事件"，这也是近代以来美国同朝鲜关系的开始。随着日本对朝鲜渗透的加深，美朝关系有了新的发展，双方于1882年5月订立《美朝亲善与通商条约》，美国势力终于进入朝鲜半岛。此后，面对着日本的崛起，美国为了确保自身在东亚的利益，以朝鲜同日本做交易，对日本侵略朝鲜的行为采取了姑息的态度。随着1910年8月日本对朝鲜的正式兼并，美朝间的官方往来也画上了句号。此后直到太平洋战争爆发前，美国对朝鲜争取民族独立的斗争始终是不予支持和同情的。甚至当美国总统威尔逊在一战后提出了包括支持民族自决在内的"十四点"主张后，美国人仍然无视有将近100万朝鲜人参加的"三一运动"的影响力，与日本一道，组织朝鲜代表团在巴黎和会上发表演讲，同时对日本镇压"三一运动"保持沉默。这种态度一直持续到太平洋战争爆发。有关近代以来美国与朝鲜半岛关系的历史，参见张小明：《美国与东亚关系导论》，北京大学出版社2011年版；Martin Hart-Landsberg，Korea：Division，Reunification，and US Foreign Policy，New York：Monthly Review Press，1988，pp. 30－31。

② 世界知识出版社编辑：《国际条约集（1934—1944）》，世界知识出版社1961年版，第407页。

③ 李元烨：《中美两国的朝鲜半岛政策演进历程研究——从对抗走向协调（1945—2000）》，香港社会科学出版社有限公司2003年版，第18页。

苏联两个超级大国也就成为了影响朝鲜半岛局势发展的主要国家。[①]冷战开始后，美苏两个超级大国以朝鲜半岛为利益角逐的场所，分别在朝鲜半岛南北双方成立了大韩民国和朝鲜民主主义人民共和国，从而使朝鲜半岛的政治分裂状态成为现实。在朝鲜半岛北南双方政权成立后，苏联和美国的军队相继于 1948 年 12 月和 1949 年 6 月全部撤出了朝鲜半岛，但这两个超级大国的影响力在这一地区始终存在。朝鲜半岛政治分裂的局面，反映了东西方尤其是美苏之间在东北亚地区的力量对峙，这也是朝鲜战争爆发的基本背景。[②]

朝鲜南北双方的分裂局面并没有阻止住双方领导人试图统一朝鲜半岛的努力，最终于 1950 年 6 月 25 日爆发了朝鲜战争。美国出兵朝鲜以及随后中国人民志愿军入朝参战，特别是苏联以秘密的方式对中国出兵朝鲜予以支持，使这场战争具有浓厚的意识形态色彩，实际上成为了东西方两大阵营间的对抗。这场战争持续了三年之久，以交战双方惨重的伤亡为代价而告终。但它所造成的政治后果就是朝鲜半岛的政治分裂局面被固化下来，同时对美国与东亚的关系产生了巨大而深远的影响。[③] 它进一步强化了美国在东亚地区的同盟体系的构建，除了下文将要介绍分析的美韩联盟外，美日、美菲、美泰以及美台之间的联盟关系都因此而得到巩固和强化。

（二）韩国战略地位的变化与美韩结盟

朝鲜战争成为了美韩关系转折的一个标志性事件。此前，美国军方曾经把韩国列入到了西太平洋的军事防御圈之外，但这场战争改变了美国原有的计划。在美国方面看来，如果听任韩国沦丧，共

① 张小明：《美国与东亚关系导论》，北京大学出版社 2011 年版，第 127 页。
② 张小明：《冷战及其遗产》，上海人民出版社 1998 年版，第 63 页。
③ 张小明：《美国与东亚关系导论》，北京大学出版社 2011 年版，第 127 页。

产党的领袖们就会越发狂妄地对更靠近美国海岸的国家进行“侵略”。如果他们在韩国获得成功，那就会置日本于容易受到红军和飞机攻击的距离之内，而冲绳岛和中国台湾地区就会腹背受敌。① 这无疑是对美国极大的威胁，除了会在意识形态上对美国形成直接挑战，而且也会阻止美国经济进入东亚地区。美国在这样的信念支持下，在朝鲜战争爆发后第一时间给予韩国相应的军事援助，同时也增强了韩国对美国军事力量的依赖。特别是停战协定签署后美朝关系继续恶化，美国军队不但没有从韩国撤走，反而继续留驻韩国。也正是由于朝鲜战争的原因，韩国在美国全球战略中的地位陡然上升，也促成了美韩军事关系的显著变化。

同时，朝鲜战争并没有使北南双方分别实现统一朝鲜半岛的计划，反而使这种分裂和仇恨进一步延续。韩国方面为了遏制朝鲜的任何进攻，保护其领土安全，必须要借助美国人的力量才能得以实现。因此韩国领导人李承晚巧妙地利用了美国人的反共心态，成功地将美国留在了朝鲜半岛，促成了美韩联盟的建立。此外，一旦美韩之间确立结盟关系，来自美国的经济和军事援助也会源源不断进入韩国，这对于实现战后韩国的重建，维护国内社会的稳定都是必不可少的，因此韩国也甘愿牺牲部分主权，与美国结成联盟。

在这样观念的推动下，美韩于 1953 年 10 月 1 日签订了《共同防御条约》，并于 1954 年 11 月 17 日正式生效。该条约第二条规定，每一缔约国受武力攻击而威胁到安全时，另一缔约国应采取自助或相互援助的方式防止武力攻击。第三条规定，每一缔约国承认对在西太平洋区域内任一缔约国领土的武装攻击，而危及其本身的和平与安全时，该国应依照宪法程序采取行动，以应付这一共同危机。

---

① 哈里·杜鲁门著，李石译：《杜鲁门回忆录》（第二卷），世界知识出版社 1965 年版，第 388—393 页。

第四条规定，大韩民国给予美利坚合众国在双方共同商定的大韩民国领土以内及其周边部署美国陆、空、海军部队的权利，同时美利坚合众国接受这项权利。[①] 这实际上是规定了美国有权在韩国驻扎军队。从美韩联盟条约的内容可以看出，美国自20世纪40年代末开始的战略概念已经发生了重大变化，也就是韩国地区发生战争的性质不只是有限战争，而是一种全面战争，必须视同全面战争加以处理。从另一方面看，美韩联盟的政治意义也十分明显，它成为美国对亚洲地区军事控制的重要表现。由于冷战的历史特征，它也成为美国在亚洲地区推行其遏制政策的工具，这也就意味着遏制政策从欧洲向欧亚边缘地带延伸。[②]

同时，由于在美韩联盟建立后，朝鲜与苏联、中国也分别签订了《苏朝友好合作互助条约》和《中朝友好合作互助条约》，这些条约都规定了缔约国中的任何一方如果遭到其他国家或国家联盟的武装进攻，另一国将自动提供军事和经济援助。加上此前中苏之间签订的《中苏友好互助同盟条约》，在东北亚地区形成了以美国和苏联为首，各自建立的联盟体系对立的局面，从而形成了冷战期间东北亚地区的冷战体系。美韩联盟作为这一体系中的重要组成部分，发挥着重要作用。由于直接面对着来自中国、朝鲜和苏联三国的压力，美韩联盟的战略地位极其重要，它不仅是韩国独立生存的保障，而且还为日本提供了一定的安全屏障。此外，美韩联盟也为美国的全球霸权战略提供支持。在越南战争期间，美国由于自身兵力吃紧，要求韩国出兵帮助作战。从1965年开始，先后有5万多名韩国军人进入越南作战，并付出了巨大的伤亡代价。[③]

---

① 《国际条约集》(1953—1955年)，世界知识出版社1960年版，第632页。

② 王帆:《美国的亚太联盟》，世界知识出版社2007年版，第11页。

③ 王缉思、倪峰、余万里主编:《美国在东亚的作用：观点、政策及影像》，时事出版社2008年版，第96页。

可以说，美韩联盟同美日联盟一样，都是美国企图构建的亚太安全体系的轴心的一部分。从它建立之初一直到20世纪60年代中期，美国一直视韩国为西方世界冷战的前哨阵地，美韩联盟也作为冷战的特殊手段，受到美韩双方决策者的高度重视。这个联盟的价值对韩国而言毋庸置疑地重要；而就美国而言，它也甘愿有所付出，巩固这个联盟，从而实现自己的战略目标。因此，美国人甘愿承担韩国的防务，以加强韩国的安全；维持对韩国的经济援助，直到其可以自立为止；支持韩国建立民主政权，同时在维护国家独立、自由与民主的基础上，积极追求韩国的统一。① 也正是在这样的观念指引下，美韩之间的军事和经济关系才有了进一步的发展和改善。

总体而言，美韩联盟在冷战期间发挥了自己的功能。从实践来看，朝鲜战争结束后，朝鲜半岛保持了基本稳定，在冷战体系的支撑下，东北亚地区也保持了基本稳定。这种基本稳定的国际环境，对这一地区各国经济的恢复与发展起到了一定的作用。因此，美韩两国在联盟体系下的合作是全方位的，韩国在战后之所以能够实现经济的复兴，进而成为亚洲“四小龙”，与美国的支持和帮助是绝对分不开的。这也正是本书在随后章节中将要重点分析的内容。

二、美韩联盟与美国对韩援助政策

在冷战的背景下，广大第三世界地区成为美苏两国争夺的重点。为了持久维持美国在这一地区的影响力，从而达到与苏联持续抗衡的目的，美国通过援助的方式来抵消苏联模式对第三世界的吸引力。

① Samuel D. Berger, “Telegram From the Embassy in Korea to the Department of States”, Seoul, October 16, 1961, FRUS, 1961 - 1963, Vol. XXII, Northeast Asia, p. 235.

所以它将 80% 的对外援助投入到共产主义世界的周边地区。通过这种方式，美国力图在这些地区实现它所期望的政治经济稳定。由于特殊的地缘战略环境，韩国获得了美国的青睐，成为美国在亚洲所选定的，对其他独立国家具有示范作用的援助对象国。因此，早在美韩联盟建立之前，甚至可以追溯至韩国独立建国时，美国便对韩国展开了援助，以与苏联援助下的朝鲜展开竞争。而美韩联盟的建立，更为美国与韩国建立广泛的经济联系提供了有效的制度框架。

（一）救助性援助与韩国经济的稳定

日本投降后，原本由日本人控制的韩国政治经济局势迅速陷于一片混乱之中。美国占领当局为了稳定局势，防止出现大范围的饥荒和社会动乱，紧急向韩国提供了救助性援助。这笔援助款项与二战后美国对德国、日本占领区的救助性政府拨款同属一个类别。从二战结束一直到 1949 年美军撤出韩国，美国向韩国提供的救助性援助大约有 5 亿美元。其中，以食品、服装及农业用品为主的基本消费必需品占到了将近 70%。这些物资如同雪中送炭，有效地遏制了韩国境内的通货膨胀，稳定了战后的经济形势。

但是囿于日据时期日本殖民当局在朝鲜半岛的经济布局，工业基础设施因朝鲜半岛北部地区富含矿产资源而得以在当地发展，南方则以农业生产为主。但由于战后的南北分治，加之意识形态的影响，南北双方的经济差距不断加大，而且经济往来被人为地中断。南方生产发展所需要的电力供应被北方所控制，这一切使美国人意识到必须使韩国摆脱这种困境才能进一步抵御住来自北方咄咄逼人的政治宣传攻势以及社会制度的吸引力。因此，美国开始考虑向韩国提供经济援助，促进韩国社会经济的复兴与发展。

随着美国对大韩民国政府的承认，美国也将对韩国的救助性援助转向经济复兴援助，通过这一措施帮助韩国人民建立起对于独立的民主国家来说至关重要的、健全的经济和教育体系。对韩国援助的主管机构也由军方转为美国经济合作署（Economic Cooperation Administration，ECA）。美国经济合作署出于平衡韩国国际收支、减少韩国对美国援助的依赖的考虑，拟定了一项为期三年、大约3.5亿美元的援助计划。1950年6月7日，美国总统杜鲁门针对对韩援助计划向国会提出咨文，陈述了当时韩国的严峻形势。他认为，“光有救济并不能使韩国实现自立。一旦美国中止援助，韩国经济就会不可避免地崩溃。所以，援助不应仅仅为了救济而应寻求经济复苏。在西欧的广泛而成功的经验应该由经济合作署在韩国继续推行。”① 因此，在西欧成功的援助经验同样可以适用于韩国，并将产生积极的影响。而韩国经济的复苏也能发展韩国的基础设施，确保韩国经济的自立，通过这种形式能够逐步减少韩国对美国经济援助的依赖。这也正是美国对韩国援助的基本逻辑。

美国当时决策的出发点也并不完全是出于经济上的考虑，更为重要的是出于同苏联竞争的需要。“将韩国建设成为民主的试验田，在这个国家已经付诸实施的民主理念和原则与强加在朝鲜人民身上的共产主义展开竞赛。韩国走向自立的、稳定的民族经济将对亚洲人民产生巨大的、不可限量的影响。这个新的共和国所取得的进步将激励南亚、东南亚和太平洋岛国的人民反抗和抵制包围着他们的共产主义宣传，将在东亚人民反抗并战胜共产主义力量的控制方面树立一座灯塔。”②

但是，当杜鲁门政府提出这项援助计划时，美国也面临着蒋介

① Ministry of Foreign Affairs, Republic of Korea, Documents on the Korea-United States Relations, 1943 - 1965, 1965, p. 34.

② Ministry of Foreign Affairs, Republic of Korea, Documents on the Korea-United States Relations, 1943 - 1965, 1965, pp. 32 - 35.

石政权败退台湾的局面。国会内部针对究竟是援韩还是援蒋展开了争论，援助韩国的计划在美国国会经历了不断的讨价还价和断断续续的争论。虽然最后美国提供给韩国的援助款项是1.4亿美元，略低于当时杜鲁门提出的数字，但因为不能保持拨款的连续性，对韩国经济的稳定和发展造成了一定的负面影响。

但不可否认的是，在朝鲜战争爆发前，由于大量美援的引入，加上当时并不需要支撑强大的军事力量，韩国经济在朝鲜战争爆发前得到一定程度的恢复。但韩国仍然在非经济方面耗费了大量的美援。在1949—1950财政年度的前几个月里，韩国政府的财政赤字就已经超过了全年的预算，主要支出集中在国防部和内务部，这主要是李承晚政权为了扩充军队，同时建立一支庞大的警察队伍以维持国内稳定而耗费的开支。由于政府公共开支巨大，韩国的通货膨胀率也在逐年增加。① 这种状况一直持续到朝鲜战争爆发。

（二）美韩联盟与韩国经济的重建

朝鲜战争的爆发使正在逐步恢复的韩国经济遭到严重破坏。韩国仅非战斗人员就损失了约120万人，另有约1/4的固定资产被损毁。以战争的第一年为例，据统计，截至1951年8月，仅金属、机械、化学、纤维、制窑业、食品和印刷七个工业部门的损失就已达到近1.15亿美元，破坏率为60%。1951年，韩国的国民生产总值比1949年下降了19.5%。其中，农业下降了22.7%，工业下降了45.2%，商业和服务业下降了8.5%。② 因此，在朝鲜战争边打边谈的相持阶段，美国为了确保这个早已不堪一击的国家能够不致陷于

---

① 董向荣：《韩国起飞的外部动力：美国对韩国发展的影响（1945—1965）》，社科文献出版社2005年版，第96—97页。

② 郑仁甲、蒋时宗：《南朝鲜经贸手册》，中信出版社1991年版，第21页。

崩溃，积极谋划战后对韩国的经济援助和军事援助。

1953 年 4 月 9 日，根据美国国家安全委员会的建议，美国总统艾森豪威尔任命亨利·塔斯卡（Henry J. Tasca）为朝鲜经济事务总统特别代表，要求他率领代表团赴韩国考察，就如何在符合美国和联合国安全利益的前提下加强韩国经济提出政策建议。在经过六周的实地考察后，塔斯卡向艾森豪威尔递交了名为《加强韩国经济》的报告书，史称“塔斯卡报告”。这份报告认为，战争造成韩国经济的持续恶化会导致其防务能力的下降以及内部颠覆危险的上升。而它的结果会对韩国人乃至其他盟国盟友的信心造成打击，进而威胁美国的国际领导地位和国家安全。因此，美国应当给予韩国经济援助，促进该国经济的发展。其目标是“为韩军和联合国军的军事行动提供最大的经济支持；保证韩国人民的生活水平，防止饥饿、疾病、动荡以及颠覆的发生；尽早使韩国实现最大限度的自卫和自立”。[①] 为此，塔斯卡提出了一项总额为 10.69 亿美元、涉及三个财政年度的援助计划。其中，1954 财政年度为 4.46 亿美元，1955 财政年度为 3.48 亿美元，1956 财政年度为 2.75 亿美元。通过这样的援助保证为韩国约 20 个师的地面部队提供必要的经济基础。由此可见，塔斯卡的报告将军事支持、财政救济和经济重建等目标整合在一起，但从本质上而言，这项计划是通过韩国的经济增长来促进军队建设，因此安全目标是它最根本目的之所在。这样的理念也反映在战后美国利用联盟体系对韩国进行的援助政策上。因此，在朝鲜战争结束后不久，美韩签订联盟条约的同时，双方也签署了一份对韩经济援助和军事援助的备忘录。在这份备忘录中，美国承诺在 1955 财政年度给予韩国 7 亿美元的军事和经济援助，同时将韩国军

---

① “Excerpt of Tasca Mission Report on Strengthening the Korean Economy”, June 15, 1953, in FRUS, 1952 -1954, Vol. 15, Korea, pp. 1248 -1250.

队扩充至72万人。

然而，美国的援助方案并没有获得韩国政府的完全同意。双方在宏观经济政策上产生了严重的分歧（参见表6.1），这些分歧也引发了美韩双方在具体经济政策方面的争端。

表6.1 美韩双方在宏观经济政策上的分歧

	发展战略问题	经济稳定与发展	轻重工业比例	资金来源
美国	出口导向战略	出于经济稳定的考虑，韩国在财政状况恢复稳定前，一切长期最佳预算都应该停止	韩国应发挥比较优势，优先发展劳动力密集型的轻工业	鼓励韩国将国内税收和储蓄作为主要资金来源，从而使韩国逐渐减少对美元的依赖
韩国	进口替代战略	以赤字财政和银行超额度信贷为支撑的投资政策，从而将更多资源投入到新建基础设施和工业项目上	优先发展资本密集型重工业，迅速提高军事进攻能力，从而实现“北进统一”	片面追求通过高估币值等手段实现外援最大化，忽视税收、储蓄以及扩大出口等内部资金积累方式

资料来源：梁志：《冷战与“民族国家构建”——韩国政治经济发展中的美国因素（1945—1987）》，社会科学文献出版社2011年版，第251—254页。

宏观经济政策上的分歧必然引发美韩在具体经济政策方面的争端。美国与韩国在汇率问题、控制通货膨胀问题、经济计划与所有制问题等领域都产生了严重的分歧。尽管如此，美国对韩国的经济援助仍然大体实现了它的既定目标。究其原因，就在于李承晚政权对于美国推行其冷战战略具有重要的示范意义。通过对韩援助，可以向全世界显示美国及其盟友的人道主义精神，加深美韩两国人民的友谊，缓解战后通常会产生的对占领军的厌烦情绪；同时能够改善韩国人民的健康状况和生活水平，确保该地区成为真正的“自由堡垒”，而非“共产党独裁统治下无助的奴隶”。[①] 在安全目标的推动下，美韩联盟体系中经济补偿性支付发挥了相应的功能，尽管双方在经济政策上有着很大的分歧，而且美国也深知李承晚政权内部的腐败和低效，但美国仍不断地向韩国提供经济援助，目的就是为了确保韩国能够尽快完成战后重建的任务，从而保证联盟体系的牢固和稳定。

因此，到1957年财政年度，美国在国际合作署计划中向韩国提供的援助总额已超过10亿美元。如果将美国陆军部提供的防务支持类援助和非军事援助也算在内的话，到1956年底，美国对韩国的援助就已经达到了10亿美元。在对1956年韩国经济发展状况的评估中，美国驻韩使馆宣称，当年韩国在控制通货膨胀、缩小外贸逆差以及提高农业产量等方面没有取得明显进步。制造业和矿业发展较快，二者产量均已超过朝鲜战争以前的水平。总的来说，在这一年里美国完成了对韩国经济的救济和重建工作。换句话说，1956年韩国的生产和消费总体上均已达到或超过1949—1950年的水平。到1957年，除住房一项外，美国彻底完成了重建韩国的任务。[②]

具体来看，在李承晚政权时期，特别是1954—1956年，韩国国民生产总值的年均增长率接近3.8%。其中农业增长速度最慢，服务业居中，工业最快。但是，总体来看，韩国在整个20世纪50年代经济发展是缓慢的。作为战争破坏后的恢复性经济增长，应该有较高的速度。但是我们发现，韩国在李承晚统治时期，其国民生产总值年均增长率仅为4.3%，而同一时期美国的其他亚太盟友的情况分别为：中国台湾7.0%、泰国5.1%、菲律宾5.4%。同时由于韩国

---

① “Draft Memorandum by the President to the Secretary of State, the Secretary of Defense and the Mutual Security Administrator,” July 31, 1953, in FRUS, 1952 - 1954, Vol. 15, Korea, p. 1458.

② 梁志：《冷战与“民族国家构建”——韩国政治经济发展中的美国因素（1945—1987）》，社会科学文献出版社2011年版，第269页。

在这一时期的人口增长率是4%，其人均产值年增长率仅为0.7%。到1960年时，韩国的人均产值为83美元，甚至距离日本统治时期的最好水平还有一定的距离。因此我们从另一个层面来看，韩国经济的重建是不甚成功的。但这并不是美国的联盟体系及援助出了问题，根源在于韩国自身，特别的李承晚政权的错误政策所致。

成立于1948年的李承晚政权，实质上是一个专制政权。而李承晚本人又是一名狂热的民族主义者。即使在朝鲜战争结束后，“北伐”并统一朝鲜仍然是他的一个梦想。他也正是利用这一点来不断蛊惑民众，转移社会内部的矛盾，巩固自身的统治。美国为其规划了一系列经济发展方案，如发展轻工业、开发出口品市场、抑制通货膨胀、实现日韩关系正常化、让韩国融入世界市场等等。但是李承晚为了“北伐”而提出大力发展重工业，观念的闭关自守以及极端的仇日情绪，使得他与美国的发展计划时常发生矛盾，甚至为其暗中设置障碍。这一切都导致了韩国经济的恢复与发展虽然有美国的巨额援助，但仍然举步维艰，发展缓慢。

表6.2 李承晚政权时期韩国经济增长状况 （单位：百分比）

年份	国民生产总值	农业	工业	服务业
1954	5.5	7.6	11.2	2.5
1955	5.4	2.6	21.6	5.7
1956	0.4	-5.9	16.2	4.0
1957	7.7	9.1	9.7	5.8
1958	5.2	6.2	8.2	3.5
1959	3.9	-1.2	9.7	7.5
1960	1.9	-1.3	10.4	2.8
年均增长率	4.3	2.4	12.4	4.5

资料来源：Bank of Korea，Economic Statistics Yearbook，Seoul：Bank of Korea，1973，pp. 298－299。转引自梁志《冷战与“民族国家构建”——韩国政治经济发展中的美国因素（1945—1987）》，社会科学文献出版社2011年版，第270页。

三、美韩联盟与韩国经济起飞

美国在李承晚政府时期给予韩国大量的经济援助，但这并没有促进韩国经济的进一步恢复与发展，大量的物资被各级官员和自由党人士中饱私囊，使得韩国国内权钱交易盛行，政治异常腐败。1955年，驻韩联合国军司令部、经济协调小组成员以及驻韩使馆官员联合起草了一份韩国经济评估报告，该报告对韩国经济和国内政治局势做出了如下评价：

> ……虽然在我们的努力下，韩国经济正在取得某些进步，但其根本就没有进入经济发展的轨道。韩国的财政和信贷政策始终不完善。而且，为了达到某种政治目的，它还愚蠢地对外贸、国内商业和外部投资加以控制。结果是：通货膨胀无法遏止，积极性受到压抑，正常的物价关系遭到破坏，资本无法积累，整个生产过程陷入瘫痪，以致大量的美援几乎没有促成任何真正的经济进步。
>
> 除非韩国人的心态和规范韩国经济运行的法律框架发生明显改变，否则再大规模的援助也不能使韩国在几十年内获得生存能力……

这种状况不断蔓延，最终在韩国社会内部引发了持续的社会动荡，李承晚政府难以拿出有效的方案来做出积极应对，反而加大了对反对派和异议人士的压制。美国对于韩国政治局势的恶化异常关注，多次向韩国政府提出警告，但也没有产生实质效果。在这种情况下，美国对李承晚政权逐渐失去了兴趣和耐心，出于战略的考虑，美国认为如果继续支持这个腐败政权，会招致韩国民众的反对，甚至引发韩国国内的反美浪潮，那样对于美韩联盟乃至整个远东地区的冷战格局都会产生难以估量的后果。在1960年韩国国内反对李承晚的“四一九运动”中，美国放弃了对李承晚政权的支持，不允许军队向示威群众开枪，这最终导致了李承晚的下台并流亡海外。

李承晚下台后，美国希望韩国能够出现一个强有力的、稳定的政府，能够更好地发展自立的经济，从而能够逐步减少对美国军事和经济援助的依赖。而这就需要韩国有一个强有力的政府。但是当时韩国由张勉领导的民主党政府在政治上试图在韩国建立多元的民主政治，把原来的总统制改为内阁制，并设立地方议会，放弃了集权官僚制的政治架构。但由于此前韩国社会长期处在中央集权制的控制之下，社会内部缺乏自主和自治的社会团体，而且社会本身也缺乏自治的传统，官僚体系牢固地控制着社会的各个领域。当这个集权政治框架被放弃后，原有的权力平衡被打破，社会自然也处于一种失控的状态。同时，李承晚时期是西方文化与韩国文化强烈冲撞的时期，经济领域、社会领域以及价值观方面的分化，尚且没有得到有机的整合；积聚的社会不满和矛盾一时难以解决，也加剧了社会动乱，致使张勉政府难以应对。学生示威游行不断，甚至向往与北方统一后建立一个新制度，并组织串联在板门店与北方的大学生举行10万人的“大会师”。韩国社会处于一种濒临崩溃的局势之中。[①] 这一切都为朴正熙政变提供了机会。

（一）朴正熙政权与“发展型国家”的建立

1961年5月16日凌晨，少将朴正熙等军官率领空运战斗团一个

---

① 梁志明主编：《东亚的历史巨变与重新崛起——东亚现代化进程研究》，香港社会科学出版社有限公司2004年11月版，第455—456页。

排占领了韩国中央广播电台，向全国发布了“革命宣言”，宣布军事当局已掌握了国家的一切权力，成立“军事革命委员会”，对全国实行管制。这就是韩国现代史上著名的“五一六军事政变”，[①] 韩国进入了军人政权时期。军事集团在政变后的6天内共逮捕了2104人，包括内阁总理张勉；几周内逮捕了13300人；到夏季之末，共逮捕和开除文职人员17000人以及腐败军官2000人。[②]

在美国控制下的韩国发生的这场政变虽然不是由美国直接策动，但与其有着很大的关系。自朝鲜半岛光复后，美国对韩国的影响巨大。韩军在组织、训练以及装备方面全部仰赖美国的支持和帮助。朝鲜战争爆发后，美韩军事后勤系统合并，美国对韩国的军事援助始终居高不下。美援对韩国军队产生了两方面的影响：一方面，培养了大批机械、建筑、物理、化学、气象和翻译等领域的专门技术人员和行政管理人员；另一方面，在当时韩国人均年收入不足100美元的环境下，军人由于美国军援的保障在韩国是稳固的职业，军人的社会地位因此也不断提高，加之军队中身份职位的流动性相对较大，使得大批有才华的青年能够不断参加军队，军队也成为精英聚集之地。但在朝鲜战争结束后，一批在战争中成长起来的年轻中下级军官丧失了快速升迁的机会。他们对高级军官的腐败日益不满，对文官政府的无能深恶痛绝，对国家经济的停滞不前也忧心忡忡。由于他们中很多人受过美国的军事教育与培训，逐渐掌握了先进的科学技术与管理经验，主张“发展”和“秩序”优先，崇尚节俭和清廉。[③] 这一切促使以朴正熙为代表的一批中下级军官最终汇聚成为

① 曹中屏、张琏瑰：《当代韩国史（1945—2000）》，南开大学出版社2005年版，第220页。

② The Secretariat, Supreme Council for National Reconstruction, Military Revolution in South Korea, Seoul, 1961, p. 81.

③ 赵虎吉：《揭开韩国神秘的面纱——现代化与权威主义：韩国现代政治发展研究》，民族出版社2003年版，第75—92页。

了一股强大的改革力量。[1]

朴正熙上台后，对原有的韩国政府行政体制进行了一系列改革，从而确立了韩国新的政治发展模式，这种模式也为后来韩国经济的起飞提供了制度保障。具体来看，朴正熙政权主要从以下三个方面入手，改革原来韩国的政治行政体制。第一，以资产阶级专制取代了集权官僚政治。这也就是我们常说的“威权政治”。通常认为，在西欧各国和日本的现代化过程中都曾经有一个资产阶级转制时期。一个政体是资产阶级专制政体还是传统专制政体，不是按照统治集团的组成成分，而是根据它的主导政策是否顺应资本主义发展的趋势。资产阶级专制阶段的意义是，确立现代私有财产制度、保护本国资产阶级、抵御外国资产阶级，以政治上的专制来保护经济上的自由，从而为政治民主化奠定经济、社会的基础。[2] 韩国作为一个儒教传统深厚的国家，资本主义的发展不是自发的，而是人为的过程。资产阶级专制的确立为资本主义发展克服了国内政治文化上的障碍，使政治发展由代表官僚利益转变为代表资产阶级企业家的利益，在这样的体制下，经济发展有了一个大的空间。第二，推进科学化的国家管理体制。朴正熙政变后，大批军人进入政府机构，这改变了国家原有的行政管理体制。这批军事精英受到美国文化的熏陶，讲求实用主义，同时强调管理、纪律、重视知识和科学，用理性的标准来衡量事物。他们在构筑国家公务员队伍时强调的不再是资历，而是知识、学历和能力。这种用人取向的转变最终改变了行政队伍的成分，使得公务员队伍日趋年轻化、知识化，拥有极强的创造性和适应性，这也就克服了原有的儒家文化影响下的“官”的概念对

---

① 梁志：《冷战与“民族国家构建”——韩国政治经济发展中的美国因素（1945—1987）》，社会科学文献出版社 2011 年版，第 404—405 页。

② 梁志明主编：《东亚的历史巨变与重新崛起——东亚现代化进程研究》，香港社会科学出版社有限公司 2004 年 11 月版，第 457 页。

行政队伍的影响和桎梏。同时，军政权强调机构的专业化、职业化分工，使公务员队伍更能适应现代管理的要求。政府为了经济发展，还专门设立了经济企划院、开发研究院以及产业研究院，负责制定国家的经济政策和经济发展计划，并为国家提供决策咨询。这使得韩国的行政管理队伍充分体现了专家治国的特点。第三，促进行政机构的廉洁与高效。朴正熙政权意识到李承晚政权从中央到地方的官场腐败对社会创新能力的压抑，对政府行政能力的干扰，社会重“关系”而不重规则。尽管韩国政体披着民主制的外衣，但官商勾结乃至官商融为一体的制度仍然存在，经济系统不能从政治权力的控制中分化出来，必然导致经济发展前途渺茫。因此新的政权从一开始就坚决打击行政领域的腐败行为，努力树立廉洁的官场风气。只有这样，在韩国这种政府主导型的市场经济中，才能够避免政府官员利用对经济活动的干预寻找权力寻租的机会。

通过上述三方面的措施，韩国实现了民族国家现代化进程中所必须要面对的政治发展进程，这种制度框架为韩国经济的起飞提供了保障，而美国联盟体系更是从外部为“汉江奇迹”的出现提供了动力。

（二）美韩联盟与“汉江奇迹”

早在张勉内阁执政时，美国驻韩援助使团的部分官员就已经发现了这个政权已无可救药，他们发给华盛顿的报告认为韩国发生政变是迟早的事情，这一点果然被其所言中。随着朴正熙发动“五一六政变”，美国决策层也开始重新审查对韩国的政策。政变之后不到一个月，美国国家安全委员会就发布了第 2430 号行动指令，该文件提出了新的对韩方针，那就是在保持韩国对共产党国家威慑能力的前提下优先促进韩国的政治和经济发展，将韩国按照美国的意愿推行经济和政治改革作为获得美援的前提。此后，美国国务院制定了名为“对韩国政策和行为指针”的政策文件，该文件成为了美国对韩政策实施的主要依据。这份文件意识到了韩国经济发展对美韩联盟巩固的重要作用，它指出：

> 要想让韩国一直作为美国的资产而存在，那么它必须取得明显的经济和社会进步，以更好地满足韩国人民对于个人和国家安全、人权和尊严以及更好的物质生活乃至最终实现半岛统一的渴望。为此，自由世界尤其是美国必须向韩国提供加速经济发展、保持适当的消费水平和支撑军事建设所需的大量援助。我们必须促使韩国领导人有效地满足人民物质和非物质方面的需求并努力获得自立。我们必须帮助这些领导人尽力用他们自己的方法解决以上困难。

在美国人看来，韩国对日本和西太平洋的安全有重要意义，因此美国应该保证韩国成为一个民主的非共产党独立国家并推动其持续发展。美国必须发挥美韩联盟中联盟经济的作用，通过安全与经济事务的关联性，推动韩国经济的发展，进而维护自身在远东的利益。

朴正熙政权刚上台时，韩国经济萧条，绝大多数韩国人生活在贫困之中。为了维护政权的合法性，朴正熙政府提出了“经济发展第一”的施政方针。这一方针强调国家引导经济的发展，其实质就是国家推动的资本主义。具体表现就是在市场力量虚弱的情况下，政府以各种措施促进私营企业的成长，高速的经济增长由工业品的出口生产所带动和维持，政府对发展目标的追求和企业家对利润的追求，被一套有效的政策工具紧密地结合起来，从而爆发出强大的动力，使经济在一种超越实际生产力的情况下运行并取得超常的发展速度。

在这样的方针指导下，朴正熙政府于 1962 年 1 月公布了第一个五年经济发展计划。其总体发展思路就是内向的进口替代战略，通过国家干预，依据长期的经济发展计划，优先发展资本密集型的基础中间原材料工业，重点扶植大型私有企业，以负债财政推动经济高速增长。① 这个计划的目的就是为了克服工业基础薄弱和内部市场狭小的困难。按照最初的计划内容，第一产业增长率为 5.6%，第二产业为 15%，第三产业为 5.4%。但由于当时韩国自身的基础和条件都非常差，因此很多人都质疑这一计划的可行性，甚至认为它只是一个简单的空想。

美国对这一计划中推动私有企业发展的内容极为赞赏，同时对政府对经济的广泛干预也能勉强接受。但对其他方面的内容，美国提出了自己的主张，那就是韩国应当在保持稳定的前提下充分动员国内资金，重点推行外向型发展战略，发展具有出口能力的劳动密集型工业，这与韩国政府的进口替代战略是大相径庭的。美韩之间在经济发展方式上的分歧由此产生。

同时为了获得普通民众的支持，朴正熙政权推行民粹主义方针，加大政府开支，由政府代为偿还农民和渔民的高利贷债务，以津贴形式维持粮食的持续高价等等。这一切必然导致政府财政赤字的增加，由于货币发行量的加大，韩国很快便出现了严重的通货膨胀现象。加之 1961 年和 1962 年的粮食歉收，韩国不得不在美国援助逐渐减少的情况下大批进口粮食、原材料以及工业设备，这使得韩国国内物价飞涨，外汇储备不断下降。

美国担心韩国经济形势的恶化会对社会稳定带来进一步的冲击，

---

① 陈龙山、张玉山、贲贵春：《韩国经济发展论》，社会科学文献出版社 1997 年版，第 337 页。

因此要求韩国政府推行经济稳定计划，并以此为前提决定是否向韩国发放剩余的援助。美国的压力和现实的经济困难促使韩国制定了经济稳定计划，具体措施包括控制通货膨胀，最大限度地提高生产能力，限制不必要的进口，保持外汇储备，确定财政开支、信贷和货币发行的最高限额以及外汇储备的最低限额。同时，韩国开始修改原有的“一五计划”，将年均经济增长率由7.1%降为5%。各生产部门对指标也相应做了调整。经过此番调整，韩国的经济发展取得了惊人成效，工矿业年均增长率实际达到了15%，农林水产为5.3%，电力、交通及公用事业为8.1%，国内生产总值年平均增长率达到7.9%。由于韩国经济日趋稳定，美国政府决定支持韩国的长期经济发展，承诺提供1.5亿美元的开发贷款。

1964年夏天，美国国际开发署和韩国经济企划院都进行了人员调整，这标志着美国由优先关注经济稳定转向主要强调发展出口，美韩经济关系逐渐走向和谐。新上任的美国驻韩援助使团官员主张低汇率、低贷款利息和高存款利率，认为由此引起的通货膨胀可以通过充分利用新资源而部分抵消。朴正熙政府据此采取了一系列刺激出口的举措：1964年5月3日，将韩元相对美元的币值由130∶1调整至256∶1；1965年3月，实行浮动汇率制，以保持韩元的真实币值；1965年9月，在美国的支持下要求国会同意将利率最高限额提高一倍；1964年5月，工商部着手起草详细的促进出口计划；1965年3月，美韩建立了由美国国际开发署官员以及韩国政府各部和私人部门代表组成的联合发展出口委员会，专门负责促进韩国的出口。1964—1965年，朴正熙政府采取了一系列促进出口的措施，包括出口所得税收减半，出口贷款利率优惠，用于制造出口产品的原材料进口补贴制度，提高商品的最低出口要求，支持企业海外市场开发活动。在1964年末，韩国开始着手制订第二个五年经济发展计划（1967—1971年）时，美国对韩国施加了极大的影响，将美国的偏好和想法写进了这部计划，使得这部计划更多地反映的是美方的思想而非韩方的要求。[①]“二五计划”的问世标志着韩国出口导向型战略的正式确立。此后，美国积极推动韩国发展出口，同时也继续以资金援助为杠杆来监督韩国严格执行经济稳定计划，美国实际上发挥着韩国经济发展的“缓冲器”和“方向盘”的作用。

美国也为韩国经济发展提供了其他多方面的援助。1957 年，美国对韩国经济援助达到了顶峰，总数为 3.83 亿美元。随后，援助额开始下降，1960 年为 2.452 亿美元，1961 年为 1.928 亿美元，1965 年进一步降为 1.769 亿美元。1966—1972 年间，年经援量基本稳定在 1.7 亿至 2.4 亿美元之间。在援助形式上，20 世纪 60 年代上半期仍以赠予为主，到 1965 年以后，则由无偿援助转向长期贷款。1972 年以后，赠予援助完全停止，贷款达到近 2.6 亿美元。[②] 作为对韩援助的新形式，市场准入开始发挥越来越大的作用。1960—1965 年，对美出口占韩国出口总额的比例由 11.1% 上升至 35.2%，1967 年达到 42.9%，1971 年约占 50% 左右。美国也是韩国技术引进的主要来源之一。当 1965 年朴正熙访问美国时，美国决定援助韩国筹建科学技术研究所。第二年，韩国科学技术研究所成立，美国为其投资 676.6 万美元，负责提供设备、器材与技术援助。[③]

通过美国的援助，韩国加大了在电力、交通等基础设施领域的投资，这为恢复基本的工业生产力提供了可能，更为韩国经济的进一步发展创造了良好的发展环境。一大批私营企业，特别是建筑业、

---

① 如遵循竞争性市场经济的原则以及要求提高农业和制造业产量但增幅目标相对保守等。

② Kim Hyun-Dong, Korea and the United States: The Evolving Transpacific Alliance in the 1960s, Seoul: Seoul Computer Press, 1990, p. 208；梁志：《冷战与“民族国家构建”——韩国政治经济发展中的美国因素（1945—1987）》，社会科学文献出版社 2011 年版，第 422—424 页。

③ 李庆臻、金吉龙：《韩国现代化研究》，济南出版社 1995 年版，第 252—253 页；梁志：《冷战与“民族国家构建”——韩国政治经济发展中的美国因素（1945—1987）》，社会科学文献出版社 2011 年版，第 425 页。

交通运输业以及以美国的援助物资为原料的加工业，借助美国的援助迅速发展起来，其中有不少企业成长为财阀，包括三星、乐喜等企业就是在这一时期逐渐成长壮大的，它们后来成为韩国实现经济增长的主要载体。

随着韩国经济的发展，美国在朴正熙政权上台之初对韩国经济发展的悲观情绪一扫而光，它要将韩国作为“自由世界”优越性的典范向全世界展示，同时也要向世界证明与美国结盟无论是安全上还是经济上都会对相关国家带来难以估量的好处，美国也是这些国家坚定而可靠的盟友。

总体来看，20 世纪 60 年代，随着朴正熙政权的上台，美国也集中精力维持韩国经济的稳定，保持现实汇率并提供了可观的赠予和援助。当韩国经济渐趋稳定时，美国便开始支持韩国发展出口，向韩国提供大量优惠的政府贷款并通过大量的市场准入形式给予韩国充分的贸易援助。可以肯定，美国通过推动政策制定，提供资金、贸易和技术援助，促进了韩国经济的起飞，它无疑成为朴正熙政权创造经济飞速发展的“汉江奇迹”的最大外部动力。

（三）美韩联盟与韩日关系正常化

日本曾经奴役了朝鲜半岛将近半个世纪之久，这对韩国人来说是难以忘记的伤痛。但自韩国建国之日起，美国出于自身战略安排的考虑，就积极推动韩日关系正常化。但由于韩国当时的李承晚政权具有强烈的反日情绪，而且通过对反日情绪的鼓动也能够增强这个独裁政权在民众中的合法性，所以韩国方面始终拒绝考虑这一问题，加之日本对日韩合并时期的历史也缺乏一个诚恳的认识，特别是美国没有直接介入两国关系正常化，日韩的谈判没有丝毫实质性进展。

但到了20世纪50年代末60年代初，日本在美国的援助下经济取得了高速增长，对美国的依赖逐步减少，美国政府面对着日本提出的以“平等伙伴精神”指导美日关系发展的主张，决定要求日本分担美国在亚洲冷战中的负担，而韩日关系正常化也成为其中重要的一项内容。

在韩国“五一六政变”后，美国决定支持韩国的长期经济发展计划，同时逐渐减轻对韩国的援助负担。韩日复交便成为解决韩国经济发展的关键性步骤之一。在美国看来，日本的经济援助对于韩国快速的经济发展至关重要；可以增加韩国对日本的出口，还可以通过消除韩日敌对，来增强美国在亚洲盟友的团结和实力。在美国的推动下，韩日两国在1961年相继表现出对关系正常化的兴趣和决心。[①] 韩国此时态度改变的原因在于它为了实现长期经济发展计划急需大笔的资金引入，而借助对日财产请求权问题可以更好地引入日资，弥补美援减少造成的资金缺口。日本则是出于自身安全的考虑，希望维护韩国的稳定，防止朝鲜半岛局势因“共产党侵略韩国”而陷入不稳定状态。从另一个角度来看，经济利益对于日本积极改善同韩国的关系也是非常关键的因素。此时日本经济正处于飞速发展时期，但其面临的一个问题就是国内劳动力的短缺以及实际工资不断上涨，利用来自韩国的廉价劳动力正可以解决这一问题，从而搭建起有利于日本的海外生产网络。

与此同时，美国在东南亚地区面临着越战的考验，而援助韩国的担子又不能扔掉，因此美国急于将韩国的负担转嫁给日本，美国也加大了对韩日关系正常化的干预力度。美国认为促进韩国发展的最好时机就是韩日关系的改善，因此一方面要求驻韩大使集中精力解决这一问题，另一方面也要求日本正视此问题，并积极为韩国提

---

① 赵成国：《朴正熙与韩日关系正常化》，载《世界历史》2003年第3期，第64—65页。

供援助。1961 年 11 月，经过美国国务卿腊斯克从中斡旋，朴正熙在访美归国途中在日本短暂停留并与日本首相池田勇人举行了会谈。经过此前美国的施压，朴正熙在对日请求权问题上做出了重大让步，但最终由于韩日双方在这一问题上就具体数额存在着很大差距导致谈判陷于僵局。

第二年 5 月，肯尼迪在会见日本前首相岸信介时表示，日本应对韩国经济发展承担责任。在具体谈判主张上，美国最终迫使韩国放弃了对日财产请求权而接受日援。结果同年 8 月，韩日恢复谈判。10 月和 11 月，韩国中央情报部部长金钟泌两次与日本外相大平正芳会谈，最终针对请求权问题达成了《大平·金备忘录》。[①] 此后，韩日矛盾的焦点便集中在渔业问题上。1963 年 12 月，美国国务院要求驻韩使馆提醒韩国官员，“李承晚线”[②] 是违反公海自由原则的；没有日援，韩国的经济发展计划可能失败。通过这样的方式，美国不断要求韩国在这一问题上做出让步。但由于韩国国内的原因，这一问题再次陷于停滞。

同时，由于越南战争的不断升级以及美国国会对对外援助的反对，约翰逊政府决定公开介入韩日关系正常化进程。美国明确表示，它只对韩日谈判的结果感兴趣，而不在乎双方协议达成的基础是什么。美国向韩国表示，美国保证韩日复交不会影响美国对韩国的援助。美国也积极劝说韩国反对党不要反对韩日关系正常化的谈判，希望以此扭转韩国国内公众舆论对韩日关系正常化问题的导向。经过美国多次从中斡旋，1965 年 2 月 17 日，日本外相椎名访问韩国，双方签署了《日韩关系基本条约》。同年 4 月，两国就渔业、旅日朝

---

① 宋成有、李寒梅：《战后日本外交史（1945—1994）》，世界知识出版社 1995 年版，第 300—301 页。

② 1952 年 1 月 8 日，韩国发布由李承晚签署的《对邻近海洋的主权宣言》，宣布对朝鲜半岛周围及大陆架 199 海里内的自然资源、矿物及水产拥有国家主权，这也就是“李承晚线”的来源。

侨法律地位、财产请求权和经济合作等问题草签了相应的协议。此时韩国反对党领导人尹潽善再次发动学生游行示威，反对韩日协商。为抵制韩国国内的反对力量，美国于当年5月邀请朴正熙访美。6月22日，日韩在东京正式签署了关于两国复交的相关文件。韩国国内抗议声再起，美国则通过秘密渠道规劝韩国国内温和的政治反对势力不要妨碍条约的批准。在此情况下，当年的8月和12月，韩国和日本的国会分别批准了条约并交换了批准书，韩日关系实现正常化。整个过程都离不开美国从中的推动。

韩日关系正常化对韩国经济发展起到了巨大的促进作用。从1966年到1974年6月底，韩国从日本引进的资金总额高达14.7亿美元，再加上日本每年向韩国支付的无偿援助资金，共计17.33亿美元；在技术方面，1962—1978年，韩国共引进1001项技术，其中来自日本的占62%，来自美国的占22%；在贸易领域，1966—1970年，日本在韩国的进出口总额中分别占42.1%和24.9%。[①] 从这些数字可以看出，美国在联盟体系内，通过推进其两国盟友关系的正常化，实现了促进相关国家经济发展的目标。

结　论

美韩关系在整个冷战期间都是相对巩固的，美国促进韩国发展的意识和愿望也是始终强烈的。虽然在20世纪50年代中期美国对外经济政策奉行的是“贸易而非援助”，但美国向韩国提供的经济援助却在逐年增加就可以说明这一点。其中的原因就在于韩国的发展

① 赵成国：《朴正熙与韩日关系正常化》，载《世界历史》2003年第3期，第71页；赵虎吉：《揭开韩国神秘的面纱——现代化与权威主义：韩国现代政治发展研究》，民族出版社2003年版，第128页。

对于美国对外战略至关重要。1946 年朝鲜半岛刚刚光复不久，美国总统杜鲁门就坚定地认为朝鲜半岛将成为“可能决定美国亚洲政策成败的意识形态战场”，因此大力推动南部朝鲜实现自治和民主化。可以说，美国缔造了韩国，韩国也成为了美国决心援助“自由亚洲国家”反对“共产党侵略”的象征。这也是美国同韩国结盟的经济动因。

美韩联盟的建立是出于安全的目的，确保美国在东亚地区的战略利益，同时保护韩国不受外部势力的干预与侵略。但是安全关照下的联盟所发挥的作用也外溢到了其他领域，安全事务与经济事务在联盟的框架下产生了关联。联盟的经济后果在美韩联盟中发挥得淋漓尽致。特别是在朴正熙政权上台后，美国与韩国找到了利益契合点，那就是在坚决反对共产主义扩张的同时实现韩国经济的快速增长。美国意识到了韩国要想实现发展，必须避免国内的政治纷争、社会动荡以及来自北方国家的威胁。因此应该尽最大可能实现韩国经济发展。如果可能的话，韩国应该在经济和社会进步方面赶上并超过朝鲜。因此，维护韩国国内安全，并使之在与朝鲜的制度竞争中取胜，成为美国政府对韩政策的首要目标。同样，韩国也是从安全的角度来看待经济发展的问题。朴正熙政府不断告诫韩国国民的是，韩国现在经济停滞的局面是会给这个国家带来安全上的威胁的，韩国照此下去，是难以逃脱在竞争中被北朝鲜击败的命运的。所以在韩国，“反共与发展同为一体”、“生产国防如手足”，应该“以战斗的精神搞建设”。[①] 这实际上就是在强调联盟中军事与安全利益的关联性。

这样的理念贯穿了整个朴正熙政权统治时期。他刚上台不久，

---

① Myung-ji Yang, “What Sustains Authoritarianism? From State-based Hegemony to Class-based Hegemony during the Park Chung Hee Regime in South Korea,” Working USA: The Journal of Labor and Society, Vol. 9, December 2006 p. 431.

就向美国总统肯尼迪指出，朝鲜正在加紧进行工业化建设，韩国有可能落后于朝鲜。因此韩国最紧迫的任务就是在保持现有军事力量的同时推动经济发展。依照这样的逻辑，如果韩国经济不能取得进步，其遭到内部颠覆的可能性就会增加。所以韩国需要美国派遣专家帮助他们完善经济发展计划。1965 年 11 月，朴正熙在会见美国大使布朗时指出：为了向世人证明韩国在政治经济发展方面远胜于朝鲜，进而按照“自由世界”而非共产主义世界的理念统一朝鲜半岛，韩国必须取得经济进步。通过这些内容我们可以发现，自 1948 年大韩民国成立以来，美国与韩国在韩国国家建设目标方面基本上保持在同一个方向上，也就是安全利益与经济发展的兼顾。

美韩两国的政策意图基本上是契合的，而且美韩联盟建立后，美国为了确保联盟的稳固，防止韩国国内反美情绪被激发，较为坚决地要求韩国在保持政治经济稳定的前提下实现国内政治民主，促进经济发展。虽然韩国国内有些许政治动荡，但最终走上了国家发展之路，在民族国家建构、民主政治规划以及国家经济发展上都取得了可观的成绩。这对于美国发展中世界的盟友来说可谓典范，美国在自己的国家政策文件中也明确将韩国作为非共产党“民族国家建构”方式的重要试验场。美国认为，1945 年美国解放了朝鲜，20 世纪 50 年代初美国为保持韩国的独立而奋战，面对中、苏、朝共产党政权的威胁，韩国已无法指望关系疏远的日本，只能寄希望于美国的援助、保护和指导。如此一来，假使韩国无法获得生存能力，那么在国际社会看来，这不仅仅是韩国的失败，也是美国的失败。[①] 在美国这样的方针指引下，美韩之间的联盟关系被固化，而且经过议题联系发挥的作用，安全事务与经济事务被紧密地结合在一起，

---

① “Recommendation that the U. S. Provide MYM137 Million to South Korea in FY 1967,” December 22, 1965, in DDRS, CK3100075721. 转引自梁志：《冷战与“民族国家构建”——韩国政治经济发展中的美国因素（1945—1987）》，社会科学文献出版社 2011 年版，第 446 页。

这构成了美国进行联盟事务决策的主要依据。在这种情况下，促进韩国经济自立与发展就成为美国处理美韩联盟关系、维护联盟稳定的最基本补偿性支付手段。

但在冷战的大背景和朝鲜半岛南北对立的环境下，经济发展对于美国对韩国政策的影响是有限度的。一方面，20 世纪 60 年代美国推动韩国经济发展最直接的手段之一就是削减韩军的数量，减轻其军费负担，这样可以将省下的钱用于发展经济。但这样的主张到了军方和美国国务院那里，就会被一些人坚决予以反对，他们认为在"共产党军事威胁"依旧存在的情况下，要防止其他亚洲盟友对美国的保护伞产生怀疑，那么美国在对韩政策上就应该主动避免损害美韩关系、维持韩国的稳定，而削减韩军所节约下来的资源从数额上看并不太多，但却会导致很多人失业，这是一种得不偿失的行为。因此，他们坚决反对削减韩军数量。到了 1965 年越南战争进一步扩大，韩国应美国要求将韩军派往越南战场参加作战之后[①]，这样的主张更是无人提及。同时，在接受美国对外援助的各个国家中，20 世纪 60 年代的韩国始终是接受美国军事援助最多的四个国家之一，所以美国对韩国的援助从根本上看也并未实现由军援优先向经援转变的目标。[②]

由此可见，美韩联盟的存在对于韩国的发展形成了一种路径依赖的效果。冷战的现实要求美国在韩国问题上一定要处理好，因为

---

① 实际上韩国向越南战场派兵的主要目的是为了以此换取来自美国的经济和军事援助，是韩国争取美国经济支持的一种特殊形式。从结果上看，韩国达到了这样的目的。韩国向越南战场派兵所获得的直接外汇收入在 10 亿美元以上。此外，美国还向韩国提供了一大笔补偿性军事援助和经济援助。通过这样的方式，韩国实际上节省了自身的军费开支，能够将更多的资金用于"第二个五年经济发展计划"。从数据上看，越战收入最高时占韩国年总产值的 3.5%，最低时占 0.6%；在出口总额中最高时占 47.3%，最低时占 5.1%；在外汇储备最高时占 43.6%，最低时占 12.0%；在贸易外收支中最高时占 41.7%，最低时占 14.4%。参加赵虎吉：《揭开韩国神秘的面纱——现代化与权威主义：韩国现代政治发展研究》，民族出版社 2003 年版，第 133 页。

② Kim Hyun-Dong, Korea and the United States: The Evolving Transpacific Alliance in the 1960s, Seoul: Seoul Computer Press, 1990, pp. 161 – 163.

各界的目光全都聚集在朝鲜半岛，而且人们会将美国对韩国的援助效果以及韩国经济发展状况同共产党在朝鲜建设的成效加以对比，美国在朝鲜的所作所为将为亚洲其他民族国家提供一种信心上的鼓励和支持。所以在美国对韩国的政策中，反共和稳定是并行不悖的，安全事务和经济事务也是密切关联的。美韩联盟对于韩国发展的作用是绝不可抹杀的，可以说，美国在韩国既是一种破坏性的力量，又是建设性的力量，它既为韩国独裁政权“输血”、提供援助，同时又向韩国各阶层民众传播民主自由观念；它从安全角度考量，让韩国保持着消耗量巨大的庞大军队，同时也会帮助韩国实现国内经济恢复和持续增长。这些因素最终带来了韩国经济的起飞和“汉江奇迹”的诞生。韩国人正是借助美国的外力以自己认为合适的方式取得了政治经济的巨大发展和进步。

第七章

美菲联盟与菲律宾经济发展

US Alliance System and Regional Economic Development

东南亚地区从地理上看是指亚洲的东南部地区。这一地区主要包括中南半岛（印支半岛）和马来群岛两大部分，涉及10个国家，即越南、老挝、柬埔寨、缅甸、泰国、马来西亚、新加坡、印度尼西亚、菲律宾以及文莱。从历史上看，东南亚地区作为太平洋和印度洋之间的交通要道，自进入近代以来就成为世界强权国家争夺的要地。由于该地优越的地理位置、富饶的农产品，英国、法国、西班牙、葡萄牙、荷兰以及后来的美国竞相进入该地区进行领土扩张和贸易掠夺，从而使该地区成为西方殖民者原料来源和贸易市场的重要殖民地，并且成为西方列强进入中国的重要海上通道。这种状况一直延续到第二次世界大战爆发。[①]

第二次世界大战爆发后，日本军国主义为了建立其亚洲霸主地位，于1937年大举入侵中国并于1942年进一步扩张至东南亚地区，初步实现了其所谓的以日本为首的“大东亚共荣圈”的目标，直到1945年日本战败为止。

二战结束后，随着东西方冷战格局的形成，东南亚因其特殊的地理位置又成为东西方冲突的前沿地带。以美、苏两国为首的两个

---

① 王正毅：《边缘地带发展论——世界体系与东南亚的发展》，上海人民出版社1997年版，第30页。

集团对在这个战略上至关重要的破碎区内保持或建立势力范围都十分关注。对于美国来说，这一地区是连接美国在欧亚两翼军事部署的咽喉之地。该地区的港口、机场是日本、关岛等地的美军前往中东地区的重要中转点，从夏威夷穿越太平洋的美舰也需在东南亚国家港口停泊补给。在这里，美军能够迅速调集兵力对付中东、朝鲜半岛的突发事件。而且通过该地区的基地可以有效地辐射到周边广大海域的范围内，包括了美国海军宣布要控制的 16 个海上咽喉航道中的 8 个，即朝鲜海峡、巴士海峡、马六甲海峡、望加锡海峡、苏伊士运河、曼德海峡、波斯湾以及霍尔木兹海峡。①

重要的地缘战略地位，丰富的自然资源使得该地区成为美国争夺亚太主导权和实施联盟战略的重要对象。冷战期间，美国在这一地区一度建立了多变的军事同盟机构——东南亚条约组织，并与菲律宾和泰国签订了共同防御条约，保持着盟友关系，对这两个国家的政治、经济发展产生了重要影响。本章和下一章的内容将重点探讨美国联盟体系对菲律宾和泰国经济发展所产生的影响。

一、菲律宾的独立与美菲联盟的建立

菲律宾是东南亚地区的一个群岛国家，面积不大，但地理位置特殊。菲律宾为太平洋所环绕，处于太平洋和印度洋海上贸易航线的必由之路，最北端距中国台湾岛只有 64 英里，最南端距婆罗洲仅 30 英里，距亚洲大陆东南海岸也只有 800 公里。菲律宾是个有着悠久历史的国家。在 16 世纪西欧列强征服世界的浪潮中，西班牙著名

① 陈效卫主编：《合作与冲突：战后美国军事联盟的系统考察》，军事科学出版社 2001 年版，第 133 页。

航海家麦哲伦发现了这个地方，菲律宾被西班牙侵占，沦为其殖民地。1543 年，西班牙用西班牙王储菲律宾浦的名字命名这一地区为“菲律宾”，从此开始了西班牙对菲律宾长达 300 年的统治。直到 19 世纪末，菲律宾诗人黎刹领导独立运动，于 1898 年 6 月 12 日宣布摆脱西班牙的殖民统治而独立，建立了菲律宾共和国。但随后又因为美西战争的结果，菲律宾沦为了美国的殖民地，开始了近代以来美菲关系的历史。

（一）美菲关系的缘起

美国之所以占领菲律宾，根源于 19 世纪末，随着美国的发展，对外政策也开始出现相应的调整。当时，伴随着美国国内经济的迅速发展，经济实力和综合国力大幅提高，逐渐赶超英法跻身于世界强国之列。经济的发展和国力的提升必然带来外交政策的转变，而此时美国已完成西进运动，大陆扩张政策走到尽头，国内垄断资本主义的发展要求美国必须寻求新的原料产地和商品市场。当时政府和企业界一致认为扩大商品出口是保持国内政治稳定和经济繁荣的必经之路，所以寻找新的商品市场成为美国对外政策的主要目标。除此之外，西沃德的太平洋贸易霸权思想和马汉的海权论也为美国向外扩张提供思想动力，他们一致认为未来世界霸权的争夺在太平洋地区，美国必须控制海洋才会成为真正的帝国。到 19 世纪 90 年代，美国将建立太平洋贸易霸权确立为国家目标，扩张主义者誓言要把“太平洋变成美国的海洋”，太平洋的商业完全由美国控制。而在这一地区，一直处于帝国主义瓜分之下的中国则成为美国想要夺取的“肥肉”。这样，为了进入庞大的中国市场，给国内垄断资本主义开拓新的商品输出市场，美国将西班牙统治下的菲律宾视为得力跳板。为了夺取对菲律宾的控制，1898 年美国借口“‘缅因’号事件”发动了积蓄已久的美西战争，短短几小时就将驻菲的西班牙舰队全部击败，占领菲律宾群岛。10 月，美西两国政府在巴黎签订合约，规定“西班牙将通称菲律宾群岛的各岛屿让予合众国，美国付给西班牙两千万美元”。[①] 至此，菲律宾被西班牙转让给了新的殖民主义者。美国将占领菲律宾视为自己在太平洋立足的标志，开始以它的利益目标为指导在菲律宾推行殖民政策。

占领之初，美国遭到了菲律宾人民强有力的反抗。为了保证统治稳固，美国出台了《菲律宾法案》，将三权分立的政治体制植入菲律宾。法案规定在菲律宾成立参议院和众议院，两院享有立法权。但在菲律宾这种权力徒具虚名，因为按照《菲律宾法案》规定，众议院中的菲律宾人民只在形式上拥有立法权，立法的最终决定权掌握在美国人占多数的参议院和殖民总督手中。在具体的人员安排上，美国不再沿用西班牙时期具有封建专制色彩的统治形式，而是将菲律宾的上层反抗力量和大地主、大资产阶级分子统统纳入到政权中来，这既适应了菲律宾人民要求民族独立、分享政治权力的要求，又符合美国控制菲律宾国内政治的目标，一定程度上稳定了美国在菲律宾的统治秩序。20 世纪初期，受国际紧张局势和一战爆发的影响，同时也为更好地利用菲律宾资源，安抚菲律宾国内的反抗力量，威尔逊总统于 1916 年批准了新的对菲律宾政策法案——《琼斯法案》（又称《菲律宾自治法》）。在行政上，法案允许菲律宾人担任政府部长，在立法上则允许由选举产生的参众两院拥有立法权。这在一定程度上放宽了美国对菲律宾政治的控制，但最终决定权依然掌握在殖民总督手中，美国实际上对菲律宾的控制逐步由台前走向了幕后，手段日趋隐蔽。到 20 世纪 30 年代，国际经济危机爆发，日本发动“九一八事变”，侵占中国东北，这些新形势威胁着美国在

① 杨生茂:《美西战争资料选辑》，上海人民出版社 1981 年版，第 242 页。

太平洋地区的既得利益。为保住菲律宾这块重要战略基地，美国在1934年通过了《泰丁斯—麦克杜菲法案》，即菲律宾独立法。该法案规定在菲建立一个自治领政府，十年后宣布独立，过渡期满后，美国将陆军基地交回菲律宾，但保留海军基地。随后，菲律宾参众两院制定了过渡时期宪法，1935年11月，菲律宾自治政府成立。在自治领时期，美国依然统治菲律宾的一切，只是在统治方式上由之前的直接统治转变为间接统治。

美国对菲律宾的殖民统治一直持续到太平洋战争的爆发。随着日本全面进攻东南亚，菲律宾直至二战胜利始终处于日本占领之下。在此期间，菲律宾国内人民强烈要求获得民族独立，人民革命力量也不断发展壮大。根据1934年的《泰丁斯—麦克杜飞法案》，美国不得不于1946年7月4日"给予"菲律宾独立，罗哈斯就任独立后菲律宾共和国的第一任总统。但是菲律宾的独立是以美菲之间签署一系列保留美国特权和利益的协议为前提的，包括独立当天签署的《美菲总关系条约》、《美菲关于菲律宾独立后过渡时期中的贸易和有关事项的协定》，随后，双方于1947年3月14日和21日又分别签订了《美菲军事基地协定》和《美国对菲律宾军事援助协定》。

根据《美菲总关系条约》规定，美国承认菲律宾共和国独立，并且同意撤销和放弃对菲律宾群岛领土和人民目前存在着的和行使中的一切占有权、监督权、司法管辖权、控制权或主权，但得视需要为了美菲两国共同防御而保持使用的基地和基地的必要附属物及与基地有关的权利除外；在菲律宾尚未有外交机构的国家和组织里，或菲律宾的代表没有在场的情况下，美国将代表菲方的利益；菲律宾共和国政府将承担美国殖民政府时期的全部债务和义务；美国公民和公司在菲律宾境内的一切现有的财产权利，以及对于菲律宾公民和公司在美国境内的一切现有的财产权利，应予以两国各自公民和公司同样程度的承认、尊重和保护。[①]

为期 99 年的《美菲军事基地协定》规定，美国拥有保持使用在菲律宾的 23 处军事基地的权利，并且可以根据军事需要来扩大基地、改换基地地点或者增加新的军事基地，还享有在这些基地上的全部司法权，其中包括对违法的菲律宾人的司法权。根据协定的规定，在菲律宾的美国基地占地面积达到了菲律宾土地面积的 1/7，其中包括美国空军第 13 大队驻守的克拉克空军基地，作为美国驻菲律宾海军司令部所在地的甲米海军基地和在吕宋岛西岸的苏比克湾海军基地。随后签订的《美国对菲律宾军事援助协定》则规定，美国政府向菲律宾派遣军事顾问团，为菲律宾政府装备和训练军队，军事顾问团还享有豁免权和特权。[②]

由此可见，菲律宾的独立只是一种形式，美国通过一系列不平等条约继续控制着菲律宾的经济命脉，在菲律宾国内事务上仍享有种种特权，菲律宾实际上并未获得彻底独立。但美国既要兑现其对菲律宾独立的承诺，又要菲律宾成为美国在亚洲的落脚点，客观上的诸多原因促使美国仍然需要在这一地区维持它的存在和影响。

菲律宾为西班牙和美国殖民统治了近 400 年之久，以致在政治、经济、文化等方面深受宗主国的影响。菲律宾人虽然是亚洲人，但生活和行为方式大部分被西方化了。美国对菲律宾近半个世纪的统治，对菲律宾社会的影响尤其巨大。美国把自己的政治制度移植到了菲律宾，还推行英语教育，使菲律宾人在观念上接受了美国的价值标准，从而对议会制、总统制等观念深信不疑。美国文化渗透到了菲律宾社会的各个角落，人们自然亲近美国、依赖美国，促使美国一时难以切断同菲律宾的联系。

---

① 金应熙主编：《菲律宾史》，河南大学出版社 1990 年版，第 638 页。
② 金应熙主编：《菲律宾史》，河南大学出版社 1990 年版，第 638—639 页。

第二次世界大战给菲律宾的社会经济造成了严重破坏。110 万菲律宾人在战争中丧生，基础设施，如水电、通讯系统、道路交通在不同程度上被摧毁；战后经济处于一片混乱，经济生产完全是没有组织，陷于瘫痪，粮食和日常生活必需品异常缺乏。[①] 战后菲律宾面临的严重经济困难，只有美国才有能力提供必要而及时的援助予以克服。

菲律宾实现独立时，国内政治形势复杂，政局不稳定，其国内安全需要美国支持。在第二次世界大战前长达 40 余年的殖民统治期间，菲律宾的民族主义日益增长，美国曾为此专门推行“菲律宾化”政策，建立文官政府，并让菲律宾人在政府中发挥较大作用。即便如此，美国对菲律宾的占领和统治，依然难敌菲律宾国内的民族主义浪潮。这种民族主义激情在一定程度上造成了菲律宾社会分裂和冲突。菲社会内部一直存在着反对美国殖民统治的力量和与美国殖民者合作的势力。面对菲律宾民族主义对其殖民利益的挑战，美国仍需维持其军事存在，打击争取独立的力量，维护其在菲律宾的统治。

这些因素确保了美国在菲律宾存在的合法性，也为随后建立的美菲联盟关系提供了基础。

（二）美菲联盟的建立

随着冷战向亚洲的蔓延，共产主义成为美国在亚洲建立新秩序的严重威胁。在东南亚地区，由于法国重返印度支那的战争遭遇到越南人民的顽强抵抗，法国的影响被削弱，而共产主义力量得到较大发展，这让美国深感不安。早在 1949 年美国就将东南亚列为亚洲的战略

① 金应熙主编：《菲律宾史》，河南大学出版社 1990 年版，第 616—619 页。

重点地区。国家安全委员会在 NSC48/1 号文件中明确强调“如果共产主义进而席卷东南亚我们必会遭受政治上的大溃退，其影响将扩及世界其他地区，尤其是中东及暴露于危险边缘的澳大利亚……”[①] 1952 年初，美国国家安全委员会着重研究规划了美国在东南亚地区的目标和行动路线。文件指出这一地区包括印度、泰国、缅甸、马来西亚和印度尼西亚。美国的目标是“阻止这些国家进入共产党的势力范围”，“援助和提高它们防止内外共产党势力围攻的信念和能力”，“力图加强自由世界”。[②]

美国之所以重视这一地区，是因为美国担心任何一个东南亚国家如果被共产主义势力侵入，将会导致这一地区其他国家的快速转变，进而扩及印度、中东地区，并对欧洲安全和稳定造成严重损害，也就是多米诺骨牌效应。东南亚被共产主义控制后也会对美国在太平洋的地位带来危险，有损美国在远东的基本安全利益。而且东南亚国家盛产橡胶、锡和石油等重要战略物资，对美国主导的自由主义世界经济秩序也有十分重要的意义。基于以上因素，美国认为应该加强对东南亚地区国家的经济和技术援助，鼓励和支持东南亚国家之间的紧密合作，以及这些国家和美国、英国、法国、菲律宾、澳大利亚、新西兰、南亚、日本等国之间的合作，并适当加强秘密合作，采取一定措施，增强联合防卫能力，以抵抗中国的侵略和当地共产党的包围。由此可见，美国在东南亚的战略目标和行动服务于美国在亚洲的冷战战略，也就是进一步遏制以中苏为首的共产主义阵营在地理空间上的扩展。

菲律宾在美国的亚洲军事同盟中占有特殊地位，它的战略地位至关重要。早在 1946 年 7 月，美国驻菲大使波利·麦克纳特和麦克

---

① 王绳祖：《国际关系史》（第八卷），世界知识出版社 2006 年版，第 169 页。

② 艾捷尔著，赵一凡译：《美国赖以立国的文本》，海南出版社 2000 年版，第 648 页。

阿瑟将军就已经承认“菲律宾的这些基地不仅仅是为了保护菲律宾，甚至也不仅仅是为了美国的防务，这些基地可望成为我国在远东的各种武装部队的供应、修缮和从事作战活动的中途站……要在亚洲实行强硬政策，菲律宾当然在我们的远东外交中注定要担任重要角色”。[①] 1949 年 1 月，美国总统杜鲁门在其就职演说中宣布了第四点计划，决定扩大对第三世界的援助。这就标志着美国开始对第三世界，尤其是东南亚国家的关注和介入。1949 年 3 月 29 日，美国国务院政策规划家根据国务卿艾奇逊的指示，提出了《美国对东南亚政策》，即 PPS51 号文件。PPS51 号文件的目的是确定美国对包括印度尼西亚、印度支那、缅甸、马来亚、泰国和菲律宾在内的东南亚地区的政策。该文件分析了东南亚地区的政治、经济和文化特点，认为东南亚地区因其丰富的资源和重要的地理位置，将成为美苏两大阵营争夺的重点。对于美国的亚太和印度洋战略而言，东南亚是必不可少的一环。文件为美国在东南亚的行动设计了方案，“鼓励印度尼西亚独立并帮助非共产党民族领袖保持优势，促进政治和经济稳定；向法国通报美国关于东南亚的考虑，与英国和印度合作解决印度支那僵局，让法国将印度支那主权转交给当地的非共产党政权；与英国和印度协商缅甸问题；支持泰国抵制苏联和中国的蚕食，将其培养成稳定的美国影响的中心；英国负责马来亚；美国在经济上援助菲律宾，使其在反共斗争中发挥积极作用”。[②] 1949 年 7 月 1 日，这份文件作为 NSC51 号文件提交国家安全委员会审议。虽然它最终并没有成为正式的国家法规，而以国家政策的形式出现，但这份文件中关于东南亚战略地位重要性的描述、对非共产党政权的支

① 金应熙主编：《菲律宾史》，河南大学出版社 1990 年版，第 648 页。

② Gray R. Hess, The United States Emergence as a Southeast Asian Power, 1940 – 1950, New York: Oxford University Press, 1987, pp. 335 – 336; Foreign Relations of the United States 1949, Vol. 7, Washington: United States Government Printing Office, 1977, pp. 1131 – 1133.

持以及对日本与东南亚关系模式的分析，几乎都被杜鲁门政府所采纳。

随着远东地区形势的进一步紧张，特别是1950年中苏同盟建立后，美国越发意识到要在亚洲建立起一个从亚洲大陆沿海岛屿到亚洲大陆的以守为攻的遏制战略体系，其打击目标，不仅针对苏联，而且包括中国在内。1950年5月底，在美国总统杜鲁门的要求下，美国国务院开始进一步着手研究菲律宾问题，并拿出相应的对策。随后，美国国务院菲律宾和东南亚事务办公室起草了有关菲律宾问题的文件并被提交到国家安全委员会讨论。这份草案对美国在菲律宾的形势进行了全面评估和分析。草案认为，"美国在菲律宾的目标是保持菲律宾经济稳定并实现自给自足，由于菲律宾政府是忠诚于美国的，并且是有效率的，因此菲律宾可以在自由国家中发挥作用，保持并加强它的反共立场，以及保持菲律政府和人民传统的亲美倾向。"草案对美国在菲律宾的利益所在也进行了评估，认为："美国在菲律宾的基本利益是确保菲律宾是自由的和稳定的，因为这是美国对菲律宾近半个世纪的殖民统治赋予美国的责任，也是公众的委托。美国应使其他自由国家相信，亚洲的民族主义浪潮是不能被忽视的现实。这股民族主义浪潮在某种程度上可以被改变，却不能再被逆转。在亚洲人民和欧洲国家的殖民地居民眼中，菲律宾是美国政治信仰的一个典型实践，菲律宾独立地位的丧失会使美国在全世界面前丢脸，而且会降低美国在全世界的影响力。菲律宾在美国决心遏制共产主义的行动中发挥着重要作用。现任菲律宾政府或者其继任者的失败或倒塌，会使共产主义在菲律宾夺取政权。这种可能发生的事情会结束东南亚的反共胜利局面，甚至，印度尼西亚也可能受影响。在美国的西太平洋岛屿防卫链中菲律宾是其中一个战略位置所在。这个因素当然会成为国务院评价菲律宾重要性的一个因素。"该草案也对当前菲律宾的国内经济、政治、军事局势进行了详细分析，认为菲律宾在经济上“在太平洋战争中遭受了令人震惊的人力和物质的损失，其惨状可与东欧的局面相提并论。因此，战后的重建和恢复工作是值得关注的。鉴于现在全世界面临的共产主义威胁和亚洲的混乱无序局面，菲律宾不足以靠自己的资源来保持稳定。菲律宾的出口商品和国内基本消费食品的生产还没有达到战前水平，没有达到国际收支平衡的程度，也没有达到保持菲律宾外汇交易地位的程度。因此，需要美国提供一些财政援助和技术指导，美国要控制美援的开支以确保这些援助达到预想的目标。菲律宾的税法不完善，而且没有正确的实施。因此，菲律宾存在严重的财政赤字。菲律宾的资源被浪费在了进口不必要的奢侈消费品上。各级的政府部门都存在贪污腐败现象”；在政治上“由于罗哈斯总统在1948年去世后，菲律宾的领导人软弱无能、目光短浅。现在的菲律宾领导人无法理解这个国家面临的问题。然而，有一群聪明的年轻人能理解。他们应该在菲律宾的政府中发挥更大的影响力”；在军事上“胡克运动的存在使菲律宾的军事形势存在潜在的危机。胡克运动主要起源于吕宋岛中部，这是菲律宾最大的粮食生产区，传统上也是农民运动的中心。在美国殖民统治时期，美国没有解决这个问题，菲律宾自治政府也没有成功地解决此问题。胡克运动最初是被组织成反对日本的游击队，太平洋战争结束后由于人们对经济形势的不满，胡克的力量进一步发展壮大。相较于菲律宾军队和警察的暴虐以及对当地百姓的压榨，胡克运动的行为反而获得了普通民众的大力支持。但胡克运动的领导权现在已经完全被共产主义者控制，是彻底的共产主义运动。尽管胡克运动是菲律宾经济和社会问题的产物，但现在必须采取军事行动来解决胡克问题。菲律宾目前的军事行动之所以无效，是因为它建立在正规战争的概念上。但胡克运动类似于游击战的战术使菲律宾政府颇不适应，菲律宾政府应采取与胡克同样的战术，胡克运用此战术将自身的影响成功地从吕宋岛扩展到菲律宾群岛的其他主要岛屿上”。最后，草案针对美国的行动给出了如下建议：一是“为了确保实现美国的利益，就必须要求菲律宾保持稳定、反共、亲美且负责任的政府的存在，使其成为亚洲其他国家的榜样”；二是“如果需要的话，美国应通过正确的、保全面子的方法施加其影响，以帮助菲律宾实现经济稳定，确保政府的合法性。为了实现这个目标，美国必须提供技术指导和财政援助。财政援助必须在美国控制下进行，以确保援助资金正确使用来达到上述目标”；三是“美国的军事顾问和军事物资援助必须确保解决胡克问题”。① 这份草案随后被提交到国家安全委员会，但并没有立即付诸讨论，而是等待军方拿出自己的意见。但之后爆发的朝鲜战争，使得美国对该地区形势的认识有了进一步变化。

朝鲜战争将美苏冷战扩展至亚洲时，美国利用在菲律宾的海空军基地源源不断地向朝鲜战场提供战略物资。同时，由于中国国民党政府的垮台，美国又以明确承担防御义务的形式给予菲律宾进一步的支持。朝鲜战争爆发三天之后，即 1950 年 6 月 27 日，美国总统杜鲁门即宣布，增加在菲律宾的军队人数和军事援助。同年 9 月 6 日，美国参谋长联席会议在美国国防部的要求下，立即草拟了以菲律宾为主题的备忘录。9 月 14 日，该备忘录即被提交给国家安全委员会审议，也就是 NSC84 号文件。这份文件分析了菲律宾的军事形势和美国的应对措施。文件指出，“美国在菲律宾最基本的军事政策是加强菲律宾的安全以反对有组织的外国入侵和国内颠覆。”文件强调了菲律宾对于美国的重要性，“在美国的亚洲沿海岛屿防卫链中菲律宾是一个基本的部分，中国台湾和东南亚受到的共产主义威胁使保障菲律宾的安全成为迫切需要。……对苏联来说，菲律宾是苏联

---

① Foreign Relations of the United States 1950, Vol. 6, Washington: United States Government Printing Office, 1977, pp. 1461 – 1463.

控制远东、进而分裂东南亚对共产主义的抵抗和打击沿海岛屿防卫链的关键，因此，苏联控制菲律宾会危及美国在西太平洋和远东的军事地位，菲律宾问题不仅仅是地区性问题”。文件认为，“目前对菲律宾来说，外国入侵还比较遥远，在台湾被占领之前外国军队入侵菲律宾的行动是不大行得通的。因此，参谋长联席会议建议，应该尽量扩充那些用来防卫国内颠覆的军队力量，而缩减那些防卫外国入侵的军队力量。目前对菲律宾共和国唯一的军事威胁就是胡克的游击活动。……胡克的最终目标是推翻共和国，代之以共产主义政权。从军事角度看，胡克缺乏达到这个目标的能力，以最可靠的情报估计，胡克保持的武装力量是不超过 1 万至 1.5 万人的稍加武装的士兵。……对抗胡克的是 3.3 万人的武装良好的菲律宾军队。从军事角度看，最终消灭胡克在这些军队的能力范围内。……朝鲜半岛发生的事情使美国在远东受到的威胁放大了，应迅速采取行动消除菲律宾的骚乱。……在这个时候大量增加美国驻菲律宾的武装力量是不明智的，这一行动会被认为是帝国主义的，而且是美国干预菲律宾国内事务的序幕。……目前菲律宾国内的军事局面没有这一需要，只在没有其他办法阻止共产主义占领菲律宾的基础上，军事干预才是合理的。”这说明，美国国防部认为，菲律宾当时面临的主要威胁还不是来自国外的共产主义威胁，而是国内的“胡克运动”。所以，增强美国在菲律宾的驻军和军事援助，根本上是为了帮助菲律宾尽快平息国内胡克运动，保持菲律宾的稳定。但这也并不完全排除美国对菲律宾军事干预的可能性。鉴于这种认识，文件提出，“菲律宾的国内安全和美国在菲律宾军事设备的安全应该由以下方式来保障：（1）迅速恢复美军联合军事顾问团；（2）继续研究增加美军联合军事顾问团人员的可能性，如果已采取的措施不足以应付局面，就应增加人员；（3）在 1951 年财政年度增加军事援助；（4）增加安全人员和军队的装备。”关于如何增强美国在菲律宾的军队，文件建议："1. 为了应付可能的偶发事件应增加海军陆战队的人数；2. 为了保证菲律宾的空军具备绝对的实力，增加在菲律宾的空军规模，并在1950年9月部署到位。"此外，文件还指出，"军事行动只是暂时的权宜之计。菲律宾政府必须采取补救性的政治、经济措施以消除菲律宾人民心中的不满情绪。……保持美国在菲律宾的战略地位的基本问题是政治和经济。军事行动不会成为一个稳定有效的政府的首要选择。"国防部长也表示他同意参谋长联席会议的观点，认为"（1）为了阻止和彻底改变菲律宾政治局面恶化而采取的迅速、积极的政治、经济措施，对于保持美国在远东的战略地位是必要的；（2）从战略角度看，美国对菲律宾进行军事干预是正当合理的，为了阻止共产主义控制菲律宾群岛，军事介入可能是需要的，从现在的世界形势看，增加军备也正在考虑预想中"。[①] NSC84号文件主要体现了美国军方对菲律宾的意见。

与此同时，杜鲁门总统也派出丹尼尔·贝尔率领的经济调查团前往菲律宾就当地的经济形势和政府面临的经济问题进行调查。调查团认为菲律宾面临着严峻的经济形势，这根源于其经济政策的不合理，特别是政府行政效率的低下。他们同时建议，美国应该加大对菲律宾的援助，对其进行必要的输血。

在NSC84号文件和贝尔调查团报告的基础上，国务院重新起草了一份政策草案。1950年10月，国家安全委员会在这份国务院新草案的基础上起草了一份关于菲律宾问题的政策声明草案。11月2日，这份国家安全委员会起草的政策声明草案作为编号为UMD－122号文件被提交到国务院的高层会议上进行讨论。经过讨论修订的UMD－122号文件在11月6日重新提交到国家安全委员会，编号为

① Foreign Relations of the United States 1950, Vol. 6, Washington: United States Government Printing Office, 1977, pp. 1492－1500.

NSC84/1 号文件。国家安全委员会第 71 次会议讨论了 NSC84/1 号文件，综合了国务院起草的草案和参谋长联席会议起草的备忘录的意见，形成了 NSC84/2 号文件。11 月 10 日，杜鲁门总统批准了 NSC84/2 号文件，并且命令相关各部门和机构在国务卿的协调下实施该文件。[①]

NSC84/2 号文件是杜鲁门政府第一份对菲的正式文件。它提出了美国在菲律宾要实现的目标，包括：（1）一个高效、亲美的政府；（2）一支能恢复并确保国内安全的军队；（3）稳定、自给自足的经济。为了实现上述目标，美国应该在以下各方面采取有效行动：（1）运用所有合适的措施以确保菲律宾政府的政治、经济、财政和农业改革继续进行，以促进国家稳定；（2）提供菲律宾政府能接受的军事指导和军事援助；（3）在美国的监督和控制下合理运用经济援助；（4）继续承担防卫菲律宾国外安全的责任，如需要，阻止共产主义控制菲律宾。

文件认为，美国在菲律宾的利益主要涉及三点：其一，由于美国与菲律宾的历史渊源，美国理应对菲律宾的独立负责，菲律宾的独立和稳定也是美国最基本的利益所在。1947 年 3 月 14 日签署的《美菲军事基地协定》中已表示，如有需要，美国与菲律宾要采取一致行动来保卫菲律宾的安全。其二，菲律宾的独立证明了亚洲的民族主义是不容忽视的基本现实。菲律宾如果失去独立地位，美国会在全世界面前颜面无光，进而严重削弱美国在亚洲的影响力。现在的菲律宾政府或者其他合法继承人的倒台都有可能迅速导致共产主义夺取政权。假如菲律宾政府不保持亲美政策也可能导致共产主义夺取政权。这些可能发生的事情增加了共产主义控制东南亚的危险。

---

① NSC84/2, The Position of The United States With Respect to the Philippines, Novomber 9, 1950, DNSA 数据库。

其三，美国的既定政策是要加强美国在太平洋区域的地位，尤其是在菲律宾、日本和琉球群岛。随着日本再次成为一个独立的国家，美国应帮助日本和菲律宾之间建立友好的政治经济关系，并希望这两个国家的发展会增进太平洋区域的稳定。

文件指出，菲律宾对于美国战略的重要性在于：菲律宾是亚洲沿海岛屿防卫链的基本组成部分，现在台湾和东南亚受到的共产主义威胁使确保菲律宾的安全成为迫切需要。……对苏联来说，菲律宾群岛是苏联控制远东的关键。如果苏联控制了菲律宾群岛，会严重削弱南亚和沿海岛屿防卫链的反共部署。因此，菲律宾问题不是一个地区性问题，因为共产主义控制菲律宾会损害美国在远东和西太平洋的军事地位。这种政策定位无疑提升了菲律宾在美国亚太地缘战略格局中的地位和重要性。美国遏制战略的主要设计者乔治·凯南也曾指出，在坚持欧洲第一的形势下，日本和菲律宾将成为美国太平洋安全体制的基石，保卫美国在亚太地区的利益。[①]

在这样的立场下，美国认为应该向菲律宾政府提供它所能接受的军事指导和军事援助，同时继续承担防卫菲律宾国外安全的责任，必要的时候要阻止共产主义控制菲律宾。这样，美国明确了要对菲律宾提供军事援助，并且承担菲律宾的安全责任。

在这样的认识基础上，1951 年 8 月，美国与菲律宾在华盛顿签订了《共同安全条约》，美国与菲律宾的结盟关系有了明确的法律保障。

由此可见，美苏冷战在亚洲展开后，美国对菲律宾的政策不仅仅是要给予菲律宾独立，更重要的是对菲律宾进行自由和民主的改革，让菲律宾成为东南亚甚至整个不发达世界中的理想模式；美国更将菲律宾看作是自己在亚洲地区进行防共、遏制政策的重要战略

---

① 李庆余：《美国外交史》，山东画报出版社 2008 年版，第 213 页。

基地，它的稳定、繁荣与否影响着美国在亚洲遏制战略的坚固程度。

二、美菲联盟与美国对菲援助

经济援助是美国在东南亚联盟体系框架内处理与该地区盟国经济关系的主要手段，同时也是美国的资本、技术等经济要素向东南亚国家流动的重要途径。从二战结束、东南亚地区国家相继取得独立后，这些国家的贫困以及由此而产生的社会动荡在冷战的背景下时刻会产生扩散效用，美国对此格外重视，特别是像菲律宾这样历史上与美国有着深厚渊源的国家，现如今又从地缘战略角度上对美国推进在亚洲的冷战战略至关重要。

（一）美国与菲律宾的经济联系

1898 年美西战争中美国从西班牙手中夺取了菲律宾后，虽然也对菲进行军事占领并镇压人民的反抗，但很快便转而采取具有新殖民主义特征的统治方式，亦即在政治上借助菲律宾大地主大资产阶级的力量并使其分享政权；另一方面则通过经济手段掠夺和控制这块殖民地，通过贸易、投资、借贷等方式，使殖民地成为宗主国的附庸，菲律宾民族经济的命脉因而为美国所掌控。[①]

1946 年菲律宾取得独立后，美国作为昔日的宗主国，对菲律宾的经济仍然发挥着重要的影响。菲律宾独立当天，美国就与菲律宾签订了《美菲关于菲律宾独立后过渡时期中的贸易和有关事项的协

---

① 关于美国统治菲律宾时期，美菲之间经贸往来的研究，参见陈衍德、杨宏云：《美统时期的美菲贸易及其对菲律宾经济的影响》，《厦门大学学报（哲学社会科学版）》2003 年第 1 期，第 67—75 页。

定》，通过条约的形式将美国在菲律宾的经济特权予以合法化。《美菲关于菲律宾独立后过渡时期中的贸易和有关事项的协定》规定，美菲双方将执行美国国会众议院菲律宾商务委员会主席贾斯拍·贝尔提出的《菲律宾贸易法案》（又称“贝尔法案”）。“贝尔法案”是以延长自由贸易时期以及给予美国人最优惠的贸易待遇的原则为基础的。根据“贝尔法案”的规定，在菲律宾独立以后，美国和菲律宾必须保持“自由贸易”制度，优惠贸易权将延长 28 年，直到 1974 年 7 月 3 日为止；在 1946 年 7 月 4 日起的 8 年内，美菲两国建立互惠的免税贸易，菲律宾的产品输美有 7 种继续享受免税待遇，但每年都有一定限额，从 1954 年起这些限额要逐年递减 5%，而美国输往菲律宾的产品将完全不受数额限制，菲律宾还不得征收出口税；从 1954 年 7 月 4 日起，美菲两国输入对方国家的货物，应征累增的关税，第一年为 5%，以后每年递增 5%，直到 20 年后两国对彼此输入的货物，互课全额关税。“贝尔法案”的另一个重要条款是，要求菲律宾修改宪法，在菲律宾宪法中写上“同等权利”条文，以便使在菲律宾的美国公民和公司享受与菲律宾公民和公司同样的权利，开发、利用、转让和勘探所有农业、林业、矿产、石油、水资源等所有有潜力的自然资源和经营公用事业。①

与此同时，独立后的菲律宾由于政府的低效与无能以及内部的贪腐，缺乏有效治理国家的经验，导致菲律宾经济面临着一系列严重问题，经济增长缓慢，财政状况恶化，赤字激增。这一系列问题对流通和分配领域产生了严重影响，导致国内贫富分化严重，社会矛盾异常突出。美国国家安全委员会起草的对菲政策文件（NSC48/2）针对菲律宾的经济状况有如下描述：“由于战争期间和战后菲律宾政府无法采取有力措施增加生产效率，菲律宾目前的经济形势已经恶

---

① 金应熙：《菲律宾史》，河南大学出版社 1990 年版，第 638—639 页。

化到了一个危急的地步。……农业、工业生产力依然低于战前水平，政府财政不断恶化，国际支付体系也恶化了。……战后这一时期增加生产力和提高生活水平的机会被浪费掉了，很大程度上是由于无计划的投资和消费品的过度进口。菲律宾的不平等进一步加剧。大多数人的生活水平没有达到战前水平，大土地所有者和商人的财富却在增加。经济的恶化使全国弥漫着理想破灭的情绪。大多数农业和工业人口都对经济的发展没有信心。菲律宾人和外国商人普遍担心经济形势的恶化。最近的失业趋势进一步加强了这种情绪。共产党领导的胡克运动在这种恶化的经济形势和人们对于政府的敌对情绪下得到了发展壮大。”①

针对这种情况，美国决策者们认为有必要敦促菲律宾政府进行机构改革，改造和促进农业、工业生产，增加企业生产效率并合理规范收税。同时认为，在菲律宾进行改革的过程中，美国的经济援助是必不可少的，但它们要在美国政府的监督下使用。

（二）美国对菲经济援助的发展与演进

菲律宾独立后，美国对菲律宾最初的援助主要是为其在二战期间遭受的战争创伤和破坏提供援助，实施经济救助和复兴计划，从而能够尽快恢复其生产活动。从 1945 年到 1950 年，美国对菲律宾的官方援助总额达到了 7.55 亿美元，其中 1949 年度和 1950 年度均超过了 2 亿美元。这一时期，美国对菲律宾援助的主要形式就是赠款，到 1949 年底美国对菲律宾援助合计约 5.68 亿美元，而赠款总额则高达 4.88 亿美元，从具体内容来看，军方提供的民用补给品，

① NSC84/2，The Position of the United States with Respect to the Philippines，November 9，1950，DNSA 数据库。

2800 万美元；联合国善后救济总署，800 万美元；菲律宾战争赔偿金[①]及复兴赠款 4.52 亿美元；资产信贷，900 万美元；杂项贷款，7100 万美元。这些赠款和贷款，包括对战争损失的补偿、美国军事支出以及退伍军人的补偿，它成为战后菲律宾获得国际资金的主要来源。通过这些资金援助，美国帮助菲律宾恢复了国内经济建设所必须的基础设施及公用设施，如道路、机场、船舶、机械设备、医院、图书馆。但是从上面的具体数字我们可以看出，这些援助是由美国不同机构和部门拨款和管理的，缺乏有效的协调，只是为了满足菲律宾国内迫切需求而采取的应急之举，美国此时对菲律宾的援助尚未提升到战略的高度加以认识和对待。

随着冷战的开始，特别是东南亚地区地缘战略地位的上升，美国对菲律宾等盟国的援助无论是数量还是质量上，都有了大幅度提升。美国也进一步认识到，对菲律宾等国的援助，不单纯要有军事援助，更离不开经济和技术援助，只有这样才能避免菲律宾面临的国内经济困局，有助于在菲律宾国内建立一个自给自足的国民经济体系。

与此同时，1949 年 1 月，美国总统杜鲁门提出了针对第三世界实施技术援助的“第四点计划”。[②] 美国开始通过技术合作的形式，援助包括菲律宾在内的亚洲国家实现经济重建，从而更好地抵御共产主义在这一地区的扩张。美国国会分别于 1848 年和 1950 年通过了经济合作法案（Economic Cooperation Act，ECA）以及国际发展法案（Act for International Development，AID），向东南亚国家提供军事

---

① 根据美国战争损害估值公司统计，菲律宾在战争期间遭受的损失总数约为 8 亿美元（按 1939 年价格计算）。菲律宾独立后，根据美国处理战争赔偿的《泰丁斯法案》，这笔赔偿由美国国库拨付 6.2 亿美元，其余的 1 亿多美元用菲律宾政府接受美国移交的剩余物资（武器和弹药除外）折算。

② 关于“第四点计划”的研究，参见谢华：《冷战的新边疆：美国第四点计划研究》，中国社会科学出版社 2012 年版。

和经济技术援助。东南亚国家通过美国等西方国家的官方赠与和贷款、某些国际机构的贷款以及私人投资等形式获得了一定的援助，其中外国政府的赠与和贷款已经完全超过了其他形式的外部援助，贷款来源包括经济合作署及其他贷款、资产信贷以及商品进出口计划，其中仅 1949 年一年，美国对菲律宾以及其他远东国家（不包括印尼）和殖民地的赠款和贷款，总额就达到了 26. 76 亿美元。

美国对菲律宾的援助除了直接的资金援助和财政援助外，还注重对受援国“造血”能力的培育，因此技术援助和项目援助也成为对菲援助的重点。1950 年底，美国同菲律宾缔结了《经济和技术合作协定》，第二年 4 月两国又缔结了《美菲经济和技术合作执行协定》。根据这两个文件，美国向菲律宾的全部所有政府机构派出了大批的顾问和专家，用以指导和监督菲律宾的经济政策以及美国对菲律宾经济援助计划的实施和分配等事务。[①] 20 世纪 50 年代，美国开始利用相关的项目援助计划促进菲律宾在乡村基础设施方面的投入，包括兴修水利工程、建立农业学校、创建农村合作社、增加就业机会等内容。这样的援助改善了农村的状况，为美菲关系的进一步密切奠定了基础；而美国在菲律宾推行的工业发展援助则是为菲律宾新兴工业的建设提供技术咨询，从而促进现有企业生产效率的提高。

1951 年，美国出台了《共同安全法》，开始推行共同安全计划。从 1951—1956 年，美国通过共同安全计划，以机器设备等形式向菲律宾提供的援助总值达 2 亿美元，这笔资金主要用于农业、林业、工业、交通运输业、矿业、教育和社会福利事业。1957 年，美国向菲律宾提供了 1950 万美元的经济援助，用以改善菲律宾的公路交通、码头建设等基础设施。1958—1959 年，美国向菲律宾提供的援助总额大致为 1. 505 亿美元，1962 年为 5290 万美元，其中有近 400

---

① 金应熙：《菲律宾史》，河南大学出版社 1990 年版，第 669 页。

万美元属于发展赠款。同时美国的援助款项还用于医疗卫生，美国从1950年代开始的援助作用于医疗卫生领域，使得菲律宾有效地控制了疟疾的蔓延，使得该国疟疾疾病死亡率下降了98%。此外，美国还向菲律宾提供大量发展贷款，1956年，美国进出口银行向菲律宾提供了6500万美元的贷款，主要用于为其工业生产扩大和多样化提供设施和服务。1958—1959年，美国进出口银行向菲律宾提供了7500万美元贷款，1962年提供了2500万美元。美国进出口银行的这些贷款属于长期贷款项目，主要用于菲律宾的工业发展，包括铜矿开采项目、航空设施、炼油厂、轧钢厂、水果加工设备、通信系统扩展、地球卫星地面站和微波设备建设等方面。1958—1959年，美国还通过发展贷款在菲律宾建立了一个小型企业主贷款基金，为当地工业发展提供进口材料和设备所需的资金，同时也为道路和桥梁等交通发展与重建提供资金援助。1958—1961年，美国通过发展贷款向菲律宾提供了2400万美元的援助贷款，1962—1973年这项援助资金合计约为5800万美元。

人才对于美国处理对菲关系方面也是格外重要的。通过美国的援助，大量菲律宾人前往美国接受其行政、海关、经济规划、财务、税收、立法、人力资源管理、采购、供给和行政管理等方面的学习和培训，美国也亲自派专家前往菲律宾进行指导。1951—1956年，美国共为1000多位菲律宾人提供了技术培训，并为其多个政府部门提供了咨询顾问，并有专人为菲律宾政府提供咨询服务。

除了资金、技术上的支持外，美国还向菲律宾提供粮食援助。这方面的措施源于美国1954年通过的《农业贸易发展与援助法》，也就是我们所熟知的“PL480法案”，这项法案在1959年后改称为“粮食换和平计划”。根据这项法案，美国将以优惠的价格向其他欠发达国家销售美国的“剩余农产品”，获得当地货币，销售所得25%将用于当地进行外交活动、购买战略物资和推销农产品的经费，其余部分作为对受援国的贷款或赠款，但其使用须经过美国的同意，并且接受美国政府的监督。这些贷款提供给发展中国家时，条件非常优惠。其中贷款的偿还期限为40年，而且还有10年的宽限期，年利率在宽限期内为2%，宽限期后为3%。1954年之后，粮食援助开始与美国的对外战略联系起来。[①] 在菲律宾，美国在PL480计划下向菲律宾提供了大量小麦、棉花等剩余农产品援助。其中1957年，美国根据该计划同菲律宾签订了粮食运输协议，涉及金额为410万美元。1962年，美国向菲律宾提供了2390万美元的农业商品进口援助。1971年，美国对菲律宾的援助总额为9640万美元，其中2740万美元用于粮食换和平项目，其中包括PL480项目下的长期信贷2030万美元，通过世界粮食计划署提供的赠款300万美元和通过其他志愿者机构提供的赠款400万美元；1972年，美国在PL480计划下向菲律宾提供的粮食援助为3660万美元，其中包括在PL480第一款项目下用于棉花和西红柿等物品采购的3490万美元，在PL480第二款项下通过志愿者组织，包括天主教救济服务机构以及世界粮食计划署等机构的赠款，这些资金全部用于采购菲律宾经济发展急需的水稻、奶粉、食用油以及石油和其他谷物类商品。实际上，美国政府的这类援助在很大程度上采取了用本国货币出售剩余农产品和紧急援助的形式，通过这种方式获得的本国货币收益的主要部分被重新投资于这些国家。

从美国对菲律宾援助的这些举措我们可以看出，美国为了更好地在东南亚地区抵御共产主义思想的传播，通过经济援助为纽带，维持与菲律宾的盟友关系，进而有效地巩固了美菲联盟，实现了美国在安全目标上的追求。它所遵循的一条基本逻辑线索就是要通过

---

① 孙建党：《美国与东南亚经济关系研究（1945—1973）》，经济管理出版社2011年版，第256页。

经济援助这种补偿性支付手段，向包括菲律宾在内的东南亚国家提供其经济发展所必需的赠款和贷款，使这些国家实现较高的储蓄率，以促进它们自身经济的增长，维持社会稳定，从而使这些国家维持与美国的联盟关系或保持一个亲美的立场。从结果上看，美国出于安全目的考虑而建立起来的经济关系确实为这一地区的经济发展产生了一定程度的积极影响。

三、美菲联盟与菲律宾经济发展

按照发展经济学的观点，经济发展所必需的生产要素投入包括以下三个方面：自然资源、劳动力和资本。资本，是指以机器、设备或可投资金为主的物质资本。自然资源的丰裕程度，会给经济增长造成有利或不利的条件，但不能对经济增长起决定性作用。劳动力在发展中国家往往属于充裕的要素，一般不会成为经济增长的约束条件。所以，物质资本的充裕或稀缺，就成为发展中国家促进或束缚经济增长的首要因素。这样的观点对于战后美国对发展中世界进行经济援助提供了重要的理论支撑，从实际经验上看，美国的援助确实对这些国家的经济发展产生了重要影响，美国的联盟体系所发挥的宏观经济效应在菲律宾也得到了明显体现。

（一）联盟、经济援助与菲律宾的储蓄和投资

二战之后，包括菲律宾在内的东南亚国家的国民收入普遍较低，使得国内的储蓄率也较低，经济发展自然面临着严重的投资缺口。为了恢复重建，各国纷纷制定经济发展计划，其中基本的经济发展项目，如灌溉、电力、通讯、铁路、公路以及其他一些基础设施，

往往需要由政府来承担巨额投入，它们的投资规模远远超过了这些国家国内私人投资者的投资能力。1948 年，菲律宾在独立之后就制定了五年发展计划，其预计需要资金为 17.3 亿比索，其中国内资金需求为 8.48 亿比索，外部资金需求为 8.82 亿比索。来自美国的外部援助有力地弥补了菲律宾为了实现经济增长所需要的投资与能够得到的国内储蓄之间的差额，而且有助于保持其与外部世界交易的平衡。外部资金的流入推动了进口机械和其他用于投资的商品供应的扩大，大多数的外部经济援助也都与特定的发展项目联系在一起。因此，大量外部资金的净流入促进了菲律宾的资本形成。从 1956—1960 年，这一时期外部长期资本和官方赠款资金的净流入，占到了菲律宾国内资本形成总值的 15% 以上。外部资金不仅在该国的资本形成中占有很高的比例，而且同一时期外部长期资本也占到了其国民生产总值的 2% 以上。

美国作为资本主义世界体系的核心国家，不仅能够通过援助的形式提高菲律宾的总储蓄水平，促进其国民收入的不断增长，而且在一定程度上还能有助于弥补东南亚国家的外汇缺口，提高这些国家的国内投资水平，促进其国内资本形成，加速其经济增长。对外援助的基本经济功能就是为了增加受援国的进口能力，因为一个国家必须支付外汇或黄金来满足进口需要，进口更多的商品所面临的问题之一就是如何获得更多的外汇或黄金。假如一个国家没有黄金矿藏，那么它为了获得更多的外汇就只能通过两种途径：通过其他国家赠与或贷款；向其他国家出售商品和服务。前者就是典型的外部援助的形式，而后者就是国际贸易的形式。[①] 战后包括菲律宾在内的东南亚国家通常以出口初级产品为主，对外贸易收支时常发生大

① David A. Baldwin, Foreign Aid and American Foreign Policy: A Documentary Analysis, New York: Frederick A. Praeger, 1966, p. 172.

幅度波动，不少国家还存在着严重的贸易逆差，这进一步扩大了它们的外汇缺口。因此，战后菲律宾等国积极动员国内的财政资源，但对外部资源的依赖仍然是必须的，而且将其视为加速经济和社会发展的一种重要途径。外部资源对于菲律宾扩大加速经济发展所需要的资本形成发挥着重要作用。随着经济发展进程中对机械、化肥、重型设备、石油以及其他重要的生产物资的需求不断增加，菲律宾对外汇的需求也在逐渐增大，但其自身的出口收入难以满足这一需求，如果没有外部财政资源的不断流入，它就不能实现资本形成或投资规模的完成。[①] 这样不仅仅会造成经济上的影响，更会带来巨大的政治效应。因此，美国的援助弥补了菲律宾的外汇缺口，减轻了该国在外汇储备不足上面临的压力。美国的资金进入菲律宾，增加了该国的资本存量和投资额，促进了其国民收入的增加，对其经济发展产生了正面的促进作用。菲律宾也可以利用美国的援助，增加自身的出口能力，带动自身的经济增长。

（二）联盟、经济援助与菲律宾的国际收支

美国的经济援助对菲律宾的宏观经济起到了正面的促进作用，在战后美元短缺时期，美国的援助有利于提高受援国的清偿能力。对外援助实际上是一种净资金转让的形式，它相当于经常账户中商品和服务项目的赤字或盈余。二战后，包括菲律宾在内的东南亚国家的国际收支基本上都是商品和服务项目的赤字很大部分需要通过获得外国援助以及其他形式的资金来补偿。外部资本不仅成为东南亚经济发展的重要资金来源，而且也是保证该地区国际收支平衡的

---

① Pradip K. Ghosh, ed. , Foreign Aid and Third World Development, WestPort: Greenood Press, 1984, p. 31.

重要因素。战后东南亚国家便通过外国政府援助、国际机构的贷款以及外国私人投资等形式获得了大量的外部资本，这其中来自外国政府的官方赠款和贷款占据了绝大部分。①

战后的菲律宾在政府转移账户上存在大量的净收入，主要是美国的政府支出，包括军事支出和退伍军人抚恤金，这类收入大大弥补了战后菲律宾的国际收支赤字。再加上美国对菲律宾的贷款、赠与，包括对菲律宾的战争损失赔偿等，成为战后菲律宾获得国际收入的很大一部分。美国政府的支出成为菲律宾国际收支的主要平衡因素，也是菲律宾的商品贸易帐户出现的严重赤字的唯一因素。② 战后菲律宾从美国政府获得了大量的美元支付收入，1945—1948 年总计约 13.8 亿美元，1949—1951 年约为 6.5 亿美元，从 1949 年开始，美国的投入有所减少，到 1951 年之后，每年获得的美元支付收入约为 5000 万—7500 万美元。

在冷战初期，菲律宾等东南亚国家的进口总量年增长率为 4.3%，是其出口的两倍。由于进口超过了出口量，贸易平衡变得非常不利，这进一步恶化了菲律宾乃至整个东南亚地区的贸易条件。贸易赤字的上升主要是通过外国资本和外部援助以及削减外汇资产来提供资金弥补的。这一时期，外部资本向东南亚地区流动，外国援助、官方赠款以及长期官方资本和私人资本的净流入成为外部账户平衡的主要部分。③ 这样的资金也就几乎成了菲律宾资本账户收支平衡的全部。正是美国的这些援助，有效地弥补了菲律宾与美国之间巨大的贸易差额，解决了该国美元短缺的燃眉之急。

---

① 孙建党：《东南亚国家的国际收支波动及其影响因素（1945—1970）》，《南洋问题研究》2010 年第 1 期。

② 孙建党：《东南亚国家的国际收支波动及其影响因素（1945—1970）》，《南洋问题研究》2010 年第 1 期。

③ 孙建党：《东南亚国家的国际收支波动及其影响因素（1945—1970）》，《南洋问题研究》2010 年第 1 期。

（三）联盟、经济援助与菲律宾的工业化

工业化是许多国家摆脱贫穷和落后的重要途径，菲律宾也不例外。工业化的先决条件是原材料、资本、技术知识、熟练的劳动力和市场。菲律宾自然资源丰富，同时拥有大量的不熟练或半熟练的劳动力，但其自身的储蓄率和资本积累程度都较低，资本匮乏和技术落后成为了制约工业化发展的主要障碍。美国在这时除了向菲律宾注入了经济发展所必需的资本外，也将先进的技术、管理经验以及专业的人力资源不断输往菲律宾。

在发展经济学看来，二元经济是包括菲律宾在内的广大发展中国家普遍具有的特征，而技术进步是促使这些国家实现二元经济转型，向现代经济过渡的重要因素。发达国家通过向发展中国家提供技术援助，可以改变这些国家国内的农业部门的技术落后和劳动生产力低下的状况，实现经济增长和人民生活水平的提高。在二战后，美国对包括菲律宾在内的东南亚各国都提供了大量的资金援助，而且还制定了技术援助计划，通过派遣专家、实施教育交流计划等方式提供人力资源上的援助。这为菲律宾经济实现发展提供了大量急需的技术人才。

战后菲律宾的经济增长与农业部门向工业部门的转变存在着较大的关联，美国的援助无疑推动了该国农业现代化的发展。在技术合作署下，美国向菲律宾派出的技术人员和专家有很大一部分被派到了农业项目中。1960 年，美国洛克菲勒基金会、福特基金会以及美国国际发展署共同资助的国际水稻研究所在菲律宾的洛斯巴洛斯（Los Banos）成立，该机构率先发起了著名的“绿色革命”，通过积极探索，培育新的高产水稻品种以及化肥，探索精湛的管理技术，这样的技术变革促进了菲律宾水稻种植有了高速增长，而且这一技

术上的革新很快扩散到了其他东南亚国家。可以说，在美国的帮助下，菲律宾等东南亚国家的粮食产量有了很大的提高，而新技术和新设备又为菲律宾的农业发展奠定了基础，促进了该国传统农业向现代农业的转型。

此外，美国的援助以及菲律宾自身的积极努力，使得该国在农业科技、土地灌溉、电力、疾病控制、公路铁路等基础设施建设等方面取得了巨大进步，其自然资源得到了更加合理的开发利用，国民收入显著增加，菲律宾也由一个农业国向工业国转变。在战后最初的15年中，菲律宾的加工制造业保持了年均9.85%的增长速度，国民生产总值也实现了年均6.3%的增长。① 无论是在工业化程度还是经济发展方面，菲律宾成为了东南亚地区的“领头雁”，其增长速度在当时亚洲国家中仅次于日本。② 这在很大程度上都要归功于美国的援助、训练有素的人口和相对良好的经济基础。菲律宾因此也成为了东南亚国家中进口替代工业化的先驱，其进口替代工业部门的年均增长率达到了12%。③ 菲律宾的国内资本总积累的保持和扩大尽管有其自身税收和私人储蓄的因素，但以美国为主的政府补偿性支付和援助起到了非常重要的作用。④

（四）联盟、经济援助与菲律宾人力资本的发展

发展经济学对发展中世界进行研究后发现，决定贫困的因素不是土地本身，而是人力，只有不断提高人口质量，才能有效地改善

---

① 陈明华：《当代菲律宾经济》，云南大学出版社1999年版，第9页。

② 覃主元等：《战后东南亚经济史》，民族出版社2007年版，第271页。

③ ［新］尼古拉斯·塔林主编，王士录等译：《剑桥东南亚史》（Ⅱ），云南人民出版社2003年版，第386页。

④ 孙建党：《美国与东南亚经济关系研究（1945—1973）》，经济管理出版社2011年版，第261页。

穷人的状况。因此发展中国家经济发展的关键在于人力资本的形成和对人力资本的投资。而发展中国家人力资本的问题主要表现在两个方面：从数量上说，大量的人力资本处于不得其用的状况；从质量上说，大量的劳动者素质很差。① 所以增加对人力资本的投资，提高劳动者素质，就成为发展中国家经济发展的一个重要战略目标。而外部援助的获得，不仅有助于补充国内的消费品供应和资本商品，而且也有助于开发推动经济增长的人力资源。② 菲律宾独立后，国内面临着严重的熟练技术工人短缺的问题，而且现有的企业和员工同英美国家的企业和员工相比较，明显缺乏创新精神以及自我创新能力。而来自美国的援助通过建立职业技术学校和在职培训相结合的方式，能够迅速和系统地培养出该地区工业化所急需的技术工人。

美国对菲律宾人力资本的投资表现在两个方面：一是体力投资，主要包括营养和保健条件的改善；二是智力投资，主要是发展当地的教育。因此，美国对菲律宾人力资本状况的改善也主要从这两个方面入手进行。20 世纪 50 年代，美国通过技术援助的形式向菲律宾提供了大量的智力投资项目，包括派出专家、提供技术培训、推广留学和教育交流计划，还帮助当地建立图书馆、信息情报中心以及水稻研究所。这些举措大大推动了当地教育的发展，特别是职业技术人才的培养。美国还关注当地的医疗卫生状况，加大对菲律宾当地医疗和公共卫生方面投资的援助力度。由于地处热带地区，包括菲律宾在内的东南亚国家天花、霍乱、疟疾等恶性传染病流行，当地群众受感染的几率极高，加之当时的医疗条件，使得这些地区普遍存在着发病率高、死亡率高的问题。从 1950 年开始，美国以及联合国相关机构加大了对这一地区的援助，在他们发起的疟疾消除计

---

① 谭崇台：《发展经济学》，山西经济出版社 2001 年版，第 194 页。

② 孙建党：《美国与东南亚经济关系研究（1945—1973）》，经济管理出版社 2011 年版，第 263 页。

划等援助项目的帮助下，菲律宾的国内卫生状况和公共健康设施得到了极大改善。

当然不可否认的是，美国的援助背后有着明显的政治动机和经济利益，但从成效上看，美国对菲律宾的经济发展还是起到了重要的推动作用。

结 论

自 19 世纪末开始，美国便对菲律宾进行了长达半个世纪的殖民统治，这对菲律宾的政治、经济和社会文化都产生了深远的影响。美国把自己的政治制度搬到了菲律宾，并在当地推广美国的文化，这使菲律宾人在价值观念上接受了美国的价值标准，从而对议会民主、总统制等观念深信不疑。美国的文化可以说是渗透到了菲律宾社会的各个层面，其人民自然亲近美国，也更加依赖美国。美国还在菲律宾推行自由贸易制度，使菲律宾在经济上对美国的依赖也一时难以改变。冷战的出现更加强化了两国之间的关联。

随着冷战的发生，美国逐渐认识到东南亚已经成为美国和苏联对第三世界争夺的前沿，美国把自己在外交战略上的考虑直接与东南亚的局势联系起来。在美国决策者看来，东南亚在政治上的战略地位是极其重要的，如果这一地区被共产主义势力所控制，将会对整个自由世界构成严重的威胁。而且美国从自身经济发展的角度上说，也迫切需要从这一地区获得石油、橡胶、矿产品等战略物资。[①] 因此，美国一方面同菲律宾缔结《美菲共同防御协定》，使得菲律宾对美国的政治、安全依赖进一步增强；一方面加大对菲律宾的援助

---

① 孙建党：“美国在战后东南亚非殖民化过程中的政策”，《南洋问题研究》2005 年第 2 期。

与投资，使其能够生产出更多美国所需要的原材料，也可以增加美国对这些地区的出口。可以说，美国在战后对菲律宾的政策不仅仅是要给予菲律宾独立的地位，更重要的是对其进行自由和民主的改革，让菲律宾成为东南亚甚至整个不发达世界中的理想模式。①

从内容上看，美国对菲律宾的经济援助是从属于美菲之间的安全框架的，是这一框架内一项重要的经济补偿性支付手段，其初衷仍然是出于政治、安全上的考虑。前面我们曾经详细分析过，战后的东南亚国家都普遍受到了二战的破坏，政治、经济和社会各方面都亟待恢复正常。但长期的殖民统治，造成了这一地区经济恢复缓慢，人口增长较快，人均国民收入不及美国的1/20。随着非殖民化的发展，民族主义、反殖民主义以及共产主义的思想都在这一地区发挥着自己的影响，这对美国在这一地区的政治、经济利益构成了巨大挑战。共产主义思想对当地民众的吸引力恐怕更多的还是在其对经济政策、特别是所有制以及分配领域的主张。因此，包括菲律宾在内的东南亚国家实现自身经济的发展就具有更深层面的政治含义。而由于资源禀赋因素的影响，这一地区的经济发展也对世界经济形势，特别是世界经济复苏具有极其重要的影响。因此，美国在联盟框架下，加大对菲律宾的援助力度，使得该国取得了很大的发展和进步，也使菲律宾的自然资源得到了合理的开发利用，其结果就是国民收入的明显增长与改善，粮食产量大增，棉花、橡胶、茶叶等经济作物的产量也有了很大改善，菲律宾经济开始由传统的农业国向工业国转变。

可以说，美菲联盟自签订后，联盟的效应便不断扩大和外溢，处于世界体系边缘地带的菲律宾之所以能够一跃而起，取得了辉煌的经济发展成就，与美国的影响是密不可分的。来自外部的因素，

① 覃主元等：《战后东南亚经济史》，民族出版社2007年版，第271页。

特别是美国政治上的支持推动了该国非殖民化的深入进行；美国也通过贸易、直接投资以及大量的技术援助和发展援助，把包括菲律宾在内的东南亚国家都纳入了它所构筑并主导的国际经济体系之中，但这一切在客观上产生了正面积极的效果，菲律宾的经济制度发生了巨大变革，国内社会经济都有所发展，人民生活也有了改善。而当人们看到国家经济发展成就的同时，对美国的情感也在改变，进一步强化了对美国的认同程度，从而巩固了美菲同盟，这也正是美国所真正追求的最终目标。

第八章

美泰联盟与泰国经济发展

US Alliance System and Regional Economic Development

冷战期间，美国与泰国也建立了结盟关系。美泰联盟建立的背景与美菲联盟类似，都是出于更好地控制东南亚，从而对苏联及中国形成有效遏制的考虑。但由于在冷战前，泰国与美国的关系跟菲律宾与美国的关系略有不同，这又为美泰联盟增加了自身的特殊性。但联盟关系一旦建立，美泰之间的经济关系与美国同其他亚太盟国间的关系一样，都伴随着军事关系的发展而更加巩固，泰国经济的发展也是得益于美国的这种特殊的联盟关系。

一、美泰关系的发展与演变

泰国位于中南半岛中南部，古称暹罗。公元 1238 年以素可泰为中心建立了泰国历史上第一个中央集权王国——素可泰王国。此后，泰国先后经历了阿瑜陀耶王朝、吞武里王朝以及曼谷王朝。从 16 世纪开始，西方列强开始染指这块土地，葡萄牙、荷兰、英国、法国等国的势力陆续进入泰国。随着欧洲列强的入侵，处于上升阶段的美国也尾随而至，开始了美泰关系的发展。

（一）战前美国对泰国政策的缘起

美国与泰国双边关系的建立可以追溯至19世纪初。1820年，当时的葡萄牙驻阿富汗总督致函泰国国王拉玛二世，希望能够在泰国设立领事机构，双方签订商约，开始进行有限的贸易活动。第二年，美国的商船也抵达泰国，将携带的军火出售给泰国，并购买泰国的日用品。这一行为通常被认为是美泰关系的缘起。

1824年3月，第一次英缅战争爆发。英国向缅甸的开战给英国提供了打开泰国门户的机会。1825年底英国使者亨利·伯尼到达泰国，并在第二年与泰国政府签订了通商条约。英国商人的商业自由有了更大的保障，泰国也承诺对英国商人只做一次性统一征税。此后，美国也于1833年与泰国签订了类似的通商条约，美泰贸易额开始迅速增加，美泰之间的经济关系也有了大幅发展。

1840年鸦片战争爆发，作为朝贡体系核心的中华帝国开始同资本主义世界体系正面碰撞，《南京条约》的签订让清王朝打开了国门，也引起了泰国的高度警惕。19世纪中期，世界主要的资本主义国家都已完成了工业革命，继续在世界各地寻求廉价原料产地和商品销售市场。那时英国控制着印度全境以及缅甸的一部分，法国则占领泰国的东部邻国越南和柬埔寨。这让泰国处于一种东西夹击的状态，出于安全考虑，泰国以更为彻底的闭关锁国政策作为应对，断绝与西方国家的任何来往。但这样的举措实际上是无济于事的，1855年4月，英国驻香港总督鲍林率领使团乘一艘炮舰到达曼谷，与泰国强行签订《鲍林条约》，进一步规定并明确了英国在泰国享有的种种特权。美国人也趁机在1856年迫使泰国签订了类似的条约，并与泰国建立了正式的外交关系。泰国一步步被拉入到资本主义世界体系之中。可以说，在美泰建立关系之前，由于美国建国时间不长，羽翼未丰，更多的精力在于处理国家的内部事务，美国对泰国的行动是“尾随在英国后面的”。①

从1902年开始，经哈佛大学、美国国务院和泰国驻华盛顿大使的协调，一批毕业于哈佛大学法学院的美国人应邀担任泰国的外交顾问，对泰国事务提供咨询。这些美国人除了给国王和外交大臣当顾问，还作为泰国的外交代理人，参与调停泰国与邻国之间频繁的边境争端，帮助泰国提高国际地位，这增强了美国对泰国的影响。1914年第一次世界大战爆发，泰国政府为维护本国的独立和主权，担心成为列强扩张的对象，发表了中立宣言。1915—1916年间，俄国和法国通过外交途径交涉，要求泰国加入协约国集团，取消中立，但泰国却没有给出明确的答复。直到1917年美国参战，中国也与德国和奥匈帝国断交，泰国才加入协约国一方，并派了一支人数不多的军队开往欧洲前线与协约国军队并肩作战。由于泰国在一战中站在协约国一方，所以它参加了巴黎和会和国际联盟大会。在威尔逊十四点建议的影响下，泰国希望能够实现自身的独立自主。应泰国的请求，美国率先于1920年与泰国签订《美泰协定》，带头放弃了治外法权，并且恢复了泰国的关税自主权。泰国政府随后以美泰协定为蓝本，派遣美国顾问佛朗西斯·B. 赛尔前往欧洲，与相关国家协商废除不平等条约。1927年泰国在财政和司法方面最终取得实际的自主权。②

而二战的爆发成为美泰关系发展的一个重大转折。随着德日法西斯在欧亚地区的不断侵略扩张，泰国政府对形势判断的结果是进一步认为轴心国必定会在欧洲取得胜利，日本也会全面控制印度支

① 入江昭、孔华润：《巨大的转变：美国与东亚（1931—1949）》，复旦大学出版社1991年版，第172页。

② 薛冬霞：“1945—1954年美国对泰国的政策”，陕西师范大学硕士论文，2005年，第3—4页。

那地区。泰国政府决定应该趁印度支那落入日本人手中之前，对原属于泰国的领土提出要求。为了争取更多国家的支持，泰国于1940年8月对英美进行试探性的争取工作。但美国对此没有予以积极响应，泰国对美国的这种态度深感不快，从而使两国关系蒙上阴影。到1941年春夏，日本全面进军东南亚。7月29日，日军从印度支那南部登陆，占领了整个印度支那。英国外交大臣和美国国务卿分别于1941年8月6日和7日发表声明，日本对泰国的威胁影响到英美两国的安全和利益。同月18日，美国国务卿赫尔向泰国驻美大使社尼·巴莫保证，如果日本进驻泰国，美国将像援助中国（国民党）一样援助泰国。但由于泰国总理披汶想利用日本收复失地，所以极力避免与日本为敌，因此号召人民不要对外国人采取敌对行动。但这种状况随着日本在东南亚的不断扩张很快就结束了。泰国的不安全感开始逐步增加，觉得它将成为日本下一个侵略目标，于是频频向英美求助，渴望从英美得到飞机、武器和其他军需品，并希望美国做出保证，一旦他们受到日本的攻击，美国会提供援助。但美国政府认为泰国实际已处于日本的控制之下，担心给予泰国援助最终只会使日本受益，只有泰国从事抵抗运动，美国才会提供援助；而泰国政府则希望在遭到日本侵略前就提供援助。泰国要求美国给予大规模援助的请求最终还是遭到美国拒绝。美国在11月只给泰国援助有限的野战炮、弹药和飞机，这导致披汶对这种象征性的援助甚为不满。

1941年12月日本发动了太平洋战争，菲律宾、香港、泰国都遭到了日军的进攻。在泰国，日军从暹罗湾的几个地点和柬埔寨方向侵入。泰国仅仅对来自海面上的敌人做了较为认真的抵抗，但由于泰国总理披汶·颂堪的妥协，泰国最终还是选择了停火。泰国外交部迫不得已同日本签署了一项允许日军假道通过泰国的协议，作为交换，日本保证尊重泰国的独立、主权和尊严。但泰国驻美国大使社尼·巴莫对政府的政策不予接受，他认为泰国政府对日本妥协的政策已使其政权失去了合法性，他向美国国务院建议成立一个自由泰国组织以抵抗日本，希望得到美国的援助以将泰国从日本控制下解放出来。1942 年 1 月 5 日自由泰国组织发表宣言，宣布加入以美国、英国、苏联和中国为代表的同盟国对轴心国作战。而以披汶为首的泰国政府最终加入了轴心国集团，并于 1942 年 1 月 25 日对英美宣战。在泰国向美国宣战后，社尼认为这完全不符合泰国人民的意志和利益，拒绝向美国递交宣战书。美国认为泰国是被日本逼迫而拖入战争的，并非出于泰国人民的意愿，因此也不承认这种宣战，还给予在美国的泰国人，包括披汶的一个儿子和一个女儿以优待。此后，美国一方面揭露和反对披汶政府投靠日本，出卖国家利益，不承认泰国的宣战；另一方面积极支持泰国内外组织的各种抗日运动，给其提供援助和帮助其训练。1944—1945 年，泰国的自由泰国和地下组织取得很大的成绩，为美国提供了不少帮助。正是由于泰国成立各种抗日组织，并与美国关系密切，对战后美国的对泰政策产生了很大的影响。

日本占领泰国期间，对泰国进行大肆搜刮，又无法给予泰国所急需的纺织品和机器，再加上披汶对拒绝合作的官员的苛刻对待，激起各个阶层人民的不满，披汶政府最终在 1944 年 7 月垮台。比里·帕侬荣开始上台执政。

可以说，从 19 世纪初到二战结束的这段时期，美国与泰国保持着平淡而友好的关系。起初，由于美国国情和泰国地缘上的因素，美国对泰国的政策并没有渴求过多的利益，它的政策是追随在英国后面的。二战期间美国采取了灵活的对泰政策，既反对泰国披汶的法西斯行径，又与反法西斯组织自由泰国保持友好关系。美国在战时的外交政策为战后维护美国的利益奠定了基础。

（二）战后美国对泰政策的发展

1945 年 8 月 16 日，在日本战败投降的第二天，加入轴心国集团的泰国也发表了《和平宣言》，宣布泰国恢复和平状态，并实行中立政策。此时泰国国内的政治局势也发生了变化，亲日的披汶下台，比里·帕依荣掌握了国家的实际权力。

在对外政策上，泰国面临的一项最紧迫的任务是重新调整与同盟国的关系，以改善和提高泰国的国际地位。为此，比里宣布披汶政府对英美宣战的行动违反了泰国的宪法和人民的意愿，因而是无效的。他一方面强烈谴责泰国向盟国宣战，主动提出归还披汶从法属印度支那吞并来的土地，并提议将边界问题提交联合国解决；一方面积极改善同以美国为首的盟国的关系，任命战时担任驻美大使、同时也是自由泰国运动的领导人社尼·巴莫为政府总理，以最大可能地与盟国达成谅解。

而美国此时在处理与泰国关系时，一方面要面对来自盟国英国的挑战，另一方面要应对泰国国内不稳定的局势。

美国与英国是盟国，但在对泰国的政策上却产生了分歧，英国企图借助法国的衰落趁机再度控制泰国，而美国随着影响力的上升也不容许英国单独行事。双方矛盾因此而起。战后英国紧紧咬住泰国于 1942 年 1 月 25 日向盟国宣战这一问题不放，坚持认为泰国属于敌对国，要求在军事上控制泰国，并通过管控泰国对外贸易的方式对其实施经济制裁。而美国则希望利用这一机会加强自身对泰国的影响。在美国看来，泰国作为一个独立国家在该地区继续存在下去将对美国的长远利益发挥至关重要的影响。因此美国在战时便无视泰国的宣战，否认泰国当时的宣战声明，认为泰国存在着各种抵抗运动，主张把泰国作为“敌占区”加以对待。1945 年 8 月 28 日，美国国务院发表了关于战时泰国抵抗运动的声明，其中声称：泰国不是一个敌对国家，在战争年代存在着强大的抗日运动，战后，泰国应作为一个主权国家重新在国际家庭中占据自己以前的位置。[①] 美国坚信，英国对泰国的政策是固执己见，将损害西方在东南亚人民中间的声誉，因此呼吁英国采取较为温和的解决办法。1945 年 9 月，英国向泰国发出由英军占领的最后通碟，但美国却背后唆使泰国予以拒绝。[②] 结果当年 9 月 8 日，英泰双方签订了《康提协定》，其中只规定了英军进入泰国解除日军武装，其费用由泰国负担。同年底，英、泰两国在新加坡就结束战争状态举行谈判，美国也应邀参加。美国的代理国务卿迪安·艾奇逊在会上曾不止一次向泰国暗示：他希望在美国还没有表明它的立场之前不要签订正式条约。[③] 1946 年 1 月 1 日，在美国的压力下，英国与泰国签署了《英泰关于结束战争状态的协定》，英国虽然放弃了一些苛刻的要求，但此举还是立即遭到美国媒体的批评，认为协定对泰国过于苛刻。通过这一协定，泰国分别向英属马来亚和英属缅甸归还了战争期间获得的马来亚北部四个州和两个掸邦，此外还以无偿提供 60 万吨大米的形式赔偿英国在战争期间遭受的损失。但由于当时泰国政府主要领导人在日本占领时期同美国建立了密切联系，凭借着这种关系，美国的影响力开始向泰国逐渐渗透。

但这个亲美的政府是个短命政府，亲英的比里很快又重新掌握政权。比里上台后，首先撤换了前政府财政部的顾问，由其英国籍好友多尔担任。多尔为促进泰国与英国的贸易，一身充当两个角色，既是英国的商业官员，又是泰国政府的雇员，在整个 20 世纪 40 年

---

① 薛冬霞：“1945—1954 年美国对泰国的政策”，陕西师范大学硕士论文，2005 年，第 8 页。

② D. G. E. 霍尔著，中山大学东南亚历史研究所译：《东南亚史》（下），商务印书馆 1982 年版，第 95 页。

③ 阿诺德·汤因比主编：《第二次世界大战史大全：1942—1946 年的远东》，上海译文出版社 1995 年版，第 346 页。

代后期他的政策建议均是能使英国从中受益的，他甚至说服泰国财政部把有限的美元当作外汇而不进行消费，此举引起了美国对比里政府的不满。同时，比里政府在对外政策上也对东南亚的民族主义力量采取支持的态度，例如，他同情支持越盟对法国的抵抗，批评法国重新在越南进行殖民统治，甚至支持越盟在曼谷设立越南新闻社，以对外传播越盟的声音。1947 年 4 月，印度尼西亚共和国的领导人苏丹·沙里尔访问曼谷时，比里政府甚至发表声明：准备对印度尼西亚共和国予以承认。此举进一步激发了美国的不满，认为比里具有共产主义倾向，可能会领导泰国走向共产主义。[①] 因此当披汶宣布准备复出时，美国并未予以直接反对，而且逐步加紧对泰国的政治渗透，从而逐步影响泰国的政治局势，也使泰国政治朝着有利于美国的方向发展。

（三）泰国国内局势的动荡与美国对泰政策的确立

1947 年 11 月 8 日，泰国陆军中将屏·春哈旺以及他的僚属与旧部佚同一批年轻军官发动了政变，推翻了现政府。政变成功后，由于担心政变会引起西方的强烈反应，军人集团并没有立即上台，而是选择了宽·阿派旺这个温和派人物作为过渡。他们利用宽·阿派旺政府赢得了西方社会，特别是美国对这次政变的认同，但宽·阿派旺政府与军方在对待军事强人披汶的问题上存在着严重分歧，这导致政变后泰国政局始终动荡。而一旦军方获得了外界对这次政变的认同后，宽·阿派旺的价值也就不复存在。他们最终逼迫宽·阿派旺政府辞职，而由披汶担任总理，泰国重新回到了披汶统治的时期。

在对待披汶重返政坛的问题上，美国驻泰国大使斯坦顿认为这

---

① 尼古拉斯·塔林主编：《新编剑桥东南亚史》，云南人民出版社 2003 年版，第 269 页。

是对民主的公然践踏，因此建议美国对披汶政府不予承认。而由于在太平洋战争期间披汶政府曾侵占了大量法属印度支那的领土，法国担心一旦披汶重新掌权，会继续实行扩张政策，威胁自身利益，因此也极力主张美国不要承认披汶政府，同时建议美国削减对泰国的石油供给，停止给泰国提供贷款，以迫使披汶下台。而且法国还在印度支那边境地区集结了大量兵力。形势看似对披汶政权十分不利。但国际形势的变化却使得美国国务院没有采纳他们的意见，转而对披汶采取了支持的态度。

1948 年春，东南亚的共产主义运动得到了巨大发展，引起了美国的关注。当年 1 月新加坡工人在马来亚共产党的支持下举行了大罢工；同年 3 月，缅甸“白旗”共产主义组织展开反对新成立的独立政府的运动；同月，苏联在曼谷设立使馆；4 月，当地的报纸报道，苏联建议与泰国实现高层军事人员互访，并在苏联为泰国培训士兵；与此同时，在 1947—1948 年间，越盟都在苏联的支持下从事反对法国的斗争。这一系列事件使得美国开始考虑其对泰政策与整个东南亚地区局势的关联。1948 年，设在曼谷的美国东南亚事务办公室的相关人员召开专门会议，研讨泰国局势。他们一致认为，苏联为了给越盟提供援助，正在筹划在曼谷建立军事基地；在政治上，苏联还很可能与中国共产党紧密合作，加紧对马来亚和缅甸输出革命，强化对上述地区共产主义活动的指导；在经济上，苏联会加紧对泰国进行经济渗透，通过向泰国出售廉价的货物把英美驱赶出东南亚市场。他们一致认为：共产主义势力正在这一地区渗透扩张，尽管泰国的共产主义活动相对较弱，但它却会对整个东南亚构成威胁。① 美国认为，他们在东南亚所面临的最大挑战就是这一地区共产

① Apichart Chinwanno, Thailand's Search for Protection: The Making of the Alliance with the United States, 1947 - 1954, Oxford: Oxford University Press, 1985, p. 137.

主义运动的不断发展壮大，因此美国不要把精力放在泰国政权的性质到底是军政权还是民主政体的选择上，而是要尽一切可能确保泰国亲美政权的稳定，防止共产主义势力的渗透。[①] 由于泰国在战后政权频繁更迭，不稳定的政局使美国意识到必须通过强有力的政治人物才能维持泰国的稳定，从而有助于遏制共产主义的不断扩展。这样，美国政府就不得不接受披汶领导的政府。美国东南亚事务办公室的负责人兰顿甚至评论到，“元帅重返政坛使得美国可以和国家真正的掌权者合作，而不是替身。”[②]

但美国一方面担心共产主义势力在东南亚的不断扩张，另一方面又对披汶政府既往两面讨好的政策心存芥蒂。[③] 但 1948 年之后冷战的形势日益严峻，随着远东地区相继建立一系列的人民民主国家，马来亚、越南及其他国家的人民革命也不断取得胜利，美国日益感觉到共产主义势力壮大的威胁，因此一个实力强大而又稳固的政权至关重要，这不仅可阻止这些国家倒向共产主义，还可使其成为遏制周边共产主义的基地堡垒。而泰国的军政权最符合美国的需要，尽管披汶备受争议，而且美国曾经也认为民主政府可以在泰国存活下去，但在过去 16 年中，泰国政府不断更迭，这正说明泰国的政治生态中，军队所发挥的重要作用。可以说，如果没有得到军队的有力支持，任何人都不可能长期领导泰国政府。但披汶作为泰国政坛的强人，能够处在政变集团之外还依然维持军队对他的忠诚，而且他能使动摇的民主与不妥协的独裁者之间达成令人兴奋的妥协。尽

---

① Daniel Fineman, A Special Relation: The United States and Military Government in Tailand, 1947 - 1958, Hawaii: Hawaii University Press, 1997, p. 46.

② Landon to Butterworth, Siamese Political Situation, April 8, 1948, United States National Archives, 转引自薛冬霞：“1945—1954 年美国对泰国的政策”，陕西师范大学硕士论文，2005 年，第 18 页。

③ 从历史上看，披汶在 1941 年曾与日本结盟，但又在 1944 年背弃了日本。尽管披汶的许多支持者反对共产主义，但披汶的内阁中也有亲苏人士参加。这种左右摇摆固然是泰国这样的中小国家的生存之道，但也正是美国所担心的。

管他现在依靠军队的力量，但他也是泰国政府中唯一一个能把政府与军队的重要性联系在一起的一个人。[①]

总之，正是由于冷战初期共产主义在东南亚的发展，美国认识到必须通过强有力的政治人物才能控制泰国的政局，维持东南亚的稳定，才能确保美国在东南亚地区的利益不受损害，于是美国接受了披汶。同时通过相应的军事和经济援助，美国和披汶之间建立了更为密切的关系，通过美泰之间的互动，披汶能够更加积极地反对共产主义；而披汶积极的反共措施又能够赢得美国对其地位的认可与支持，从而保证对泰国援助的不断增加。这两方面相互加强，使得披汶最终走上了亲美反共的道路，也为后来美泰联盟的建立奠定了基础。

二、美泰联盟的建立

随着中国共产党在国共内战中的节节胜利，社会主义革命在亚洲取得了突破性发展。此后，中苏同盟的建立，朝鲜战争的爆发，都加深了美国对共产主义势力在亚洲扩张的恐惧。美国一方面改变了对原有非殖民化政策的立场，转而支持英、法、荷等国继续维持在东南亚的殖民统治；另一方面亲自涉足这一地区，以尽最大努力阻止共产主义的扩张，美国需要在东南亚寻找一个合适的基地来完成这一使命，而披汶的军事独裁政权很好地充当了这一角色，它在美国东南亚战略中的重要性日益突显，这也将美泰关系推向了一个新的阶段，美泰联盟也正是在这样的背景下得以建立的。

---

① Bulkley, The Question of Phibun Again, April 29, 1948, United States National Archives, 转引自薛冬霞："1945—1954 年美国对泰国的政策"，陕西师范大学硕士论文，2005 年，第 19 页。

（一）追随美国，承认保大政权

二战之后，印度支那地区人民为争取民族独立，不断掀起反对法国殖民统治的斗争，但随着胡志明领导的越共在这一地区不断取得胜利，美国开始重新审视这一地区的冲突，认为印度支那地区的反法运动已成为苏联阵营扩展自己影响的一部分。随着中国对越南民主共和国的承认，美国更加觉得事态的严重，开始改变过去在印度支那问题上的立场，明确指出法国在印度支那的努力是具有重大战略意义的，由原来明确反对法国在越南进行殖民统治的立场，转变为向法国提供适当的军事、经济与财政援助，以便能够打败或大大削弱越盟的力量。1950 年，美国开始援助法国继续进行殖民战争。朝鲜战争爆发的第二天，杜鲁门政府更是宣布将增加对印度支那地区的军事援助，同时在军事和经济上积极支持南越保大政权，企图把印度支那、中国台湾和朝鲜连接起来作为遏制共产主义、扼杀新中国的一环。①

泰国原来并不支持保大政权，认为保大起初是法国的附庸，战时又是日本的合作者，战后又成为法国的傀儡，他的政权缺乏稳定的合法性基础。同时，泰国与法国长期以来存在矛盾，泰国也不希望看到法国殖民地在印度支那继续存在。但由于此时美泰之间的关系有了很大的推进和发展，美国也开始不断向泰国施压，希望它能改变原有的立场。美国认为，保大的成功对泰国是很重要的，如果胡志明控制了印度支那，那只能对泰国带来灾难性的影响。而泰国政府却认为，法国最终从印度支那撤走是不可避免的，如果泰国一时冲动承认了保大政权，那么一旦越盟控制了越南，泰国就会与越

① 刘金质：《冷战史》，世界知识出版社 2003 年版，第 455 页。

南为敌，这必然会给泰国带来十分不利的影响。因此，泰国外交部建议对保大政权采取观望政策，不要急于承认或支持保大政权。①

但在美国承认并支持披汶政权后，美国便不断向泰国提供披汶所急需的军事援助。但面对着泰国在承认保大政权问题上立场的坚定，美国也不敢贸然以军事援助为谈判的筹码，因为这样可能会把泰国推向苏联的阵营。所以美国开始考虑以加大军事援助为诱饵，促使泰国政府改变立场。但这样的安排恰恰符合泰国的愿望。双方很快找到了利益的契合点。1951 年 2 月初，泰国政府在美国巨大的外交压力下，逐步改变了对保大政权的外交思想和外交路线。2 月底，泰国宣布正式承认法国对越南、老挝和柬埔寨的控制，承认保大政权的合法性。在泰国宣布承认保大政权后，美国很快同意给予泰国军事援助。艾奇逊在 3 月 9 日接到斯坦顿对东南亚援助的备忘录之后，立即写信给杜鲁门，敦促总统签署给印度支那 7500 万美元和给泰国 1000 万美元的军事援助。他指出："援助对维持和加强泰国的反共产主义政策是绝对必需的。"他同时提醒杜鲁门："除非给予泰国经济援助，否则它无法对付共产主义的压力。"杜鲁门深以为然。随即，杜鲁门政府决定给予泰国 1000 万美元的援助。②

泰国最终还是承认了保大政权。对美国来说，这是其对泰政策的一大成功。作为当时亚洲仅有的两个承认保大政权的国家之一，泰国的行为对促使这一地区的其他国家接受保大政权是非常重要的。披汶也通过承认保大政权这一事件，逐渐放弃了过去奉行的谨慎外交政策，加快了向美国靠拢的步伐。而美国看到披汶的转变后，也增加了美国对泰国的经济和军事援助，泰国在美国对外战略中的地

① Apichart Chinwanno, Thailand's Search for Protection: The Making of the Alliance with the United States, 1947 - 1954, Oxford: Oxford University Press, 1985, p. 156.

② Apichart Chinwanno, Thailand's Search for Protection: The Making of the Alliance with the United States, 1947 - 1954, Oxford: Oxford University Press, 1985, pp. 160 - 162.

位大大提升。

（二）朝鲜战争与美泰关系的巩固

如果说披汶政权承认保大政权加快了泰国向美国靠拢的步伐，那么朝鲜战争无疑为美泰关系的进一步巩固提供了契机。朝鲜战争爆发后，美国组成联合国军赴朝鲜战场参战。在朝鲜战争爆发后第四天，联合国军便通知泰国政府，要求其为韩国提供物资援助，美国也不断敦促泰国向韩国提供相应的援助。泰国政府此时已知道服从美国的军事安排能够换取必要的军事和经济援助，因此对美国的要求积极响应。在接到美国要求后，泰国政府立即表示要向韩国援助大米，甚至表示了可以派兵的意见。以披汶为首的军政府认为，向朝鲜战场派兵，会使泰国得到政治和军事上的好处。他们的基本逻辑是：派兵在政治上可以提升泰国在美国战略中的地位；在军事上可以使泰国得到援助。在战争期间，美国把飞机、设备和武器运到泰国，以用于朝鲜战争。那么战争结束以后，这些军事设施必然会属于泰国。[①] 尽管在泰国政府内部面临着很大争议，但泰国还是在1950 年 7 月向韩国派出了一支 4000 人的军队，从而成为向朝鲜战场派兵的第一个亚洲国家。泰国以实际行动再一次表达了对美国的忠诚。

泰国的这一外交举措，也成为泰国外交的一个重要转折点。此前，虽然披汶政府一直奉行比较谨慎的对外政策，但对国内的共产主义者并没有采取镇压或制裁措施，也没有对苏联和其他社会主义国家采取敌视的态度；恰恰相反，披汉通过与苏联保持并发展外交

---

① 薛冬霞：“1945—1954 年美国对泰国的政策”，陕西师范大学硕士论文，2005 年，第 27 页。

关系来对美国施加影响，使其做出有利于泰国的政策。此前泰国一些对美政策，可能也是披汶急于获得美国援助而做出的权宜之计，在朝鲜战争问题上，泰国彻底实现了其外交政策的转变，一改过去东西方兼顾的外交政策，这也影响了泰国后来20年来外交政策的走向。

朝鲜战争的爆发后泰国的一系列举动，也对美国的泰国政策产生了重要影响。在上一章曾经提到过美国制定的NSC68号文件，该文件指出美国为了应对苏联在亚洲影响力的扩张，应当增强在自由世界的政治、经济和军事实力。而东南亚地区是其中重要的一环。1950年12月8日，出台的NSC68/3号文件正式制定了美国在全球范围内进行冷战和全面扩充军备的蓝图。在对东南亚形势进行考察之后，美国把泰国作为美国在东南亚反对共产主义的支撑点。[1] 美国也把泰国从援助国家中的最后考虑变为了最优先考虑，同时加大了对泰国的军事援助和经济援助，这些为以后美泰联盟的建立提供了经济基础，而且也成为日后美泰联盟建立后重要的补偿性支付手段。

（三）建立"隐蔽行动"基地

美国不但拉动东南亚国家同共产主义进行公开的对抗，也以这一地区为基地，对亚洲的社会主义国家开展"隐蔽行动"。所谓"隐蔽行动"其实就是指一国以不被认为是本国所为的方式所采取的旨在影响某些政府、事件、组织或个人以支持其对外政策的活动。它包括由政府实施或资助的反对敌对国家或集团的一切活动，这些活动计划的实行要使任何局外人都不清楚其中的内幕或实施国政府的责任；万一败露，实施国政府也可以巧言否认任何责任。具体地

① 尼古拉斯·塔林主编：《新编剑桥东南亚史》，云南人民出版社2003年版，第364页。

说，这些活动包括任何相关的秘密活动：宣传、经济战；预防性直接行动，包括破坏、反破坏、爆破拆毁、撤离转移；颠覆敌对国家，包括援助地下抵抗运动、游击队和难民解放组织，支持自由世界中受到威胁的反共产主义分子。但隐蔽行动不包括可识别军事力量的武装冲突、间谍和反间谍以及为军事行动而采取的秘密欺诈活动。[①]

冷战时期，以中央情报局为主导，美国对苏联、东欧国家以及中华人民共和国开展了大量旨在颠覆、破坏这些国家社会主义制度的行动。其中泰国因其特殊的地理位置以及历史上与中国大陆形成的联系，成为美国推行“隐蔽行动”的重要基地。

起初，美国并未选择在泰国进行“隐蔽行动”。但由于泰国内部政治斗争形势十分复杂，泰国政府希望通过利用美国中央情报局的资源，平衡国内各方的政治势力，巩固自身的统治。泰国政府利用这一机会，与美国中央情报局建立了联系，大大扩展了在泰国开展“隐蔽行动”的范围。1950 年下半年，中央情报局在曼谷设立一个名为“海洋供给处”的机构，它负责给泰国提供秘密援助，为警察局提供摩托、火箭筒、手榴弹和一些化学武器，后来又提供轮船、飞机、直升机和坦克等一些重型设备。1951 年初，海洋供给处又在泰国北部设立了一个基地，以培训泰国警察阴谋破坏、丛林生存、使用先进武器等技能。到 1953 年，泰国已有 200 多名中情局的顾问帮助警察局训练警察。美国的这些秘密援助在泰国陆军与海军之间的斗争中起了很大的作用。由于中情局装备的警察更强大也更现代化，这使得其他的政治力量无法挑战披汶的统治。由于泰国的政治体系高度个人化，美国通过秘密支持泰国领导人，与其建立了亲密关系，增强了美国在泰国的影响。

---

① 白建才：“冷战初期美国‘隐蔽行动’政策的制订”，《陕西师范大学学报（哲学社会科学版）》，2003 年第 4 期；白建才：“冷战期间美国对外‘隐蔽行动’问题析论”，《世界历史》2010 年第 4 期。

而在泰国进行“隐蔽行动”的想法也完全符合美国的需要。其在东南亚地区开展“隐蔽行动”主要的针对目标就是新生的中华人民共和国。它为流窜到缅甸的国民党残部提供装备，以颠覆中华人民共和国政权。1950 年初，美国与在缅甸的国民党残部取得联系，向其提供武器装备，包括 50mm 口径的机枪、火箭筒等。而美国的这些行动实际上都得到了泰国的支持和帮助。泰国还允许国民党残部在泰国北部购买食物。同年 2 月，在泰国的掩护下，美国中情局向缅甸发送大批物资，中情局先把大量的机动车、广播、步枪、半自动和自动枪运往泰国，然后转道泰国运往缅甸。同时，美国的空运机构也开始对国民党的残部进行直接空投，并高达一周五次。在空投过程中，披汶下令在曼谷为美国飞机提供油料，同时他还安排泰国飞机帮助美国进行运送。终于在泰国的帮助下，到 1951 年底，国民党在缅甸北部建立可以容纳 4 架飞机的飞机场，700 多名国民党正规军也经泰国从台湾到达缅甸。1952 年初，国民党残部在美国和泰国的支持下，试图进攻中国云南，但这一行动很快遭到了中国人民解放军的反击，美国和国民党的企图破灭。至此，美国以泰国为基地进行“隐蔽行动”暂告一段落。但美泰关系因此更加密切。

（四）美泰联盟建立

披汶自战后重新执政以来，在涉及重要地区事务问题上给予美国坚定的支持，使美国对泰国政府有了进一步的认识；而亚洲地区冷战格局的形成，特别是中华人民共和国建立以及朝鲜战争的爆发，也使美国开始重新审视泰国在其冷战布局中的重要性。

1950 年 10 月 17 日，美国与泰国在曼谷签署了《关于军事援助的协定》。协定内容包括：每一方应向另 ·方提供经本国政府认可和同意的装备、物资、服务和其他军事援助；保证有效地使用美国提供的援助；不经美国同意不把援助物资运出泰国境外；双方采取安全措施，防止泄露秘密和破坏提供的物品、服务或情报；双方同意接纳履行援助的人员，并把他们视为大使馆的一部分人员，享受同级人员的特权和豁免等。[①] 这一条约的签订，为美泰结为同盟迈开了重要一步。

1953 年，艾森豪威尔就任美国总统。他上任伊始，就面临着东南亚地区严峻的安全形势。这一年年初，胡志明领导的越盟取得节节胜利，影响遍及越南大部分地区，这使法国在当地的统治岌岌可危。而此时的东南亚国家中，缅甸奉行中立的对外政策，马来亚则处于英国的控制下，只有泰国因为军人集团的强力控制，政权较为巩固，因此美国要求泰国尽最大可能地支持法国对抗胡志明的越盟。而泰国以实际行动向美国人证明了它的能力。这使美国决定将泰国作为其在这一地区限制共产主义发展并牵制法国的重要支撑力量。[②]

到 1954 年，越南、老挝、柬埔寨的抗法斗争取得了进一步胜利，法国已疲于应付，急于从印度支那脱身。美国出于遏制共产主义发展的战略考虑，要求法国将战争升级，并积极介入战争。当年的 3 月 20 日，法国外长飞赴美国，寻求美国的援助，来解救被围困在奠边府的法军。但美国国会不同意美国军队在印度支那承担新的义务，艾森豪威尔也不愿意派美国军队去冒这个险，因此希望能够联合英国共同参与。他给丘吉尔写信说，“让印度支那落入共产党手中，则对于我们和你们的全球战略地位以及整个亚洲和太平洋的力

---

① 刘金质：《冷战史》，世界知识出版社 2003 年版，第 438 页。

② Daniel Fineman, A Special Relation: The United States and Military Government in Tailand, 1947 - 1958, Hawaii: Hawaii University Press, 1997, p. 120.

量对比变化来说，其最终的影响将是灾难性的。”[1] 几天以后，美国国务卿杜勒斯在纽约海外记者俱乐部发表了题为《红色亚洲的威胁》的演说。在演说中他指出，东南亚面临着苏联和中国的威胁，这是对自由世界的一种挑战。对于美国来说不应消极地接受这种状况，而应该联合采取行动予以应对。[2] 这一演说也成为美国构筑东南亚条约组织的先声。随后，艾森豪威尔再次致函英国首相丘吉尔，呼吁英国和美国一起为在东南亚组织一个区域性集团而努力。艾森豪威尔写道，现在对法国人的最好支持就是建立一个新的国家集团或联盟，这个国家集团或联盟可由英美两国，再加上法国、印支三个联邦国家、澳、新、泰、菲等国组成。这个联盟必须是强大的，必要时可以参加战斗。[3] 但英国此时担心这一联盟的组建会影响即将召开的日内瓦会议的进程，希望等会议召开后再行商议；法国此时深陷战争泥淖，急于从此地脱身，对此计划毫无兴趣，其他国家也是反应冷淡。只有泰国立即明确表示支持美国的这一建议，这让美国大喜过望。

正是有了泰国对美国行动计划的明确支持，美国得以确信即使没有英国的支持，美国也能够对印度支那地区进行有效的空中打击，因此需要对泰国的安全予以明确保护。1954 年 5 月 9 日，在法国向越盟投降两天之后，杜勒斯明确表示要给予泰国相应的安全承诺，并建议与泰国签订一个开放性的共同防御条约，在这一条约框架下，同时允许其他向美国开放领土作为基地的国家参与其中。得知美国的这一想法后，披汶政府马上宣布愿意在曼谷为美军设立空军基地，美泰两国之间朝着建立联盟关系的目标又迈进了一大步。

---

① Apichart Chinwanno, Thailand' s Search for Protection: The Making of the Alliance with the United States, 1947 - 1954, Oxford: Oxford University Press, 1985, p. 256.

② Daniel Fineman, A Special Relation: The United States and Military Government in Tailand, 1947 - 1958, Hawaii: Hawaii University Press, 1997, p. 127.

③ 姚椿龄：“美国与东南亚条约组织的建立”，《美国研究》1995 年第 3 期。

与此同时，美国政府不断就缔结东南亚条约举行会议。6 月 29 日艾森豪威尔和丘吉尔终于达成了立即研究东南亚防御问题的协定，美国发表了协议草案。随后英、美两国分别与不同国家的代表进行谈判。9 月 8 日，来自美国、英国、法国、新西兰、澳大利亚和泰国的代表在马尼拉签署了《马尼拉条约》，最终形成东南亚条约组织。对于这一条约和组织，泰国积极响应，成为东南亚条约组织的积极参与者。条约签署后，泰国政府认为自身获得了足够的安全保障，所以仅用了两周时间，泰国就批准了《马尼拉条约》，成为所有成员国中第一个批准该条约的国家。该组织也将其总部设在了泰国的曼谷，泰国政府对此更表示热烈欢迎。

虽然《马尼拉条约》针对的是那些非共产主义的印度支那国家，但泰国在整个条约的签订过程中发挥了最为积极的作用。甚至可以说，如果没有泰国的积极响应和支持，美国都不可能通过此条约。正是因为泰国的坚定支持，使得泰国在美国对东南亚整体战略布局中的地位日益突显，逐渐成为美国在东南亚地区的战略中心基地，美泰之间的盟国关系正式确立。

《马尼拉条约》的签订标志着美泰安全同盟的最终形成，美国与泰国建立了一个正式的同盟机制。对泰国来说，泰国得到美国为泰国提供军事援助的明确承诺，这是泰国多年来外交政策的主要目标。对美国来说，它为美国提供了一个工具，使美国可以对东南亚共产主义势力的发展采取先发制人的打击。

从历史上看，泰国作为一个小国，在列强环伺的情况下，比较巧妙地维护了自身的独立地位。早在 19 世纪，英、法两国对印度支那进行争夺时，泰国便利用自己独特的地理位置成为了英法争夺的缓冲地带，从而成为东南亚唯一没有沦为殖民地的国家；太平洋战争期间，泰国追随日本，对英、美两国宣战，但这一行为虽然对其国家形象造成一定的影响，但却使泰国在二战期间军事上未受损失，领土完整也得以保全。这不失为一种巧妙的选择。而面对着战后大国对这一地区的介入，泰国又果断地依附于当时资本主义阵营中最强大的国家——美国，在重要的地区事务中追随美国的立场，并最终通过结盟，巩固了与美国的关系，确保了美国能够向泰国提供稳定的补偿性支付，这也有力地促进了泰国经济的恢复与发展。

三、美泰联盟与泰国经济发展

泰国作为战前东南亚地区唯一一个独立的国家，而且在日据时期因其特殊的政策使其战争损失降到了最低，因此其经济状况在战后比其他东南亚国家要好一些，但仍然面临着一些困难。再加上由于战时泰国与日本的特殊关系，招致英国的不满，使得英国强烈要求惩罚泰国，要求其支付巨额战争赔款，这使泰国经济雪上加霜。但正是这一困窘的经济局面，为美、泰两国经济关系的建立与改善提供了良好的契机。美国从政治安全的角度考虑，极力劝阻英国放弃过于苛刻的对泰政策。同时，美国成功地利用经济手段，有效地对泰国施加影响，开始了战后美泰经济关系发展的新阶段。

（一）战后美泰经济关系的新发展

战争甫告结束，美国立即宣布战前泰国在美国账户中的 900 万美元贷款解冻，与此同时还向泰国提供一笔数千万美元的贷款，用于购买战时剩余物资。同时由于美国的影响，泰国在伦敦的 1600 万英镑被限制使用的通货也获得了解冻，这些资金使泰国顺利渡过了战后初期的经济困境。[①] 到 1946 年 1 月 5 日，泰国恢复了同美、英两国的外交关系。美国成立了联合监管机构，改变了过去由英国独占的锡、橡胶、大米和椰子等物资出口的监督权，变为英美联合监管。同时为了加强对泰国的影响，美国积极帮助泰国加入联合国，还给予泰国 1000 万美元的援助用于修建铁路，为泰国提供剩余的军用物资和技术援助。这些措施大大改善了美泰关系，泰国也明确表示欢迎美国资本进入泰国市场。

但在当时，泰国经济的主导权仍然由英国掌握，它必然反对美国资本进入泰国。泰国政府的财政顾问是英国人担任，他深刻地影响着政策的制订，而且政府推行的经济政策也是不利于美国的。战后，泰国的经济形势也发生了变化，当时泰国是强势通货膨胀，尽管这从经济角度来说对美国商人有利，但由于美国在泰企业家大部分都是新来的，缺少经验，更缺乏资金，真正的受益者仍然是英国。此外，由于历史的渊源，英国商人也比美国商人占据了更好的地理位置，能够给泰国提供更廉价的消费品。更重要的是，英国控制了泰国的出口贸易，使得泰国英镑存余而美元不足，泰国也就只能购买英国的产品而无法购买美国的商品。这最终导致了英、美两国在这一地区成为商业对手，从而对美国的对泰政策产生影响。

美国和英国的大使为了各自国家的经济利益都企图操纵泰国国内的经济政策。在宽·阿派旺担任泰国总理期间，泰国的美籍财政顾问康斯建议泰国政府放松对对外贸易的控制，并且通过国内需求状况而非政府的财政状况来决定泰国的进口数额，即泰国从能提供最好的商品的地区购买货物，同时又出口大米、橡胶和锡到这些国家以获取必要的通货。这被康斯和宽·阿派旺称为“经济预算”的计划，是与美国的政策和利益相一致的，因为如果泰国从价格、发

---

① 覃主元等：《战后东南亚经济史（1945—2005）》，民族出版社 2007 年版，第 155 页。

货时间和有利的信用计划来考虑而不是从财政部的外汇储备来考虑的话，英国在供给诸如钢铁、铁路设备等主要货物方面很难与财政状况良好的美国公司竞争，美国的出口将会增加。宽·阿派旺在康斯的说服下，也赞成此项计划。但宽·阿派旺的政府是个“短命政府”，很快就被亲英的比里政府所取代。英国也借助这一机会力图重新扩展自己的影响力，并在经济命脉上与泰国建立紧密的经贸联系。但是此时美国的政治影响力在泰国不断上升，影响到了泰国对经济伙伴的选择和对外经济政策的制定。

伴随着美泰之间政治关系的逐渐发展，英国企图重新在经济上控制泰国的图谋也未能得逞。这为美泰间经济关系的新发展提供了契机。1949 年，在美国的帮助下，泰国结束了它对英镑集团的财政依赖，加入了国际货币基金组织和国际复兴开发银行，而这两个机构都是美国居于主导。同年，由于国民党在国共内战中节节败退，美国认为应该把其对亚洲的援助从中国转移到东南亚地区。因此当时计划援助给中国的 7000 万到 1 亿美元的资金被转移到了东南亚。此后，美泰关系的进一步发展，特别是朝鲜战争的爆发，影响了东南亚地区在美国全球战略布局中的地位，美、泰两国之间政治、安全联系加强的同时，经济联系也日益紧密。1950 年 9 月，美国根据“第四点计划”与泰国签订了《经济与技术合作协定》和《富布赖特教育交流协定》，美国开始系统地为泰国提供大规模经济援助，同时还积极帮助泰国争取世界银行的贷款。① 同年 10 月，美国又与泰国签订了关于服务、武器和装备的军事协定，规定从 1950—1957 年，美国平均每年向泰国提供 1625 万美元的军事援助。②

此后，美国在强化美泰政治、安全合作的同时，利用“第四点

① 尼古拉斯·塔林主编：《新编剑桥东南亚史》，云南人民出版社 2003 年版，第 354 页。
② 覃主元等：《战后东南亚经济史（1945—2005）》，民族出版社 2007 年版，第 155 页。

计划”的框架对泰国展开了大规模的经济援助。1950 年 9 月，美泰之间的经济援助协定签署后不久，30 位美国专家便抵达泰国，开展援助。当时美国的援助主要集中于农业、卫生和通讯等方面，项目涉及稻米和其他农作物的品种改良、灌溉、渔业技术以及其他农业活动；疟疾控制和医疗体系的建设；交通和电力；教育和公共卫生管理等领域。[1] 在美国对泰国援助的最初几年里，约有 30% 的援助资金被分配到了农业部门，用于加强泰国的农业研究能力。与此同时，美国也格外关注对泰国的医疗教育、公共卫生服务部门的培训。在美国的支持下，泰国有针对性地开展了疟疾防控工作，直到 1954 年，泰国的疟疾死亡率下降了一半，美国也为此投入了大量资金。同时，美国也为泰国地方医疗体系的建立与发展做出了巨大贡献。统计显示，泰国在 1950 年时 71 个府中仅有 20 个府建有医院，但到了 1955 年时每一个府都建有一家小型医院，并配有美国援助使团提供的设备。[2]

在这一时期，美国的财团也在政府引导下开始逐步进入泰国。美孚石油公司和德士古石油公司获得了在泰国经营石油业务的特权。1950 年，美国银行以 1000 万美元的注册资金在泰国建立了分行。美国的资本还通过国际复兴开发银行大量输入泰国。从 1945 年开始一直到 1954 年美泰联盟关系正式确立，美国向泰国的贷款金额达到了 1068 万美元。

美、泰两国之间经济关系的新发展固然有美国战略上的考虑，也就是美国要利用泰国面临的内外困境将英国的势力赶走，从而能够真正掌控这个地方，再加上冷战格局的推动，泰国自然会被美国

---

① 孙建党：《美国与东南亚经济关系研究（1945—1973）》，经济管理出版社 2011 年版，第 238 页。

② Robert J. Muscat, Thailand and the United States: Development, Security, and Foreign Aid, New York: Columbia University Press, 1990, p. 92.

纳入到其反共和冷战的前哨阵地。但不可否认的是，美国因素成为了战后泰国经济发展的主要推动力量。

（二）美泰联盟与美国对泰经济援助

1954 年，随着《马尼拉条约》的签订，美、泰两国之间正式确立了联盟关系。泰国在这一过程中积极响应美国提出的各种倡议，为美泰联盟的发展和巩固提供了必要的支持。这种联盟关系对于美国确保其在东南亚地区的利益也是至关重要的，为此美国通过经济补偿性支付这种方式，给予泰国大力的援助，为战后泰国经济的发展与腾飞奠定了基础。

从 1954 年开始，美国对泰国经济援助的资金大幅增加，有统计显示，1954 年美泰联盟建立开始一直到 1960 年，美国对泰国经济援助的总额达到了 2. 007 亿美元，其中赠款为 1. 507 亿美元，项目援助为 8350 万美元，非项目援助为 6720 万美元，贷款为 4830 万美元。[①] 这些资金主要用于泰国的公路交通、航空运输、电力、矿业和其他基础设施建设，此外还包括教育和公共管理等部门的发展，这些援助资金可以被视为是一种资本项目。从 1955 财年开始，美国对泰国的经济援助计划与之前四个财政年度计划相比增长了 6 倍，从年均 790 万美元上升至 4610 万美元。同年 6 月，美国政府向泰国政府提供了总额为 2370 万美元的资金，支持泰国政府购买与生活密切相关的必需品。而且根据美泰两国政府之间签署的一项剩余农产品协定，美国政府在 1954—1955 财政年度要向泰国提供价值约 200 万美元的烟草，泰国可以用本国货币支付；其中的 120 万美元更是作

---

① Robert J. Muscat, Thailand and the United States: Development, Security, and Foreign Aid, New York: Columbia University Press, 1990, p. 295.

为专项资金，用于美国政府与泰国政府达成的经济发展项目。① 而从1956—1957 年，美国向泰国提供的经济援助更是高达 3430 万美元，这些资金主要帮助泰国恢复其基础设施建设，促进教育事业发展，提高政府行政管理水平。有统计显示，从 1954 年《马尼拉条约》签订，美泰联盟关系正式确立到 1960 年初，美国对泰国经济援助的总额高达 2.007 亿美元，其中赠款为 1.507 亿美元，项目援助约占 8350 万美元，非项目援助为 6720 万美元，贷款为 4830 万美元。②

从援助的内容和形式上看，美国对泰国的援助主要集中在项目援助上，主要涉及交通、教育、卫生等领域。从 1955 年开始，美国开始大规模援助泰国的交通基础设施建设，主要集中在公路和航空交通网络的建设。美国援建公路的重要时期是 1955 年之后的 10 年时间，美国国国际开发署行动团和泰国政府完成了对泰国公路的规划，拟建 8 条总共 4760 公里的重要公路。这个计划延续到 20 世纪 60 年代中期。美国行动团提供资金、设计公路网、加强泰国公路部、引进现代建筑技术和国际标准，并让泰国私人建筑承包公司参加了公路建设。③

这些美国援建的公路中最著名的就是友谊公路，该公路全长 148 公里，耗资 2050 万美元，连接了中央平原的沙拉武里和东北部的呵叻，是泰国第一条通往东北部的全天候公路。该公路从 1957 年开始逐段通车，而后成为泰国最繁忙的一条公路。第二条公路是东西公路，全长约 130 公里，耗资 1460 万美元，从泰国北部的彭世洛延伸至东北部的隆塞，是连接北部和东北部之间的第一条全天候公路。

---

① United Nations, Economic Survey and Asia and the Far East, 1955, p. 184. 转引自孙建党：《美国与东南亚经济关系研究（1945—1973）》，经济管理出版社 2011 年版，第 238 页。

② Robert J. Muscat, Thailand and the United States: Development, Security, and Foreign Aid, New York: Columbia University Press, 1990, p. 295.

③ Robert J. Muscat, Thailand and the United States: Development, Security, and Foreign Aid, New York: Columbia University Press, 1990, p. 96.

此外，美国还援建了曼谷至沙拉武里、呵叻至廊开的公路，打通了曼谷至廊开间公路联络线。曼谷至沙拉武里公路全长 107 公里，总费用为 1290 万美元，是连接曼谷到北部和东北部地区的交通动脉。呵叻至廊开公路全长 414 公里，总投资 1260 万美元。美国援建泰国的最后一条大型公路是曼谷至佛统的公路，该公路于 1965 年通车，全长 50 公里，耗资 580 万美元，它的通车，连接了曼谷与马来半岛上领土的交通，它不但具有经济价值，更具有重要的战略意义。①

除了援助泰国的公路建设，美国还帮助泰国修复公路桥梁。从 1956 年开始，美国投资 620 万美元，修建了 1000 余座桥梁和涵洞，打通了约 4000 公里里程的公路。这项工程促进了泰国建筑企业的发展，1955 年泰国仅有 7 家这样的企业，到 20 世纪 60 年代中期，这样的企业增加到 76 家。② 美国在援建友谊公路和东西公路时还培养了大量泰国工程人员和机械操作员，为泰国建筑产业的发展奠定了基础。

泰国的航空交通也是在美国的援助下取得的发展。美国的援助措施同样也具有安全和经济的双重意义。美国援助改善航空交通分为两个阶段。第一阶段始于 1956 年，主要任务是在廊曼和另外 13 个机场安装航空辅助设施、通讯系统、改进机场设施（指挥塔、跑道、停机坪和电厂）以及廊曼机场的仪表着陆系统，培训了约 100 名操作和维修人员。到 1965 年越南战争全面升级后，美国更是把泰国作为侵越战争的重要基地，对泰国的航空交通进行第二阶段改造，目标是发展泰国飞行设备的监控能力，安装航空设备，改进航空通讯，安装灯光以便另外 7 个机场能在晚上运营，培训航空管理人员。

---

① Robert J. Muscat, Thailand and the United States: Development, Security, and Foreign Aid, New York: Columbia University Press, 1990, pp. 96 – 10; J. Alexander Caldwell, American Aid to Thailand, Lexington: D. C. Heath, 1974, pp. 43 – 44.

② 刘莲芬、施若:《论冷战时期美国对泰国的经济援助》,《特区经济》2007 年第 12 期，第 87 页。

第二阶段援助计划直到20世纪70年代才结束。出于安全考虑而得以发展的泰国航空业对泰国的经济产生了正面效果。航空运输的发展使曼谷成为世界上的重要航空交通枢纽之一，这促进了泰国旅游业发展，使它成为泰国重要的创汇产业。[①]

在铁路运输方面，美国帮助泰国扩建了乌隆到廊开的铁路，修建了一个渡运码头和一条连接支线，完成了从曼谷到万象的运输线。这一工程同样也是安全和经济价值兼备的。此外，美国还为泰国培训铁路技术人员、提供必要的设备。

除了对泰国交通设施的建设进行必要的援助外，美国还将对泰援助的重点放在了人力资源开发项目和培训项目上，这也为泰国经济的发展积蓄了必要的人力资源。通过这类人力资源援助计划，美国为泰国人提供了赴美长期留学及接受短期专业培训的机会，从而为泰国培养了各个领域所急需的专业技术人才和管理骨干。据统计，在1951年时，仅有14名泰国学生到美国留学，第二年增加到了77名，此后数量逐年增加，到1970年时达到了顶峰，受美国援助赴美接受培训的泰国人达到了900多人。[②] 除了官方的援助外，美国的非政府组织也积极参与对泰国的各种技术援助和人力资源开发计划，包括美国福特基金会、洛克菲勒基金会、亚洲基金会、农业开发委员会，甚至一些私人志愿机构也都参与到了对泰国的援助活动中，他们资助了大量泰国社会各阶层人士赴美接受教育，从人文层面巩固了美泰之间的情感联系。美国也注重在泰国当地开展职业教育和培训，1954年，美国印第安纳大学与曼谷巴萨米教育学院签订援助合同，力图把该学院建设为泰国第一流的教师培训学院。至1960

---

① Robert J. Muscat, Thailand and the United States: Development, Security, and Foreign Aid, New York: Columbia University Press, 1990, pp. 104 – 105; J. Alexander Caldwell, American Aid to Thailand, Lexington: D. C. Heath, 1974, p. 45.

② Robert J. Muscat, Thailand and the United States: Development, Security, and Foreign Aid, New York: Columbia University Press, 1990, p. 50.

年，该学院的学生由200人增至2000人，翻了10倍之多。1958年，由美国援助的一项普通教育发展计划在全国设立12个教学区，每区由一所教师培训学校、一所职业学校、两所初级学校、两所初中和一所农校组成，通过这样的架构来向普通泰国民众传播新观念，监督和改进当地学校的课程和教学方法。1956年曼谷技术学院与美国韦恩州立大学签订援助合同，此举促进了职业教育在泰国的迅速发展，不到四年时间，该学院便拥有200名教师、34幢建筑和5000名学生，在清迈、呵叻和宋卡的分校还招收了1500人。1958年，美国通过夏威夷大学援助建立了20所为11年级至13年级提供职业培训课程的学校。

总之，从1950—1975年，美国总共为泰国提供了超过7亿美元的经济援助和10亿美元的非军事援助。除此之外，美国还为泰国提供了10亿美元的军事行动支出、设备转让以及为参与越战的泰国士兵提供的经济补贴及在泰国军事基地建设费用等。可以说，泰国在美国东南亚政策中是至关重要的，甚至充当起了美国东南亚政策变化的政治“气压计”。作为美国的军事盟友，泰国做出了巨大的牺牲，为美国提供了必要的支持和帮助。而美国也运用联盟中的经济补偿性支付，为泰国提供了慷慨的军事援助和经济援助。这些援助尽管背后有安全上的考虑，但实际上正是这些援助推动了泰国经济的发展，使之在20世纪70年代成为了世界第三经济快速增长的国家之一。

（三）美泰联盟与美国对泰投资

按照世界体系论的主张，东南亚地区属于资本主义世界体系的边缘地带[①]，这一地区以向世界体系的核心区出口初级产品作为其主要的经济活动方式及经济收入的来源。泰国也不例外，作为资本主义世界市场重要的初级产品出口国，它向核心国家出口大米、柚木、橡胶和锡等重要的物资，这些产品占到其出口总额的50%以上，有些产品甚至90%以上都用于出口，这样的分工布局造成了泰国工业部门发展滞后，相对弱小。这对于处于资本主义世界领头地位的美国来说，缺乏足够的投资吸引力，美国对泰国的资本流动甚至在二战结束之初，都处于极低的水平。但随着冷战的发展，美国对东南亚的政策定位日趋明朗，泰国特殊的地缘政治地位吸引了美国决策者的注意，美泰关系进入到了新的阶段。在美泰联盟建立后，有了安全保障的泰国在政治上依靠美国，稳定的政治环境使得泰国成为了美国在东南亚地区重要的贸易伙伴和投资对象国。[②]

1954 年，随着美泰联盟的建立以及美国对泰援助的增加，泰国政府逐渐意识到了工业化对于国家发展的重要作用，颁布了《工业促进法案》(Act on Promotion of Industries)，通过政府行政命令的方式来促进泰国新兴工业企业的发展。就在同一年，泰国也出台了《投资促进法案》（The Investment Promotion Act)，该法案为泰国更好地吸引外国投资基本扫清了制度上的障碍，但该法案仍然规定外国投资者在泰国拥有股份的上限为49%。而此后随着沙立（Sarit Thanarat）通过政变上台，泰国政治生活开启了新的一页，其政治、经济及社会生活都发生了巨大的变化。为了保持泰国的稳定和国内经济的发展，泰国新的执政当局制定了一系列的国内政策来吸引国际投资，确保来自国外的资本保障。泰国为此在 1959 年 4 月建立了

---

① 有关东南亚作为资本主义世界体系的边缘地带的分析，参见王正毅：《边缘地带发展论——世界体系与东南亚的发展》，上海人民出版社 1997 年版。

② Kevin J. Hewison, “The State and Capitalist Development in Thailand,” in Richard Higgott and Richard Robison, eds., Southeast Asia: Essays in the Political Economy of Structural Change, London: Routledge & Kegan Paul plc, 1985, pp. 268 – 269.

投资局，也就是后来的国家经济和社会发展局（Nation Economic and Social Development Board）的前身。这一机构确保了泰国能够更好地吸引外资，外国投资的进入更好地促进了泰国国内私营部门的发展，从而更好地促进了国内资源的开发、出口的扩大以及就业的增加。

随着泰国国内政策的进一步宽松，再加上美泰之间特殊的联盟关系，美国对泰国的投资开始进一步扩大。美泰之间的安全协定，规定了美国国际发展局将作为美国投资者和泰国政府之间的中间担保人，担保美国投资者在泰国的投资、转汇利润受到应有的保护，同时确保美国在泰国的投资不会被泰国政府所没收。有了制度上的保障，再加上泰国国内的宽松政策，进一步刺激了美国私人资本在泰国投资规模的扩大。美国设在曼谷的贸易中心也对鼓励美国在泰国投资起到了极其重要的作用。到 1957 年，美孚石油公司和德士古石油公司在泰国的投资不低于 1000 万美元。在商业领域，1954 年有 15 家美国批发商、4 家食品公司及 1 家保险公司与泰国建立了合资公司。这类企业的总资本达到了 6000 万泰铢。此外，还有美国的哈利多兰公司、曼谷福摩斯特牛奶公司、美国泛美航空也在泰国拥有巨大的投资份额。在当时，美国在泰国的投资仅次于英国，居于第二位。但同英、泰两国之间的联系已有百年历史相比较，美国在泰投资的发展成就是惊人的。[①]

作为泰国主要的投资者，美国公司开始影响泰国政府的相关政策，发挥着它的政治影响，这些政治影响力也能扩展到经贸领域，从而促使泰国政府能够采取更为积极的政策吸引外国投资。如 1959 年，在美国国际合作署的帮助下，美国派出了由乔治·贝策尔（George B. Beitzel）率领的考察团，对泰国的经济状况及投资环境进

---

① 世界知识出版社编辑：《亚洲国家的外国资本》，世界知识出版社 1958 年版，第 39—41 页；孙建党：《美国与东南亚经济关系研究（1945—1973）》，经济管理出版社 2011 年版，第 238 页。

行了专门考察，考察团随后向美泰两国政府递交了考察报告。该报告建议泰国政府应该与美国进行协商，对美泰间既有的《友好通商航海条约》进行修订，同时建议泰国政府应采取更为有效的措施，加强泰国企业与美国公司之间的业务往来和联系。泰国政府很快就采纳了这份建议，并采取措施通过促进私人投资来带动制造业的发展。此后在不到一年的时间里，泰国政府批准了 78 项投资申请，除了泰国本土企业占了一多半以外，数量最多的就是美国企业，共有9家，他们的资本额累计达到了 2.1 亿泰铢。可以说，泰国良好的投资政策及美泰之间稳定的政治关系是吸引美国投资最直接的推动力。而美国在泰国的大量投资也能够保证泰国政府得到大量建设急需的资金，实现经济发展目标。[①]

进入到20 世纪60 年代，泰国政府开始推行第一个国家发展计划，而美国的资本投入及经济援助为这一计划的实施提供了最大的支持和帮助。泰国政府从政策上逐渐削减并取消外国原材料及设备的进口关税，对外国资本投资也不再加以严格限制，甚至为一些外国投资提供相应的优惠政策，这有力地促进了外国资本在泰国投资的巨幅增长。有统计显示，1954 年，泰国国的外国直接投资总计为3800 万美元，到 20 世纪 60 年代后半期这一数字增长为 4500 万美元。从投资格局来看，20 世纪 50 年代投资主要分布于传统的贸易部门，而到了 60 年代后期则转变为制造业部门。其中美国对台泰国的投资也呈不断上升的势头。1960 年，美国在泰投资额为 2.1 亿泰铢，9 家企业获准在泰国投资工业项目，这包括——开始生产药品的默克公司、生产橡胶和轮胎的通用橡胶公司、生产蓄电池的永备公司。除了对基础设施和企业的投资外，美国还积极向泰国的服务业部门

---

① Kayser Sung, "Thailand's Drive for Industrialization," in Far Eastern Economic Review, Vol. 29, No. 4, 1960, pp. 160 – 193.

进行投资工作。此后，又有大量美国企业来泰国进行投资，他们主要在泰国从事石油勘探、金属锡冶炼以及轮胎制造，此外还有大量的美国资本用于机器制造以及卷烟厂，美国在泰国设立烟草公司的产量占到了泰国卷烟产量的一半。到 20 世纪 60 年代中叶，美国与泰国民族资本建立的合资公司总投资额为 1.4534 亿泰铢，其中美国的投资额为 1.4445 亿泰铢，占到了 99.4%。美国在泰国的投资包括药品、饮料、木薯粉、碳化物、奶制品、电池和丝织品。美国商业在泰国还从事影片批发、保险、广告和运输代理业。此外，美国专门的投资集团，如纽约国际基本经纪公司开始为支持泰国工业和金融发展进行有针对性的注资，以此来帮助泰国工业项目的发展。①

从 20 世纪 60 年代起，泰国的国际贸易状况较以前有了极大改善，初级产品的出口逐渐减少，而泰国的国际资本流入也逐渐自由，二者正好相吻合。美国等西方跨国公司越来越对第三世界的廉价劳动力、税收优惠及扩大的国内市场感兴趣，而自身国内的投资利润却在不断减少，这使得发达国家开始考虑重新配置其工业投资。美国在泰国投资领域的重新优化组合也为发展中国家国内资本主义积累的扩张提供了机会。在泰国，制造业部门在 1960 年前后得到了显著增长，制造业出口也从 1960 年占出口总额的 1% 上升到 1979 年的 27%。② 这种产业布局的调整最终使得制造业对泰国 GDP 的贡献率上升，泰国也逐渐向出口导向型的工业化转变。

从美泰联盟建立以来，在政治军事合作的保障和推动下，美国积极向泰国提供经济补偿性支付以更好地维护安全上的利益。美国在这样的政治和军事目标驱动下，大举向包括泰国在内的东南亚国

① 孙建党：《美国与东南亚经济关系研究（1945—1973）》，经济管理出版社 2011 年版，第 198 页。

② Kevin J. Hewison, "The State and Capitalist Development in Thailand," in Richard Higgott and Richard Robison, eds., Southeast Asia: Essays in the Political Economy of Structural Change, London: Routledge & Kegan Paul plc, 1985, pp. 268 - 269.

家输入资本，成为在东南亚地区最主要的投资供应国。可以说，在安全战略影响下，美国对泰国的投资为该国的资本形成创造了条件，并有利于泰国的技术进步及产业结构的升级。美国的直接投资对泰国国民收入积累、就业、国内资源的利用以及外汇收入的提高等方面都做出了巨大贡献，源源不断进入泰国的外国直接投资最终保证了泰国经济能够在美泰联盟建立后不久便以更快的速度不断实现经济上的增长和持续发展。

结 论

从历史上看，泰国与资本主义世界之间的联系主要是英法两国，美泰间的经济往来并不密切。但冷战的发生改变了这一切，它为美国大张旗鼓地进入东南亚地区提供了绝好的机会。通过在政治上支持东南亚地区的非殖民化，美国与这一地区的国家建立了紧密的联系，甚至赢得了相关国家对美国的好感和认同。具体到泰国，虽然该国是东南亚地区唯一未被殖民占领的国家，但英法两大殖民帝国对泰国的政治发展影响甚大。二战之后，英国为了对太平洋战争时期泰国政府的亲日行为予以惩罚，对泰国提出了苛刻的条件。美国的介入无疑增强了泰国对美国的好感，从而为美泰关系的深入发展打下了基础。

作为东南亚地区重要的国家，泰国所具有的地缘战略价值十分重要。面对着来自中国及越南的“共产主义威胁”，泰国的立场和作用对于美国极其重要。美国以安全关系为纽带，强化了泰国对美国军事存在的依赖，为确保美国在东南亚地区发挥有效的政治、军事影响提供了有效保障。

为了更好地巩固这种政治、军事上的联系，美国主动扩大同泰国的经济联系，拓展其在泰国的商业和金融利益，通过贸易、直接投资以及提供技术援助和经济发展援助等形式，促使泰国迅速融入到美国所构筑的国际经济体系。这为泰国的经济发展提供了有效的外部动力。

从历史上看，泰国曾经是世界上最为贫穷的国家之一。但自近代以来，保持国门开放，同外部世界保持积极联系也是泰国的重要国策。这种促进经济发展的使命感成为泰国历届政府的一个重要特色，也为泰国与美国建立政治经济及军事上的全面联系提供了内部动力。在巨大的生存压力下，经济发展成为政治生活的重要内容。尽管泰国的政治生活同军人政权密不可分，但这些行伍出身的军人也没有放弃对经济发展的重视。而在当时，美国对于泰国的经济发展所能起到的作用不言而喻。因此，美泰之间军事关系的建立不单纯是出于一种安全上的目的，这里面经济补偿性支付所发挥的作用，对泰国政府的吸引力十分巨大。因此，冷战格局、东南亚特殊的地缘政治因素以及美国的联盟体系对于像泰国这样的东南亚国家自身的经济发展起到了重要作用，促进了它们的经济繁荣。美国也将自己所主导的战后经济秩序向泰国开放，吸收泰国加入国际货币基金组织，成为布雷顿森林体系的一员，进而实现了泰铢与美元的挂钩。同时泰国政府也积极争取以美国为首的西方国家的援助和投资，促进自身经济发展。

因此，美国的联盟体系成为泰国经济发展的主要影响因素，泰国之所以能够在战后出现经济迅速发展，得益于自身所实行的稳健的货币政策、合理地控制了通货膨胀，同时维持着较高水平的投资和储蓄率，这一切都离不开冷战时期特殊的国际政治因素和安全形势。美国所缔造的国际经济制度推动了西方经济世界的发展与繁荣，其中最具有代表性的就是西方世界的贸易量不断增加，而美国在亚太地区的盟友自然也享受到了美国所提供的公共物品带来的便利。

泰国作为美国的盟友，在冷战时期与美国形成了稳固的经济联系，特别是通过同美国进行贸易，通过出口初级产品，经济得到了快速发展，而出口收入的增加也为其实施国内发展计划的公共投入提供了必要的资金。在被纳入到美国安全联盟体系的同时，泰国也先后被纳入美国构筑的多边贸易体系，参加了关贸总协定的谈判，从而享受到了国际贸易机制所提供的公共物品的便利。泰国还参加了国际货币基金组织，实现了泰铢与美元挂钩，使该国货币走向国际化。泰国还积极接受世界银行等机构所提供的资本援助。伴随着关贸总协定不断降低关税水平的谈判进一步深化，泰国也享受到了美国等国降低关税所带来的便利，其初级产品能够顺利地进入到这些西方国家。可以说，美国所主导的国际经济体系及其相关的国际贸易支付和金融制度安排，为泰国开展国际贸易和国际支付提供了便利，从而促进了该国对外贸易的快速增长。

可以说，泰国的经济发展是美泰联盟关系发展的经济结果，反过来也能进一步巩固两国之间的联盟关系，经济上的发展深深根源于冷战的形势以及美国对泰政策的发展变化。在冷战时期，安全与经济的关系密不可分，经济政策有时候能够为安全目标的实现发挥有效的支撑。冷战时期，美国一方面通过安全联盟确保其战略目标的实现，另一方面则通过实行贸易管制和出口限制等措施，来实现政治上的目标。美国的对外经济政策从根本上说是为其国家安全目标服务的，贸易政策所具有的安全含义也就更加明显。① 包括泰国在内的东南亚地区自 20 世纪 50 年代以来对于美国与苏联在第三世界的争夺发挥着至关重要的作用。美国为了增强在这一地区同苏联的竞争力和影响力，在对这一地区的社会主义国家和政权进行经济制

① Thomas W. Zeiler, Free Trade Free World: The Advent of GATT, Chapel Hill and London: the University of North Carolina Press, 1999, p. 3.

裁与封锁的同时，更多地采取有利于其东南亚盟友的经贸政策。这样的措施所发挥的作用不言而喻，它提升了美国的政治经济影响力，也进一步促进了该地区国家的经济发展。在冷战因素的影响下，泰国的对美贸易便具有了冷战色彩，同时也被纳入到了东西方竞争的轨道。美国积极鼓励泰国的初级产品对美出口，同时还通过战略物资储备政策，加强从泰国的进口。通过这样的方式，美国成为了泰国原材料和初级产品的最重要的进口国，泰国的对美贸易，特别是战略原材料等初级产品的对美出口具有重要的战略意义。[①] 这种形式不只出现在泰国一国，其他的美国东南亚盟国也同样经历着这一经济状况。可以说，它们通过对美商品出口增加了财政收入和资本积累，更为其经济增长提供了基础。

而美国在泰国的军事存在及其产生的巨大军事消费需求客观上也促进了该国的经济发展与繁荣。由于上文提及的美国在二战之后开始实施战略储备计划，加之朝鲜战争的爆发加强了美国的这一需求，导致原材料价格上涨，泰国经济因此摆脱了二战结束之后的萧条，开始走向“繁荣”，其初级产品的出口价值迅速上升，贸易状况也因此大大改善，这同时也增强了泰国自身的进口能力。二战结束之后，世界市场上对原材料的大量需求促进了东南亚各国的初级产品生产，国际资本对东南亚各国的重建以及发展初级产品生产也起到了积极作用；朝鲜战争的爆发对于战略物资的需求也对这一过程产生了积极作用。泰国经济的发展也正是受益于这一过程。

---

① 包括泰国在内的东南亚国家出口的商品对于美国来说至关重要，在美国稀缺的战争物资中，椰子壳、金鸡纳皮、植物纤维、橡胶、丝、锡、钨这七种商品70%以上来源于这一地区。一些非战争物资，但对于美国工业生产极其重要的商品也是来自于该地区，如猪鬃、椰子油、干椰肉、黄麻、木丝绵、虫漆、紫苏油、除虫菊、大豆、木薯、桐油等。该地区所生产的一些关键原料，即使在对美贸易中数量微乎其微，但却对其整个生产过程十分重要。

第九章

美国联盟体系：历史与未来

二战结束后，美国在亚太地区构筑了以双边联盟为基础的亚太联盟体系，这一体系也被称为“旧金山体制”，它是二战后美国参与亚太地区事务的主要手段。柯德尔（Kent E. Calder）将这一体系的主要特点概括为：（1）密集的双边联盟网络；（2）缺少多边安全结构；（3）联盟的安全和经济关系都严重不对称；（4）日本处于特殊的优先地位；（5）以自由贸易为导向，不仅盟国的产品能够进入美国市场，而且盟国还可以从美国获得相对有限的发展援助。[①] 尽管维持双边联盟体系的根本因素已发生改变，但60多年来，这一“中心—轮辐”体系（hub-and-spoke system）的基本结构在很大程度上仍保持不变。这构成了美国亚太联盟体系不变的一面。

根据斯蒂芬·沃尔特（Stephen Walt）对“联盟”的定义，“联盟”是“两个或多个国家间就安全合作形成的正式或非正式的承诺”。[②] 联盟与集体安全之间的关键区别在于，联盟是为了保护盟友免遭侵略而建立的排他性条约，而集体安全是包容性的条约，其成员国致力于反对一切侵略行为。[③] 沃尔特的定义包含基于默契或口头

---

① Kent E. Calder，“Securing Security through Prosperity：the San Francisco System in Comparative Perspective”，The Pacific Review，Vol. 17 No. 1，March 2004，pp. 135 - 157.

② Stephen Walt，Why Alliances Collapse or Endure，Survival，Vol. 39，No. 1，1997，p. 157.

③ Stephen Walt，Why Alliances Collapse or Endure，Survival，Vol. 39，No. 1，1997，p. 158.

保证的非正式承诺，但美国在亚太的五个联盟伙伴与美国的联盟关系则是建立在正式的共同防御条约基础之上的。通过对美国联盟体系自1951年以来的演变进行研究，我们发现，维持该体系存在的基本因素发生过几次转变。一些外部因素，包括20世纪90年代初期冷战的结束以及21世纪头十年初期人们对于国际恐怖主义的关注等关键性事件，是促使美国亚太联盟采取应对措施的关键。这又构成了美国亚太联盟体系变动的一面。

一、冷战时期的美国亚太联盟

冷战初始，为了平衡来自苏联阵营的威胁，美国通过与盟友缔结共同防御条约的形式，构筑了以美日联盟为核心的亚太联盟体系。除了保护盟友免受来自苏联的威胁外，针对联盟体系建立的原因和作用，还存在着几个看似相互矛盾的解释。柯德尔认为，联盟体系旨在安抚“地区各国，使它们相信不会再遭受日本新一轮的侵略，同时确保日本能够获得充足的机会发展经济，使其成为整个太平洋地区经济增长的动力”。[①] 车维德（Victor Cha）认为，美国东北亚联盟的目的不仅仅在于重新整合日本，还包括要确保激进的反共独裁者继续掌权，这些独裁者可能会因为在国内缺少合法性而发动战争，但美国并不想卷入其中，因为当时美国正准备与苏联展开一场旷日持久的全球斗争。[②] 其国内有学者则认为这一体系意在防止日本再军

① Kent E. Calder, “Securing Security through Prosperity: the San Francisco System in Comparative Perspective,” The Pacific Review, Vol. 17 No. 1, March 2004, p. 136.

② Victor Cha, “Powerplay: Origin of the U. S. Alliance System in Asia”, International Security, Vol. 34, No. 3 Winter 2009/2010, p. 159.

事化。[①] 不管拥有哪些从属功能，人们普遍认为，这些联盟关系的主要焦点是与美国的双边共同防御条约。基于美国压倒性的军事力量以及核大国的地位，联盟体系[②]成为控制苏联和共产主义在亚洲扩大影响力的基础。鉴于此，美国的一些盟友便利用联盟关系，使美国始终保持参与亚太地区的事务，并利用联盟为反对美国单边主义提供保障。

冷战期间，虽然美国在亚太地区多次尝试建立多边条约框架，但无一成功。尽管美国通过澳大利亚—新西兰—美国（ANZUS）条约伙伴关系以及亚洲及太平洋理事会（ASPAC）作为其以多边形式参与亚太的潜在机制，并通过东南亚条约组织（SEATO）开展的在亚太地区实际的多边安全合作，[③] 但随着美国于 1972 年从越南撤军，1979 年与中华人民共和国建交，并与台湾当局“断交、废约、撤军”，美国亚太联盟体系的范围缩小了。新西兰作为澳新美条约伙伴国，在 1984 年之前也被视为这一体系的一部分。1984 年，在关于美国的核武器和核动力轮船是否拥有新西兰港口的访问权问题上，双方意见相左，两国的联盟伙伴关系事实上就此终止。尽管如此，“中心—轮辐”的联盟结构（美国为“中心”，日本、韩国、菲律宾、泰国和澳大利亚是“轮辐”）仍然是美国主导的亚太地区安全架构的主要特征。

冷战结束时，各国普遍开始认为，联盟体系是亚太安全架构的

---

① Wu Xinbo, “The End of the Silver Lining: The Chinese View of the US-Japanese Alliance”, Washington Quarterly, Vol. 25, No. 1, 2005, p. 118.

② 其成员当时还包括新西兰以及与美国签署了“共同防御条约”的台湾当局。

③ 见 William Tow, Tangled Webs: Security Architecture in Asia, Australian Strategic Policy Institute, 2008, p. 7, 以及 Yu Jianjun, America and Asia-Pacific Multilateral Security after the Cold War, International Review, Vol. 44, (2006), pp. 2－4, 以及 Akiko Fukushima, Japan's Emerging View of Multilateralism in Asia pp. 24－27, in Security Multilateralism in Asia: Views from the US and Japan, Ralph Cossa et al (Ed.) Berkeley: Institute on Global Conflict and Cooperation, 2009, for a discussion of perceptions regarding US efforts to form multilateral architecture during the Cold War。

基础，尤其在缺少多边集体安全机制的情况下更是如此。[①] 一种普遍的观点是：美国对亚洲的安全承诺正是通过其在亚太前沿部署的军事力量以及与五个盟国订立双边联盟条约得以确保的，这对可能的侵略者起到了一种威慑作用，并为美国与其盟友间开展安全合作、实现经济繁荣提供了一个稳定且和平的环境。这种安全合作通过以东盟为中心的多边组织展开，经济的繁荣发展则通过自由贸易机制得以实现，而美国也因此成为亚洲制造商品的首要市场。

二、美国亚太联盟和多边安全组织的出现

随着冷战的结束，亚太国家的思想认识在 20 世纪 90 年代初便开始发生转变，它们认为变化了的安全环境将为开展多边安全合作提供新的机会和前景。此时，美国及其双边联盟仍然发挥着主要作用，由此避免了安全真空的出现。这使得地区内部的焦点得以从在美苏之间寻求全球战略平衡转移到促进地区稳定，并通过提出有关树立信心方面的倡议以及在更广泛的安全事务上开展合作得以实现。[②] 在东北亚，1991 年签订的《关于北南和解、互不侵犯与合作交流协议书》预示着朝鲜半岛合作新时期的到来。在东南亚，东盟从六国扩大到十国，并于 1993 年决定建立东盟地区论坛（ARF），这一切都表明，东盟将发展重点扩大到加强安全领域内的合作，并已成为地区安全合作的焦点。

因此，部分人士认为，由于东盟这一多边组织将在地区事务上

---

① Kent E. Calder, “Securing Security through Prosperity: the San Francisco System in Comparative Perspective”, The Pacific Review, Vol. 17, No. 1, March 2004, p. 141.

② Masafumi Kaneko, “Security Communities through Enhanced Security Cooperation: The Implications for an Asia – Pacific Regional Security Framework”, International Public Policy Research, Vol. 6, No. 2, 2001, pp. 265 – 284.

发挥更重要的作用，而且会比冷战时期的联盟更能促进安全合作的加强，并更好地应对跨国犯罪、海盗、人道主义救助与灾难应对、核不扩散、环境保护等非传统安全问题。美国通过其联盟体系维护亚洲安全的做法已经失去了目标，美国应当适应地区新的安全环境和更多边化的安全架构。① 这在美国国内引发了对下列问题的辩论与思考：双边联盟与多边组织之间是什么关系？二者对维护美国在亚太地区的利益分别有多大价值？双边联盟能否适应关注内部安全和跨国议题的安全环境，而非仅仅关注全球威慑和领土防御？

虽然面对着各种各样的挑战，美国仍然致力于维护双边联盟，将其看作参与亚洲安全事务的首要基础。然而美国也承认，在后冷战时期的安全环境中，多边组织确实在促进扩大了的合作和应对新的安全关切方面发挥了一定的作用。1992 年，时任美国国务卿詹姆斯·贝克（James Baker）多少有些不情愿地说到，在冷战的 40 多年里，“中心—轮辐”体系维护了亚太的稳定，并为地区带来了经济活力，这一体系已经“为亚太经济合作进程描绘了蓝图”。② 贝克进一步指出，日本仍然是美国参与地区事务的“基石”，“与日本、韩国、东盟和澳大利亚的联盟关系如同风扇中具有稳定和强化作用的扇叶。多边组织将会补充联盟体系，但不能够取而代之；双边安全联盟为多边经济合作创造了稳定的环境”。③

到 1995 年，美国更坚信其双边联盟关系在维护亚太安全上发挥了积极作用。美国在十年间发布了四份不同的报告，这些报告构成

① William Tow and AmitavAcharya, Obstinate or Obsolete? The US Alliance Structure in the Asia Pacific, Working Paper 2007/4, Australia National University, December 2007.

② James Baker, “America in Asia: Emerging Architecture for a Pacific Community”, Foreign Affairs, Vol. 70, No. 5, Winter 1991/1992, p. 5.

③ James Baker, “America in Asia: Emerging Architecture for a Pacific Community”, Foreign Affairs, Vol. 70, No. 5, Winter 1991/1992, pp. 9 - 11.

了美国东亚安全战略的基础。报告将双边联盟描绘成地区安全结构赖以存在的基础框架，认为其作用不只限于填补冷战后出现的安全真空。“这些双边关系解决了地区内大量因国情各异导致的安全问题。然而从整体上看，这些双边关系组成了一个强大的地区网络，维护了地区的和平与稳定……各国仍然坚守着这些双边承诺，冷战的结束并没有降低其重要性。此外，虽然发展地区内各个层面的多边关系符合美国的利益，但这并没有降低处于核心地位的双边关系的重要性。”①

尽管有美国的担保，但人们仍然十分关注在整个 20 世纪 90 年代里，到底双边联盟和多边组织，谁是地区安全架构的基础？亚太地区各国也做出了不同的应对。一方面是以澳大利亚为代表，继续强化与美国联盟关系的重要战略价值，维护与美国的双边联盟，但同时也十分积极努力“寻求与亚洲邻国共同的安全和战略利益，实行‘中等强国外交’（middle power diplomacy），以期与东盟建立起共同安全感和幸福感”。② 另一方面则以马来西亚为代表，强调多边架构对地区安全的积极影响。当时的马来西亚首相马哈蒂尔（Mahathir Mohamed）提出了建立东亚经济论坛（East Asia Economic Caucus，EAEC）的想法。在美国看来，这一提议意在削弱联盟网络。建立东亚经济论坛的努力失败后，部分人士直接将难以建立有效的“真正的亚洲”地区机构归咎于美国的联盟体系。这些观点使人们觉得，美国在亚洲的双边联盟与本地区的多边组织之间处于零和竞争中，二者相形见绌。③

---

① Department of Defense. United States Security Strategy for the East Asia-Pacific Region. Office of International Security Affairs. Feb. 1995, p. 5 – 6.

② William Tow, Tangled Webs: Security Architecture in Asia, Australian Strategic Policy Institute, 2008, p. 7.

③ Victor Cha, “Complex Patchworks: U. S. Alliances as Part of Asia’s Regional Architecture”, Asia Policy, No. 11, January 2011, p. 41.

一段时间过后，地区内的国家逐渐意识到，这两种框架都服务于它们的国家利益，学者们也为这两种安排辩护，提出应当维持它们存在的理由。于是，一种新的观点出现了：这两种机制是相容的。车维德认为，两种框架存在的理由在于它们在执行与安全相关的不同的任务上所具有的功能效用。① 其他学者的观点则主要集中于认为："美国努力维持其联盟网络，是为了确保在亚洲出现的多边安全框架不会损害美国的国家利益。② 而中国的一些学者则认为，联盟作为冷战时期的产物已经过时了，亚太地区不应继续存在这一事物，应当被人们所遗弃。③

20 世纪 90 年代末，在对地区安全架构的官方描述中，美国强调联盟网络在促进合作以及推动多边组织的创建和成长方面所发挥的积极作用，同时促使联盟远离起源于冷战的事实。1998 年《美国东亚安全战略报告》认为："美国（在亚太）的联盟长期以来一直是地区安全的基石。与冷战时期的联盟不同，它们不针对任何第三方力量，而是服务于所有能从地区安全和稳定中获益的国家。过去三年中，美国重申并加强了这些联盟关系，美国与其他非盟友国家间建设性的关系也一并得到补充发展，基于这些事实，美国仍坚信：建立起一个整合性的安全关系网络符合所有亚太国家的利益。"④

一些人主张在联盟体系内部建立新的安全合作形式，这与 20 世

---

① Victor Cha, "Complex Patchworks: U. S. Alliances as Part of Asia's Regional Architecture", Asia Policy, No. 11, January 2011, pp. 41 – 44.

② Park, Jae Jeok, "The US-led Alliances in the Asia Pacific: Hedge against Potential Threats or an Undesirable Multilateral Security Order?" The Pacific Review, Vol. 24, No. 2, May 2011, pp. 152 – 154.

③ Avery Goldstein, "The Diplomatic Face of China's Grand Strategy: A Rising Power's Emerging Choice", The China Quarterly, Vol. 168, December 2001, pp. 847; Wu, pp. 125 – 126.

④ Department of Defense. United States Security Strategy for the East Asia-Pacific Region, Office of International Security Affairs, 1998, p. 19.

纪90年代初提倡的通过双边联盟体系促进经济合作十分相似。例如，拉尔夫·科萨（Ralph Cossa）提出了“虚拟联盟”（virtual alliance）的概念，认为美国应当扩大与日本和韩国这两个东北亚国家的安全合作，以增加“东亚稳定的前景”。① 时任美国太平洋司令部司令丹尼斯·布莱尔（Dennis Blair）和约翰·汉利（John Hanley）则更进一步提出，应当超越“中心—轮辐”模式，创建一个新的体系，将双边联盟转变为更加开放的安全关系网络。他们认为，这种安排将使亚太国家走出“零和、均势的思维模式”，将合作扩大至联盟伙伴关系之外的范围，以应对共同面临的威胁。②

直至世纪之交，联盟体系一直是美国参与东亚的中心，但人们也逐渐认识到多边合作在解决非传统安全议题上的作用。这其中的部分原因在于这些非传统安全议题的跨国性质，以及将“崛起的中国”和其他安全伙伴融入地区安全架构的需要。东南亚国家不断向美国传递这样的信息：美国应当避免让自己的盟友和其他潜在的伙伴在中美之间选边站，只有这样才能消除它们不愿看到的零和博弈的可能性。③ 人们也逐渐接受之前提出的批评：联盟作为冷战时代的产物面临着过时的风险，面对东盟领导的多边主义在整个地区不断扩展的事实，双边联盟应当更好地融入其中。④

---

① Ralph A. Cossa, “U. S. -Japan-Korea: Creating a Virtual Alliance”, PacNet #47, Dec. 9, 1999.

② Dennis C Blair and John T. Hanley Jr. “From Wheels to Webs: Reconstructing Asia-Pacific Security Arrangements”, The Washington Quarterly, Vol. 24, No. 1, Winter 2001, pp. 7 – 17.

③ Alice Ba, “Southeast Asia and China” in Betwixt and Between: Southeast Asian Relations with United States and China, Evelyn Goh ed., Institute of Defence and Strategic Studies (IDSS) Monograph 7, Singapore Institute of Defence and Strategic Studies, 2005, pp. 93 – 18.

④ William Tow and AmitavAcharya, Obstinate or Obsolete? The US Alliance Structure in the Asia Pacific, Working Paper 2007/4, Australia National University, December 2007, pp. 12 – 21.

三、美国亚太联盟与反恐战争

“9·11”事件的发生，促使美国开始重新思考自身与世界的关系，但双边联盟仍然是美国参与亚太事务的基石。美国为其在全球范围内打击恐怖主义寻求支持，此时“反恐”成为了联盟新的目标。但值得注意的是，亚太各国此时对美国的地区战略普遍存在着抵制情绪。菲律宾将对美菲联盟的关注点放在联盟内部的安全事务上，而泰国对联盟的关注程度进一步降低。日本、澳大利亚和韩国仅对这一目标给予了形式上的支持与响应，向外界发出呼吁，宣布支持美国在伊拉克和阿富汗的战争。美国通过扩大在更广泛议题上的合作范围，使各国努力推动联盟关系走向地区化和全球化。美国在一定程度上期望其盟友通过支持美国的全球安全利益履行联盟义务。尤其值得关注的是，尽管美国准备将安全关系扩展至更大的范围，但它仍然把联盟置于优先地位，将与盟友的关系置于与其他国家的关系之上。

如果说20世纪90年代的世界普遍变得更具包容性，那么“9·11”事件之后美国的思想也转向结成意愿联盟（coalitions of the willingness）。这在一定程度上反映出美国对于通过多边机制应对被认为是实际存在的直接威胁失去了信心。一些分析家指出，这反映了美国的单边主义取向，[①] 2002年《国家安全战略报告》将这种转变描绘成一种逐渐发展的趋势。该报告开篇即指出：“我们还坚信，没有

① XuWeidi，“Unilateral Security? U. S. Arms Control and Asian-Pacific Security”，The Nonproliferation Review Vol. 9，No. 2，Summer 2002，pp. 1 – 5；Bradley Podliska，Acting Alone：A Scientific Study of American Hegemony and Unilateral Use-of-Force Decision Making. Lanham，MD：Lexington Books，2010.

哪个国家能够独自建设一个更加美好的安全世界。联盟和多边机构可以大大加强热爱自由国家的力量……意愿联盟可以为建立这些永久机构提供途径。”①

同时，亚太国家也出现了新的政策倾向，它呼吁与传统盟友之间在新的议题上展开协商。2003 年 10 月 24 日，时任美国国家安全顾问康多莉扎·赖斯（Condoleezza Rice）在《纽约时报》上发表文章指出：“总统实施战略的核心在于我们强大的军事前沿部署和对盟友的承诺。虽然美国与日本、澳大利亚、韩国、菲律宾和泰国结盟是为了应对 50 年前共同面临的威胁，但这种结盟也事关共同的价值观和愿望，这些共同的价值观和愿望将自由国家绑在了一起。我们的盟友深知，美国致力于履行共同防御的义务并维护共同的价值观，这也是为什么我们的盟友都以各自的方式选择在更广泛的地区和全球层面上加强与我们的安全合作。”②

后“9·11”时代的美国并不是很情愿将其亚洲盟友间的合作机制化，部分原因在于，美国担心这么做会被认为是试图阻止中国在地区和世界范围内发挥更加重要和积极的作用。相反，美国致力于将中国拉入其双边联盟体系的影响范围之中。美国的基本假定是：尽管联盟能够成为防备一个不太合作、甚至公开对抗中国的手段，但最好的做法还是将中国融入到地区和全球的安全架构中，以应对与反恐相关的广泛的安全挑战。罗伯特·佐利克（Robert Zoellick）于 2005 年对这一假定做出了最好的阐述，他说：“是时候将我们的政策向前推进了，是时候向中国敞开大门，使之成为国际体系的一员了，我们需要敦促中国成为这个体系中的利益攸关者（responsible

① XuWeidi, “Unilateral Security? U. S. Arms Control and Asian-Pacific Security”, The Nonproliferation Review Vol. 9, No. 2, Summer 2002, pp. 1 – 5; Bradley Podliska, Acting Alone: A Scientific Study of American Hegemony and Unilateral Use-of-Force Decision Making. Lanham, MD: Lexington Books, 2010.

② Condoleezza Rice, “Our Asia Strategy”, Wall Street Journal. Oct. 24, 2003.

stakeholder)。”①

此时，各国对美国亚太联盟的期许使其朝着车维德提出的“临时联盟”的方向转型。这个“临时联盟”最初是为解决特定问题而提出的。② 虽然“防扩散安全倡议”和“打击核恐怖主义全球倡议”等的成功使美国加强了其在“9·11”之后建立意愿联盟的信念，但只有在应对2004年12月底印度洋特大海啸灾难时，联盟作为一种人道主义救援行动模式的价值才显现出来。面对这种突如其来的危机，美国及其伙伴（日本、澳大利亚和印度）能够采取快速且有效的应对措施，这显示了这些临时性安排的价值所在。在应对2008年12月袭击缅甸的超强热带风暴“纳尔吉斯”以及2011年3月11日在日本爆发的地震、海啸和核危机三重灾难中，这种联盟的价值得到进一步增强。正如车维德所言，建立临时联盟的价值在于避免传统集体行动中面临的成员资格和规则制定方面的问题，同时养成协商的习惯，并建立起回应危机的制度化基础。③ 因此，这些事件使美国相信，应当继续支持其亚洲盟友作为地区人道主义救助与灾难救援能力的核心。

从美国在21世纪头十年里的官方战略和政策指导原则中可以看出，民主党和共和党都日益强调，应当将联盟作为美国继续参与亚洲的核心以及包括意愿伙伴在内的集体行动的基础。《2004年国家军事战略报告》将“增强联盟和伙伴关系，应对共同的挑战”作为

---

① Robert Zoellick, “Wither China: From Membership to Responsibility,” Remarks to National Committee on U. S. -China Relations, New York City, Sept. 21, 2005.

② Victor Cha, “Complex Patchworks: U. S. Alliances as Part of Asia’s Regional Architecture,” Asia Policy, No. 11, January 2011, pp. 38 – 39.

③ Victor Cha, “Complex Patchworks: U. S. Alliances as Part of Asia’s Regional Architecture,” Asia Policy, No. 11, January 2011, p. 40.

四项国家安全政策目标之一。[①] 该报告还指出，“进一步整合全球军事存在和基地战略，一方面有助于增强现有的联盟，另一方面有助于建立新的伙伴关系。增强地区联盟有助于形成有利的地区均势，给抱有敌意和不合作的政权带来压力。”[②]《2006 年国家安全战略报告》指出，“美国将领导反恐斗争，继续与盟友开展合作，并吸收新朋友加入到这场斗争中来。”[③] 报告进一步指出，虽然美国应当参与亚洲的多边组织，“然而这种机制化的框架必须建立在与地区关键盟友合理的双边关系之上”。[④] 美国的五个盟友则是这其中最关键的国家。美国国防部 2006 年发布的《四年防务评估报告》指出，联盟“显示了自由民主国家间的战略团结，促进了共同的价值观，并有助于分担美国在全世界的军事和安全负担”。[⑤]

到 21 世纪第一个十年结束时，美国越来越坚信，在构建亚洲的安全架构时，五个联盟将成为一系列与安全事务相关活动的核心，并且这些活动将包括其他的安全合作伙伴。2010 年度《四年防务评估报告》（QDDR）认为，“我们将建立一个持久而富有活力的联盟及伙伴、地区组织和全球机构的网络，帮助我们应对今天面临的挑战、适应前方的威胁并抓住新的机遇。”[⑥] 美国在《2010 年国家安全战略报告》中也同样自信地认为，亚太联盟是地区安全的基础。该

---

① 其他三项目标为：确保美国免遭直接攻击、确保战略介入和保持全球行动自由、建立有助于形成有利的国际秩序的安全条件。The National Security Strategy of the United States of America: a Strategy for Today; a Vision for Tomorrow, Washington: Joint Chiefs of Staff, 2004, p. 9.

② The National Security Strategy of the United States of America: a Strategy for Today; a Vision for Tomorrow, Washington: Joint Chiefs of Staff, 2004, p. 26.

③ The National Security Strategy of the United States of America, Washington: The White House, 2006, p. 12.

④ The National Security Strategy of the United States of America, Washington: The White House, 2006, p. 40.

⑤ Quadrennial Defense Review, Washington: Department of Defense, 2006, p. 6.

⑥ Leading through Civilian Power: the First Quadrennial Diplomacy and Development Review, Washington: US Department of State, 2010, p. 19.

报告指出："我们与日本、韩国、澳大利亚、菲律宾和泰国的联盟是亚太安全的根基，是亚太地区繁荣的基础。我们将继续深化并不断更新这些联盟关系，以反映亚太地区的动态和21世纪的战略趋势。"① 从布什政府早期到奥巴马政府时期政策的延续性反映出，把联盟作为美国参与亚太的基础得到了共和党和民主党两党的坚定支持。

与此同时，在过去的20年里，整个亚洲的政治和经济格局发生了十分迅速的转变，这对联盟体系产生了重要影响。但面对这些变化，美国在参与亚太事务的过程中还是一如既往地将双边联盟体系置于中心位置。美国认为，联盟网络为亚太带来了稳定，从而为地区快速的经济增长提供了基础。② 联盟为美国参与亚太事务提供了切入点。美国参与亚太事务的主要方式就是通过一系列军事演习加强军事合作，参与演习的国家一开始是盟友，后来则扩大到一系列安全合作伙伴。

然而，亚太的安全架构经过整个20世纪90年代的发展，在"9·11"后得到了加强，它与冷战时期所保持的均势战略并不相同。美国的一些亚太盟友从联盟体系带来的经济繁荣中受益，它们想保持与美国紧密的安全关系，但也希望从中国的经济增长中获益，并享受东盟所提供的地区归属感。此外，随着美国追求建立更为平等的伙伴关系，要求与盟友分担其在亚洲驻军的成本，联盟关系（尤其对日本和韩国而言）已变得日益对称，远非之前的等级关系。③

虽然美国亚太联盟的盟友几乎都把与美国的联盟看作其安全政

---

① The National Security Strategy of the United States of America, Washington: The White House, 2010, p. 42.

② Kent E. Calder, "Securing Security through Prosperity: the San Francisco System in Comparative Perspective", The Pacific Review, Vol. 17, No. 1, March 2004, p. 149.

③ William Tow and AmitavAcharya, Obstinate or Obsolete? The US Alliance Structure in the Asia Pacific, Working Paper 2007/4, Australia National University, December 2007, pp. 30 – 31.

策的中心[1]，但它们也几乎一致认为，自己能够从1997—1998年亚洲金融危机中复苏是由于地区层面的应对措施，而非美国和欧洲的介入。2008年金融危机使人们相信，中国作为亚洲经济稳定的源头，其重要性在不断增加。当美国和欧洲还在从经济衰退中艰难复苏之际，亚洲经济体的经济已相当迅速地走向复苏。亚洲经济体迅速复苏使人们猜想：亚洲是否正在与西方分离？鉴于联盟长期以来为亚洲的经济增长提供了有利的安全环境，这种猜想势必会对联盟未来的价值产生影响。但这种猜想并没有变成现实，因为虽然亚洲各国经济继续更快速地增长，但西方也处在复苏之中。可是，以东盟为基础的多边组织的快速壮大，加之亚洲内部贸易的增长，还是引发了新的问题：盟国是否有必要依靠联盟体系维护地区的和平与稳定，以及它们是否愿意这样做。联盟关系的性质不断发生着变化，中国也开始向美国领导的地区安全秩序发出挑战。在思考联盟在未来东亚安全架构中的作用时，这些都是十分重要的考虑因素。

与此同时，美国的亚太盟友们仍希望美国继续参与本地区事务。虽然一些人对布什政府执政早期美国表现出的单边主义倾向表示担忧，甚至不满，但所有盟国还是普遍认为，面对影响力不断上升的中国，美国参与亚洲符合它们的利益。但最关键的问题是，美国能够在多大程度上接受中国在新的地区均势中所发挥的作用。

四、美国亚太联盟：路在何方？

在21世纪第一个十年结束时，美国对亚洲安全的关注点从全球反恐战争重新回到了思考如何利用联盟服务于美国和盟友间更广泛

① 泰国由于其政策的特殊性，这里应当有所区别。

的共同利益上。《2010 年美国国家安全战略报告》认为："我们与我们的盟友正致力于发展出一项积极的地区安全议程，这项议程将关注地区安全、防止大规模杀伤性武器扩散、打击恐怖主义、应对气候变化、打击国际海盗、预防传染病、维护网络安全，以及实现均衡增长和保护人权。"① 由此可以看出，美国准备继续努力维护其亚洲安全议程制定者的角色。但亚洲已发生改变：有关领土主张的争议卷土重来；以东盟为中心的多边主义进一步发展壮大，并与一些地区制度性安排发生重叠；美国的安全关系扩大，在联盟之外寻找到了新的伙伴；中国的崛起使其在亚太地区的影响力不断上升。美国的联盟体系在这一过程中受到了挑战。对于一些国家而言，面对中国的崛起，美国的防御越来越重要。而对于其他国家来说，联盟体系的重要性下降了，美国必须开始接受与其他国家特别是与中国分享权力的事实。②

随着美国亚太"再平衡"战略的出台，其亚太盟国几乎有一种普遍共识，那就是美国仍然是亚洲主要的安全行为体，而中国则已成为地区经济和贸易关系的中心。这种经济和安全利益的日益分离引发了人们对联盟网络内部是否正在进行第三次系统性转变的思考。自 2008 年全球金融危机后，中国在地区经济事务和安全事务上发挥的影响力在逐渐增强；同时，作为过去几十年亚太安全的保卫者，美国对于借此角色获取经济利益表现出越来越大的兴趣。但由于美国与中国在南海地区海洋领土主张上存在着分歧，美国不得不继续将联盟网络视作维护地区安全与稳定的基础。这使得美国的亚太联盟再次成为亚太地区安全问题的核心，而非遏制安全争端的保障。

---

① The National Security Strategy of the United States of America, Washington: The White House, 2010, p. 42.

② Hugh White, The China Choice: Why American Should Share Power, Collingswood, VIC, Australia, Black Inc., 2012.

这也就引发了一个体系层面的问题：美国的亚太联盟在维护地区和平与稳定上到底能发挥什么样的作用。

尽管美国提出了“重返亚太”，但关于亚洲安全架构发展变化的争论并没有结束。中美两国之间相对力量的转移使得亚洲不可能回到美国占据首要地位的“美好的旧时代”（the good old days）。中国的迅速发展壮大正在改变周边国家的权力计算。他们甚至担心一旦美国军队从亚洲撤出，那么对亚洲领导地位的争夺是否会导致新的安全困境的出现，这种担心引发了他们对美国是否应当保留其在亚洲军事存在的进一步争论，这又让他们感觉重新回到了冷战结束时期的情形。[①] 最激烈的争论来自休·怀特（Hugh White），他认为借助美国的首要地位作为防备手段已不再是一种可行的选择，如果美国拒绝接受中国成为更平等的伙伴，这将真正牺牲掉亚洲的和平与稳定。[②] 怀特认为时下正在发生第三次体系性的转变，这要求人们认真地重新考虑：美国的联盟体系是否还是维护亚洲和平与稳定的基础。

在过去20年间，美国一直希望联盟伙伴可以为维持联盟关系贡献更多的力量。但随着东北亚盟友与美国之间差距的缩小，美国希望每个伙伴都能为自身防务承担更多的成本。这包括增加国防预算，以及分担维持美国在亚洲军事存在的费用。也有人越来越希望在合作伙伴间开展合作，使美国亚太联盟体系由“中心—轮辐”模式变为以联盟为中心的网状结构。虽然一些联盟伙伴开始接受更均衡的费用分担，但对于建立一个以联盟为中心的网络却没有实质性行动。尽管美、澳、日建立了三边对话机制，美、澳、韩也可能建立相似

---

① Thomas Christensen, “China, the U. S. -Japan Alliance, and the Security Dilemma in East Asia”, International Security, Vol. 23, No. 4, Spring 1999, pp. 49 – 80.

② Hugh White, “Power Shift: Rethinking Australia’s Place in the Asian Century”, Australian Journal of International Affairs Vol. 65, No. 1, January 2011, pp. 81 – 93.

的机制，但其他的安排却迟迟未见。由于日本《宪法》第九条对其军事行为构成限制，韩国的国内政治也约束其与美国在朝鲜半岛之外进一步军事合作的开展，日韩两国之间由于历史认识问题引发的紧张不断升级，使得各方不愿进一步推动三边合作。因此，虽然美国与东北亚两个联盟伙伴之间的合作有所加强，但这些合作仅限于双边范围，只能增进双边关系，而无法增加整个联盟体系的系统性价值。而澳大利亚、菲律宾和泰国与美国就其国土之外的防御开展合作似乎也缺乏足够的行动意愿。

虽然东南亚的联盟伙伴们一直担心要在中美两国之间选边站，但各国逐渐意识到，安全上依赖美国、经济上依赖中国的做法将无法持续下去。如果美国的联盟体系确实是亚洲安全架构的基础，美国为维护亚洲的安全环境所提供的公共产品确实带来了经济增长，那么美国就应当能够从这种增长中获益。同样地，如果中国在亚洲的经济活动依赖一个稳定、安全的环境，那么它就应当为提供确保地区稳定的公共物品做出自己的贡献。但由于中美两国之间信任缺失，两国都怀疑对方是否真的在为地区的发展与稳定提供公共物品；而地区内国家又不愿在二者之间选边站，也鼓励了各方的不作为行为。虽然盟友们对美国抱有怨言，但它们对中国也缺乏足够的信任。

中美两国对亚洲当前形势的不满日益增加，一方面，中国军事能力的增长使人们担心中国将“寻求”亚洲的主导权，这增加了美国的压力，并促使其表态将继续信守承诺，保持在亚洲强大的军事存在；另一方面，这也可能使中美之间形成安全困境。与此同时，《2010 年国家安全战略报告》引入了战略贸易（Strategic Trade）的概念，美国已将促进经济互动和贸易作为亚洲安全战略的关键部分。因此，怀特认为最好的解决办法是发展出一种“大国协调”（concert of powers），这种协调集中表现在中美共享在亚洲的影响力。

亚洲权力关系的转变造成了联盟体系内部的紧张局面。每个盟友都不得不思考联盟的价值，这加剧了人们对联盟发展前景的担忧。有人将亚太地区演变中的安全架构看成是以往安全架构的延续。亚太地区的双边联盟和各种多边组织之间存在着一种解决安全问题的途径，这一途径缓解了安全困境。组织的复杂性和解决安全问题的功能性方法共同创造了一个积极的安全环境，使得基于联盟关系的临时性合作既增进了多边合作，又避免了与集体行动相关的问题的出现。[①] 各种机构复杂地叠加在一起，产生了一定程度的不确定性。所以，寻求更多的合作并不必然要降低双边关系在联盟伙伴中的中心地位。随着非传统安全议题的出现，联盟将继续作为地区安全的基础，发挥最适合自身的功能性作用，比如对灾难快速做出反应以及降低威胁出现的可能性。

联盟通过联合所做出的临时性反应能够对推动多边合作的机制化产生积极影响；其他人则对此持怀疑态度。近 20 年间，美国都一直努力从威廉·托（William Tow）和阿查亚（Amitav Acharya）所称的“联盟排外主义”（alliance exclusivism）转向他们所称的“联盟相互关系”（alliance mutuality），试图通过以东盟为基础的多边主义建立起更广泛的地区安全议程，但这种想法一直没有实现。威廉·托和阿查亚认为，由于美国被排除在天然定义的共同体之外，因此亚洲融合的进程便将那些与美国结盟的国家甩在身后，正是由于这个原因，亚洲仍将难以超越联盟排他主义的限制。[②] 中国等国家继续把美国描绘成外部平衡者，称美国最终会对亚洲共同体的建立产生

① Victor Cha, “Complex Patchworks: U. S. Alliances as Part of Asia’ s Regional Architecture”, Asia Policy, No. 11, January 2011.

② William Tow and AmitavAcharya, Obstinate or Obsolete? The US Alliance Structure in the Asia Pacific, Working Paper 2007/4, Australia National University, December 2007, p. 27.

不利影响，这种做法使问题进一步恶化。[①]

目前，亚洲安全的大规模体系性转变仍在进行中，这使我们难以确定其对美国联盟体系最终将产生何种影响。自 2010 年以来，传统联盟的作用重新受到重视，这尤其体现在菲律宾和日本方面，两国极力推动美国确认其在领土问题上的共同防御承诺。美国对亚洲的军事力量进行“再平衡”，从而使各国面临更深重的困境，迫使它们必须在中美之间做出艰难的选择。显然，人们将就“联盟已经过时”和“联盟是维护地区和平与稳定的基础”这两种观点继续争论下去。但有一个问题必须得到解决：联盟是以防御为导向的，它无法解决商业、金融和经济利益问题，而这些对于美国在亚洲获得长期持久的成功至关重要。如果不能积极参与亚洲事务（特别是在多边政治和经济领域），美国的可信度和影响力就会下降，这将使美国更难为其在亚洲的安全性存在辩护。

双边联盟一直是美国参与亚太的核心。但自冷战结束后，联盟伙伴们却在时不时地努力寻找理由，以期能够共同维持联盟伙伴关系。这些理由已经超越了原有的看法，即联盟是维护地区和平与稳定的基础，因而能够防止安全困境的出现。各国开始寻找它们在应对跨国安全议题上的共同利益，或者能够解释联盟体系存在原因的一系列共同的价值观。但在传统的现实主义者看来，这些想法是有问题的，因为他们倾向于认为联盟必须将关注点放在应对军事威胁上。从更广泛的意义上来说，人们普遍承认，联盟要想继续发挥作用，就必须关注共同利益，必须表明联盟会将维护地区稳定作为其中心任务。而美国亚太联盟体系能否延续下去最终将取决于两个因素：一是能否形成一种共同的价值观，以及这种价值观能否一直存

---

① Xiaosong Tang, “The future role of the United States in the Asia-Pacific region: dead end or crossroads?”, Australian Journal of International Relations, Vol. 66, No. 5, November 2012, pp. 592 - 605.

在；二是各国是否认为联盟体系能够提供公共产品，不论这些公共产品的受益者是联盟伙伴还是地区所有其他国家。

结　语

冷战期间，美国亚太联盟关注的焦点是针对苏联集团采取共同防御，以及从更普遍意义上来说，鉴于对全球共产主义的担忧而采取共同防御。随着冷战的结束，维持联盟存在的基本因素发生了转变，联盟被描绘成为维持地区安全秩序的基础，以此促进包括东盟地区论坛在内的多边安全机制的发展。针对美国的“9·11”恐怖袭击事件引发了第三个时代的到来，此时维持联盟存在的基本因素转变到需要通过集体行动应对包括本土和地区恐怖主义在内的全球恐怖主义威胁。不同时代之间的过渡主要源于美国自身的转变，但在一定程度上也源于联盟伙伴发生的变化。本文对这三个时代逐一进行了分析，对维持联盟存在基本因素的转变如何影响联盟体系自身以及如何帮助塑造当前安全秩序做出评估。

通过对美国亚太联盟的考查，我们发现，联盟体系显然正在向第三个时代发展。尽管美国仍然是亚太地区安全的提供者，但十分清晰的是，前两个时代的转变和东亚的变化形成了一种累积效应，这种累积效应正在进一步改变联盟体系，并进一步挑战联盟体系的典型特征，这对美国在地区安全秩序中的角色以及联盟体系产生着重大影响。造成这些变化的主要因素包括：中国地区影响力的增加，地区内部不断变化的安全观念，多边组织在促进安全合作中作用的增加，美国与联盟的伙伴关系已超越共同防御的范围并不断扩大，以及美国与地区其他安全伙伴间关系的扩展。

通过分析，我们认为，美国亚太联盟体系所面临的国际和地区环境的变化对美国联盟体系产生了的深刻影响。具体表现出以下几个方面的特征：首先，在双边联盟关系中，美国日益期望联盟伙伴承担更多责任，这挑战了过去几十年间每个联盟内部不对称的基本特征；其次，随着美国与联盟伙伴间安全关系范围的扩展，它们在更广泛的地区和全球安全事务中的合作不断增加；第三，联盟体系从“中心—轮辐”模式逐渐变为更加网络化的结构，与冷战后逐渐形成的广泛的多边组织共存，有时这种扩展了的关系降低了美国与联盟伙伴间双边关系的重要性，双方的安全合作超越了共同防御条约的范围，这种扩展了的关系至今决定着联盟体系的主要特征；第四，尽管各国对多边安全机制的关注增加，但随着美国“重返亚太”，以及相关国家与中国在海洋领土上存在着一定的分歧，使得美国的一些联盟伙伴重新寻求美国对共同防御的承诺，也就是说，虽然一些发展趋势使联盟正从冷战时期形成的目标和特征中转变，但最近一些事态的发展却使联盟的传统目的和结构不断得到加强。

结　论

US Alliance System and Regional Economic Development

冷战结束后，国际环境发生的巨大变化促使国际关系学者对这种变化积极做出应对。两极体制的崩溃与冷战的结束促使人们在对过去将安全与经济视为两个独立领域的思维模式提出批判的基础上，重新激发了将两个领域融合在一起的兴趣。冷战时期所形成的国际政治经济学与安全研究之间的巨大分野，随着原有的国际体系特征的消失，为学术界分析国际关系现实带来了新的挑战。本书也正是在这样的背景下，以联盟为主要分析对象，力求在学术研究中为沟通经济与安全之间的联系寻找到新的研究渠道。本书着重考察了安全关系对国际经济合作与冲突产生的影响，认为应该进一步将安全研究与国际政治经济学研究融合起来，而不是将二者当作两种彼此互不相干的理论看待；针对联盟问题的研究，同样不应主要关注联盟本身具有的安全意义，而更应该注重联盟所确立的这种安全框架对联盟国家间的经济合作所带来的影响。

在联盟问题的研究上，需要我们以新的视角对之加以审视。冷战时期，大量针对联盟问题的研究成果面世，这些研究的重点放在联盟所发挥的安全作用上，强调通过结盟的方式确保国际力量对比的均势。因此很少有人关注联盟中的经济事务以及联盟的经济后果。确实，当时的国际关系的现实以及国际学术界的研究主导思想导致了这方面的研究不被重视。但事实并非如此，联盟所促成的国家间合作不只限于安全领域，还会扩及经济事务上，造成相应的经济后果，使国家经济交往进一步密切，甚至形成一种相互依存的关系。由于有了结盟关系提供安全保障，各国降低了对因为经济交往而产生的安全外部性的忧虑，保证了经济合作的效率，反过来也进一步巩固了既有的联盟关系。

联盟国家之间的经济交往不单单是由外部安全环境所决定的，联盟决策面临的国内环境在安全和经济关系中发挥着重要作用。正是国内政治的约束决定了联盟中的经济—安全关系的形式以及在谈判时究竟是相互让步还是容忍不对等的让步。通过对相关联盟形成及发展过程的分析，我们发现战略利益构成了联盟的基础，但经济因素既是联盟的结果，也在促进联盟关系上发挥着重要作用。当面临结盟的选择时，实力较弱的国家有可能会因为联盟带来的经济收益而选择结盟。联盟形成之后，盟国之间通过寻求经济合作的方式来确保联盟的巩固。这种合作形式包括运用经济补偿性支付向盟国提供不对等的优惠待遇以及相互协调彼此之间给予优惠。在外部威胁较大的情况下，联盟成员国宁愿做出牺牲，通过不对等的经济交换来确保安全利益；在外部威胁较小的情况下，联盟成员之间更愿在经济与安全利益上进行权衡，而此时国内政治环境及决策过程往往能够在权衡时起到关键作用。

而经济政策同样可以对联盟国家之间的关系带来影响。结盟的国家可以运用经济政策，使之发挥一种信号功能，对国家间合作产生影响。国家之间的经济交往能够成为一种向外界宣示国家间交往程度的信号，通常各国都向自己的盟国提供经济优惠措施，而向其对手或敌国进行经济制裁，这种作用在联盟国家之间更为明显。因此，本书在前两章分析的基础上提出了下列主张：（1）当联盟中的双方对来自盟友支援的需求程度都较高时，以经济让步形式传递给盟友的成本信号将被双方所采用。（2）当仅有一方对盟友支援的需求程度较高时，需求较高的一方将向需求较低的一方提供经济让步，这种行为至少在联盟初始阶段存在，也有可能贯穿整个联盟的始终。需求较低的一方则对这种经济让步不会进行相应的报答。（3）对盟友支援需求程度较高的一方一般不会对其对手进行经济制裁。（4）当联盟中的双方对来自盟友支持的需求程度都较低时，类似的经济让步将不会进行。

早在20世纪40年代，很多学者就已经意识到经济与安全之间的关系将是每个治国之材面临的最关键也是最吸引人的问题。他们希望相关的决策者以及学术界能够以一种整体的方式来看待经济与安全的问题。[①] 但是随着冷战的开始，这样的主张逐渐被忽视，人们更多强调的是军事手段与军事目标，而经济治术以及经济与安全议题间的关系却被极度忽视了。这样的经济与安全的两分法影响到了学术研究，政治经济学与安全研究的分离也成为了政治科学学科内部最严重的问题之一。[②] 但是随着国际关系现实的改变，不但在决策界，而且国际关系学术界本身也已经意识到了这二者之间的紧密联系，苏珊·斯特兰奇在20世纪70年代就曾呼吁要“架设沟通国际经济与国际关系研究之间的桥梁”[③]，此后的学者更是不断努力，他们通过重新重视对国际政治经济学与安全研究之间互动的理论与实质问题研究，来回应新国际环境中的刺激因素。特别是随着学术界对相互依赖问题的研究不断深入，在国际政治经济学与安全研究二者相结合研究上，不断取得新的成果。针对贸易与和平的关系、安

---

① Edward Mead Earle, Adam Smith, Alexander Hamilton, Friedrich List: The Economic Foundations of Military Power, in Edward Mead Earle, ed., Makers of Modern Strategy: Military Thought from Machiavelli to Hilter, Princeton. N. J.: Princeton University Press, pp. 117 – 154; Albert O. Hirschman, National Power and the Structure of Foreign Trade, Berkeley: University of California Press, 1945.

② Sean Lynn-Jones and Joseph S. Nye, Jr., International Security Studies: A Report of a Conference on the State of the Field, International Security, Vol. 12, 1988, p. 25.

③ Susan Strange, International Economics and International Relations: A Case of Mutual Neglect, International Affairs, Vol. 46, 1970, p. 314.

全关系对国际经济合作与冲突的影响以及经济因素对实现外交政策目标所发挥的重要作用等方面都取得了重要的成果。可以说，在特定的政治经济目标的背景下，对经济与安全关系的研究将深入进行下去，安全研究与国际政治经济学研究的结合也会更加密切。因此，本书通过对联盟体系下国家间安全与经济关系的互动的分析，选用新的分析变量、设定新的研究范围、寻找新的经验证据进行论证，为沟通安全研究与国际政治经济学研究提供了一个新的分析例证。

参考文献

US Alliance System and Regional Economic Development

一、中文参考文献

参考书目

1. 《国际条约集（1872—1916）》，北京：世界知识出版社 1986 年版。

2. 《国际条约集（1950—1952）》，北京：世界知识出版社 1959 年版。

3. G. M. 格罗斯曼、E. 赫尔普曼著，李增刚译：《利益集团与贸易政策》，中国人民大学出版社 2005 年版。

4. 安东尼·唐斯著，姚洋等译：《民主的经济理论》，上海人民出版社 2005 年版。

5. 彼得·卡赞斯坦、罗伯特·基欧汉、斯蒂芬·克拉斯纳编，秦亚青、苏长和、门洪华、魏玲译：《世界政治理论的探索与争鸣》，上海世纪出版集团 2006 年版。

6. 布鲁诺·弗雷著，吴元湛译：《国际政治经济学》，重庆出版社 1987 年版。

7. 查尔斯·金德尔伯格著，宋承先、洪文达译：《1929—1933

年世界经济萧条》，上海译文出版社 1986 年版。

8. 查尔斯·金德尔伯格著，宋承先、洪文达译，《世界经济霸权：1500—1990》，商务印书馆 2003 年版。

9. 查尔斯·林德布洛姆著，王逸舟译：《政治与市场：世界的政治—经济制度》，上海三联书店、上海人民出版社 1996 年版。

10. 大卫·A. 鲍德温主编，肖欢容译：《新现实主义和新自由主义》，浙江人民出版社 2001 年版。

11. 大野健一著，臧馨、臧新远译：《从江户到平成：解密日本经济发展之路》，中信出版社 2006 年版。

12. 樊勇明：《西方国际政治经济学》，上海人民出版社 2001 年版。

13. 郭树勇：《建构主义与国际政治》，长征出版社 2001 年版。

14. 汉斯·摩根索著，卢明华等译：《国际纵横策论——争强权、求和平》，上海译文出版社，1995 年版。

15. 亨利·基辛格：《大外交》，海南出版社 1998 年版。

16. 卡尔·多伊奇著，周启朋等译：《国际关系分析》，世界知识出版社 1992 年版，第 223 页。

17. 肯尼思·沃尔兹著，胡少华、王红缨译：《国际政治理论》，中国人民公安大学出版社 1992 年版。

18. 肯尼思·沃尔兹著，倪世雄等译：《人、国家与战争》，上海译文出版社 1991 年版。

19. 李广民：《与强者为伍：日本结盟外交比较研究》，人民出版社 2006 年版。

20. 刘大椿：《科学基础哲学导论》，中国人民大学出版社 2000 年版。

21. 刘金质等：《国际政治大词典》，中国社会科学出版社 1994 年版。

22. 罗伯特·基欧汉、海伦·米尔纳主编，姜鹏、董素华译：《国际化与国内政治》，北京大学出版社 2003 年版。

23. 罗伯特·基欧汉、约瑟夫·奈著，门洪华译：《权力与相互依赖》，北京大学出版社 2002 年版。

24. 罗伯特·基欧汉著，苏长和等译：《霸权之后：世界政治中的合作与纷争》，上海人民出版社 2001 年版。

25. 罗伯特·基欧汉编，郭树勇译：《新现实主义及其批判》，北京大学出版社 2002 年版。

26. 罗伯特·吉尔平著，杨宗光等译：《国际关系政治经济学》，上海人民出版社 2006 年版。

27. 罗伯特·吉尔平著，武军等译：《世界政治中的战争与变革》，中国人民大学出版社 1994 年版。

28. 曼瑟尔·奥尔森著，陈郁、郭宗峰、李崇新译：《集体行动的逻辑》，上海三联书店、上海人民出版社 1995 年版。

29. 乔治·克雷格著，时殷弘、周桂银、石斌译：《武力与治国方略：我们时代的外交问题》，商务印书馆 2004 年版。

30. 秦亚青：《霸权体系与国际冲突——美国在国际武装冲突中的支持行为（1945—1988）》，上海人民出版社 1999 年版。

31. 秦亚青：《权力·制度·文化：国际关系理论与方法》，北京大学出版社 2005 年版。

32. 曲博：《国内政治与汇率政策选择研究》，北京大学博士研究生学位论文，2007 年 5 月。

33. 萨缪尔森和诺德豪斯著，高鸿业等译：《经济学》，中国发展出版社 1992 年版。

34. 时殷弘：《现当代国际关系史：从 16 世纪到 20 世纪》，中国人民大学出版社 2006 年版。

35. 宋新宁、陈岳：《国际政治经济学概论》，中国人民大学出版社 1999 年版。

36. 苏长和：《全球公共问题与国际合作：一种制度的分析》，上海人民出版社 2000 年版。

37. 苏珊·斯特兰奇著，杨宗光译：《国家与市场》，上海人民出版社 2006 年版。

38. 孙德刚：《多元平衡与“准联盟”理论研究》，时事出版社 2007 年版。

39. 孙执中：《荣衰论：战后日本经济史（1945—2004）》，人民出版社 2006 年版。

40. 汪伟民：《联盟理论与美国的联盟战略：以美日、美韩联盟研究为例》，世界知识出版社 2007 年版。

41. 王帆：《美国的亚太联盟》，世界知识出版社 2007 年版。

42. 王绳祖主编：《国际关系史》（第八卷），世界知识出版社 1995 年版。

43. 王逸舟：《当代国际政治析论》，上海人民出版社 1995 年版。

44. 王正毅、张岩贵：《国际政治经济学——理论范式与现实经验研究》，商务印书馆，2003 年版。

45. 王正毅：《世界体系与国家兴衰》，北京大学出版社 2006 年版。

46. 许海云：《锻造冷战联盟：美国“大西洋联盟政策”研究（1945—1955）》，中国人民大学出版社 2007 年版。

47. 亚历山大·温特著，秦亚青译：《国际政治的社会理论》，上海人民出版社 2000 年版。

48. 袁明：《国际关系史》，北京大学出版社 2005 年版。

49. 詹姆斯·多尔弟、小罗伯特·普法尔兹茨格拉夫著，阎学通等译：《争论中的国际关系理论》，世界知识出版社 2003 年版。

50. 张敏谦：《美国对外经济战略》，世界知识出版社，2001 年 1 月版。

51. 朱迪斯·戈尔斯坦、罗伯特·基欧汉主编，刘东国、于军译：《观念与外交政策：信念、制度与政治变迁》，北京大学出版社 2005 年版。

52. 朱文莉：《国际政治经济学》，北京大学出版社 2004 年版。

53. 资中筠主编：《战后美国外交史——从杜鲁门到里根》，世界知识出版社 1994 年版。

参考文章

1. 秦亚青：《层次分析法与国际关系研究》，载《欧洲》1998 年第 3 期。

2. 曲博：《国内政治、国际关系与国际政治经济学研究》，载《国际政治研究》2006 年第 2 期。

3. 王正毅：《超越"吉尔平式"的国际政治经济学》，载《国际政治研究》2006 年第 2 期。

4. 王正毅：《争论中的国际政治经济学》，载《世界经济与政治》2004 年第 5 期。

5. 于铁军：《国际政治中的同盟理论：进展与争论》，载《欧洲》1999 年第 5 期。

二、外文参考文献

1. Abbott, Kenneth W. & Duncan Snidal, "Hard and Soft Law in International Governance", International Organization, Vol. 54, No. 3, 2000, pp. 421 –456.

2. Abdelal, Rawi and Jonathan Kirshenr, "Strategy, Economic Re-

lations, and the Definition of National Interests." In Jean-Marc F. Blanchard, Edward D. Mansfield, and Norrin M. Ripsman, eds., Power and the Purse: The Political Economy of National Security, London: Frank Cass, 1999, pp. 119 – 156.

3. Allison, Graham, Essence of Decision: Explaining the Cuban Missile Crisis, Boston: Little, Brown, 1971.

4. Allison, John, Ambassador from the Prarie, New York: Houghton Mifflin, 1973.

5. Altfeld, Michael F., "The Decision to Ally: A Theory and Test", The Western Political Quarterly, No. 4, December 1984, pp. 523 – 543.

6. Andrew, Christopher, Theophile Delcasse and the Making of the Entente Cordiale: A Reappraisal of French Foreign Policy, 1898 – 1905, London: Macmillan, 1968.

7. Art, Robert, "American Foreign Policy and the Fungibility of Force", Security Studies Vol. 5, No. 4, 1996, pp. 7 – 42.

8. Ashley, Percy, Modern Tariff History: Germany, the United States and France, New York: Howard Fertig, 1970.

9. Axelord, Robert & Robert O. Keohane, "Achieving Cooperation Under Anarchy: Strategies and Institutions", in Kenneth A. Oye, ed., Cooperation Under Anarchy, Princeton, N. J.: Princeton University Press, 1986.

10. Axelrod, Robert, The Evolution of Cooperation, New York: Basic Books, 1984.

11. Baldwin, David A., "The Power of Positive Sanctions", World Politics, Vol. 24, No. 1, 1972, pp. 19 – 39.

12. Baldwin, David A., Economic Statecraft, Princeton: Princeton

University Press, 1985.

13. Baldwin, Robert E. , The Political Economy of U. S. Import Policy, Cambridge, Mass. : The MIT Press, 1985.

14. Barber, Hollis W. , et. al. , The United States in World Affairs, Council on Forcign Rclations, New York: Harper&Bros. , 1957.

15. Barnett, Michael N. , Confronting the Costs of War, Princeton: Princeton University Press, 1992.

16. Barnhart, Michael A. , Japan Prepares for Total War: The Search for Economic Security, 1919 – 1941, Ithaca: Cornell University Press, 1987.

17. Bhagwati, Jagdish N. and T. N. Srinivasan, "Optimal Trade Policy and Compensation under Endogenous Uncertainty: The Phenomenon of Market Disruption", Journal of International Economics, Vol. 6, 1976, pp. 317 – 336.

18. Blainey, Geoffrey, The Causes of War, 3rd ed. New York: Free Press, 1988.

19. Blanchard, Jean-Marc F. and Norrin M. Ripsman, "Asking the Right Question: When Do Economic Sanctions Work Best?" Security Studies, Vol. 9, No. 1, 1999, pp. 228 – 264.

20. Block, Fred L. , The Origins of International Economic Disorder: A Study of United States International Monetary Policy from World War II to the Present, Berkeley and Los Angeles; University of California Press, 1977.

21. Borden, William S. , The Pacific Alliance, United States Foreign Economic Policy and Japanese Trade Recovery, 1947 – 1955, The University of Wisconsin Press, 1984.

22. Brander, James and Barbara Spencer, "Export Subsidies and In-

ternational Market Share Rivalry", Journal of International Economics, Vol. 18, 1984, pp. 82 – 100.

23. Buzan, Barry, People, States, and Fear: An Agenda for International Security Studies in the Post-Cold War Era, Boulder, Colo.: Lynne Reinner, 1991.

24. Buzan, Barry, "The Level of Analysis Problem in International Relations Reconsidered", in Ken Booth and Steve Smith, International Relations Theory Today, Pennsylvania: The Pennsylvania State University Press, 1995.

25. Christensen, Thomas and Jack Snyder, "Chain Gangs and Passed Bucks: Predicting Alliance Patterns in Multipolarity", International Organization, Vol. 44, No. 2, Spring 1990.

26. Collins, D. N., "The Franco-Russian Alliance and Russian Railways, 1891 – 1914", Historical Journal, Vol. 16, No. 4, 1973.

27. Conybeare, John A. C., Public Goods, Prisoner's Dilemmas, and the International Commercial Rivalry, New York: Columbia University Press, 1984.

28. Crane, George T. and Abla Amawi eds., The Theoretical Evolution of International Political Economy: A Reader, Oxford University Press, 1991.

29. Curzon, Gerard and Victoria Curzon, "The Management of Trade Relations in the GATT", in Andrew Shonfield, ed., International Economic Relations of the Western World 1959 – 1971, Vol. 1, Politics and Trade, London: Oxford University Press, 1976.

30. David, Steven, "Explaining Third World Alignment", World Politics, Vol. 43, 1991, pp. 233 – 256.

31. Deardorff, Alan V. and Robert M. Stern, Current Issues in Trade

Policy: An Overview, In Robert M. Stern, ed. , U. S. Trade Policies in a Changing World Economy, Cambridge: Cambridge University Press, 1987.

32. Destler, I. M. , Haruhiro Fukui and Hideo Sato, The Textile Wrangle: Conflict in Japanese-American Relations, Ithaca, N. Y. : Cornell University Press, 1979.

33. Destler, I. M. , Hideo Sato, Priscilla Clapp and Haruhiro Fukui, Managing an Alliance: The Politics of U. S. -Japan Relations, Washington, D. C. : Brookings Institution, 1976.

34. Dickinson, FR, War and National Reinvention, 1914 – 1919: Japan in the First World War, Cambridge, Mass: Harvard University Press, 1999.

35. Dixon, William and Bruce E. Moon, "Political Similarity and American Foreign Trade Patterns", Political Research Quarterly, Vol. 46, No. 1, 1993, pp. 5 – 25.

36. Drezner, Daniel, "Transaction Costs, Conflict Expectations, and Economic Inducements", In Jean-Marc F. Blanchard, Edward D. Mansfield, and Norrin M. Ripsman, eds. , Power and the Purse: The Political Economy of National Security, London: Frank Cass, 1999, pp. 188 – 218.

37. Dua, R. , Anglo-Japanese Relations, New Delhi: S. Chand and Co. , 1972.

38. Duncan, George W. and Randolph M. Siverson, "Flexibility of Alliance Partner Choice in a Multipolar System: Models and Tests", International Studies Quarterly, Vol. 26, 1982, pp. 511 – 538.

39. Earle, Edward Mead, "Adam Smith, Alexander Hamilton, Friedrich List: The Economic Foundations of Military Power", in Edward

Mead Earle, ed. , Makers of Modern Strategy: Military Thought from Machiavelli to Hilter, Princeton. N. J. : Princeton University Press, 1943.

40. Eckes, Alfred E. , A Search for Solvency: Bretton Woods and the International Monetary System, 1941 - 1971, Austin: University of Texas Press, 1975.

41. Ekelund, Robert B. and Robert D. Tollison, Mercantilism as a Rent-Seeking Society: Economy Regulation in Historical Perspective, College Station: Texas A&M Press, 1981.

42. Evans, John W. , The Kennedy Round in American Trade Policy: The Twilight of the GATT? Cambridge, Mass: Harvard University Press, 1971.

43. Evera, Stephen Van, Guide to Methodology for Students of Political Science, Cambridge: MIT Press, 1996.

44. Fearon, James D. , "Bargaining, Enforcement, and International Cooperation," International Organization, Vol. 52, No. 2, 1998, pp. 269 - 306.

45. Fedder, Edwin H. , "The Concept of Alliance", Interntional Studies Quarterly, Vol. 12, No. 1, 1968.

46. Fordham, Benjamin O. , Building the Cold War Consensus: The Political Economy of U. S. National Security Policy, 1949 - 1951, Ann Arbor: University of Michigan Press, 1998.

47. Frey, Bruno S. , "The Public Choice View of International Political Economy", International Organization, Winter 1984.

48. Funabashi, Yoichi, Managing the Dollar: From the Plaza to the Louvre, Washington, D. C. : Institute for International Economics, 1988.

49. Gaddis, John Lewis, "The Emerging Post-Revisionist Synthesis on the Origins of the Cold War", Diplomatic History, Vol. 7, No. 3,

Summer, 1983.

50. Gardner, Richard N., Sterling-Dollar Diplomacy in Current Perspective: The Origins and the Prospects of our International Economic Order, New York: Columbia University Press, 1980.

51. Gardner, Richard N., Sterling-Dollar Diplomacy in current Perspective: The Origins and the Prospects of Our International Economic Order, New York: Columbia University Press, 1980.

52. Geyer, Dietrich, Russian Imperialism: The Internationa1 of Domestic and Foreign Policy, 1860 – 1914, New York: Berg, 1987.

53. Gourevitch, Peter, Politics in Hard Times: Comparative Responses to International Economic Crises, Ithaca, N. Y.: Cornell University Press, 1986.

54. Gourevtich, Peter, "The Second Image Reversed: The International Sources of Domestic Politics", International Organization, Vol. 32, No. 4, 1978.

55. Gow, Ian, "The Royal Navy and Japan, 1900 – 1920: Strategic Re-evaluation of the IJN", in Ian Gow, Yoichi Hirama, and John Chapman, eds., The History of Anglo-Japanese Relations: Volume III, The Military Dimension, Hampshire, England: Palgrave Macmillan, 2003.

56. Gowa, Joanne and Edward D. Mansfield, "Alliances, Imperfect Markets, and Major-Power Trade", International Organization, Vol. 58, No. 4, 2004, pp. 778 – 805.

57. Gowa, Joanne and Edward D. Mansfield, "Power Politics and International Trade", American Political Science Review, Vol. 87, No. 2, 1993, pp. 408 – 420.

58. Gowa, Joanne and Edward Mansfield, "Alliance, Imperfect Markets, and Major-Power Trade", International Organization, Vol. 58:

4, 2004, pp. 775 - 805.

59. Gowa, Joanne, Alliance, Adversaries, and International Trade, Princeton: Princeton University Press, 1994.

60. Gowa, Joanne, "Bipolarity, Multipolarity, and Free Trade", American Political Science Review, Vol. 83, No. 4, 1989, pp. 1245 - 1256.

61. Gowa, Joanne, "Public Goods and Political Institutions: Trade and Monetary Policy Process in the United States", International Organization 42, Winter, pp. 15 - 32.

62. Gowa, Joanne, "Rational Hegemons, Excludable Goods, and Small Groups: An Epitaph for Hegemonic Stability Theory?", World Politics, Vol. 43, No. 3 April, 1989.

63. Great Britain, Foreign Office, 1864 - 65, British and Foreign State Papers, Vol. 55, London: James Ridgway and Sons, pp. 837 - 843.

64. Green, Donald D. and Ian Shapiro, Pathologies of Rational Choice Theory: A Critique of Applications in Political Science, New Haven: Yale University Press, 1994.

65. Gretton, Sir Peter, "The U-Boat Campaign in Two World Wars." In Jordan, Gerald, ed., Naval Warfare in the Twentieth Century, 1900 - 1945: Essays in Honour of Arthur Marder, New York: Crane Russak, 1977.

66. Grieco, Joseph M., Cooperation Among Nations: Europe, America, and Non-Tariff Barriers to Trade, Ithaca, N. Y.: Cornell University Press, 1990.

67. Grieco, Joseph M., "Anarchy and the Limits of Cooperation: A Realist Critique of the Newest Liberal Institutionalism", International Organization 42 Summer 1988, pp. 485 - 507.

68. Haas, Peter, Saving the Mediterranean, New York: Columbia University Press, 1990.

69. Haggard, Stephen and Beth A. Simmons, "Theories of International Regimes", International Organization, Vol. 41, 1987.

70. Hardy, Geoffrey M. Gathorne, A Short History of International Affairs 1920 – 1938, London: Oxford University Press, 1938.

71. Hart, B. H. Liddell, Strategy, New York: Praeger, 1967.

72. Hartley, Keith and Todd Sandler, eds., Handbook of Defense Economics, New York: Elsevier, 1995.

73. Helmreich, Jonathan, "The Negotiation of the Franco-Belgian Military Accord of 1920", French Historical Studies, Vol. 3, No. 3, 1964, pp. 360 – 378.

74. Hirschman, Albert O., National Power and the Structure of Foreign Trade, Berkeley: University of California Press, 1945.

75. Homer, Sidney and Richard Sylla, A History of Interest Rates, New Brunswick, N. J.: Rutgers University Press, 1991.

76. Hufbauer, Gary Clyde, Jeffrey J. Schott and Kimberly Ann Elliott, Economic Sanctions Reconsidered, 2nd ed. 2vols. Washington, D. C.: Institute for International Economics, 1990.

77. Hurst, Michael, ed., Key Treaties for the Great Powers, 1814 – 1914, Volume II, New York: St. Martin's, 1972.

78. Ikenberry, John G., Reasons of State: Oil Politics and the Capacities of the American Government, Ithaca, N. Y.: Cornell University Press, 1988.

79. Ikenberry, John G., "Conclusion: An Institutional Approach to AmericanForeign Economic Policy", International Organization 42, Winter 1988, pp. 219 – 243.

80. J. Cauley, Sandler, and J. Forbes, "In Defense of A Collective Goods Theory of Alliance", The Journal of Conflict Resolution, September 1980, pp. 537 – 547.

81. Jansen, Marius B. , The Making of Modern Japan, Cambridge, MA: Harvard University, 2000.

82. Johnson, Chalmers, Conspiracy at Matsukawa, Berkeley: University of California Press, 1972.

83. Jordan, Amos A. , American National Security, Baltimore: The Johns Hopkins Press, 1989.

84. Katzenstein, Peter J. , ed. , Between Power and Plenty: The Foreign Economic Policies of Advanced Industrial States, Madison: University of Wisconsin Press, 1978.

85. Kegley, Charles W. , Jr. , Gregory A. Raymond, When Trust Breaks Down: Alliance Norms and World Politics, Columbia: University of South Carolina Press, 1990.

86. Keiger, John F. V. , France and the Origins of the First World War, London: Macmillan, 1983.

87. Kelley, N. and M. Trebilcock, The Making of the Mosaic: A History of Canadian Immigration Policy, Toronto: University of Toronto Press, 1998.

88. Kennan, George F. , The Decline of Bismarck's European Order: Franco-Russian Relations, 1875 – 1890, Princeton, N. J. : Princeton University Press, 1979.

89. Kennedy, Gavin, Defense Economics, London: Duckworth, 1983.

90. Kenwood, A. G and A. L. Lougheed, The Growth of the International Economy, 1820 – 1990, 3rd edition, London: Routledge, 1992.

91. Keohane, Robert O. & Lisa L. Martin, "The Promise of Institu-

tionalist Theory," International Security, Vol. 20, No. 1, 1995, pp. 39 – 51.

92. Keohane, Robert O., After Hegemony: Cooperation and Discord in the World Political Economy, Princeton, N. J.: Princeton University Press, 1984.

93. Keohane, Robert O., International Institutions and State Power, Boulder, Colo.: Westview Press, 1989.

94. Keohane, Robert O., "Alliance, Threats and the Uses of Neorealism", International Security, Vol. 13, No. 1, Summer 1988, pp. 174 – 175.

95. Keohane, Robert O., "International Liberalism Revisited", in John Dunn, ed., The Economic Limits to Modern Politics, Cambridge: Cambridge University Press, 1990.

96. Keohane, Robert O., "The Demand for International Regime", in Stephen D. Krasner, ed., International Regime, Ithaca, N. Y.: Cornell University Press, 1983, pp. 141 – 171.

97. Keohane, Robert O., "Theory of World Politics: Structural Realism and Beyond", in Robert O. Keohane ed., Neo-Realism and Its Critics, New York: Columbia University Press, 1986.

98. Kieft, David Owen, Belgium's Return to Neutrality, London: Oxford University Press, 1972.

99. King, Gary, Robert O. Keohane, and Sidney Verba, Designing Social Inquiry: Scientific Inference in Qualitative Research, Princeton, N. J.: Princeton University Press, 1994.

100. Kirshner, Jonathan, "Political Economy in Security Studies After the Cold War", Review of International Political Economy, Vol. 5, No. 1, 1998, p. 64.

101. Kirshner, Jonathan, "The Microfoundations of Economic Sanctions." Security Studies, Vol. 6, No. 3, 1997, pp. 32 –64.

102. Kolko, Joyce and Gabriel Kolko, The Limits of Power: The World and United Staes Foreign Policy, 1945 –1954, New York: Harper & Row, 1972.

103. Krasner, Stephen, Structural Conflict: the Third World against Global Liberalism, California: University of California Press, 1985.

104. Kreps, David M., Game Theory and Economic Modelling, New York: Oxford University Press, 1990.

105. Krumeich, Gerd, Armaments and Politics in France on the Eve of the First World War: The Introduction of Three – Year Conscription, 1913 –1914, Dover, N. H.: Berg, 1984.

106. Lai, Brian and Dan Reiter, "Democracy, Political Similarity, and International Alliances, 1816 –1992", The Journal of Conflict Resolution, Vol. 44, No. 2, 2000, pp. 203 –227.

107. Lake, David A., "Powerful Pacifists: Democratic States and War", American Political Science Review, Vol. 86, No. 1, 1992, pp. 24 –37.

108. Langsam, Walter Consuelo, The World Since 1914, New York: MacMillan, 1948.

109. Larson, Deborah, "Bandwagoning Images in American Foreign Policy: Myth or Reality", in Robert Jevis, Jack Snyder eds., Dominoes and Bandwagons, Strategic Beliefs and Great Powers Competition in Eurasian Rimland, New York: Oxford University Press, 1991.

110. League of Nations, Treaty Series: Publications of Treaties and International Engagements Registered with the Secretariat of the League, Vol. 154, London: Harrison and Sons, 1934.

111. Leffler, Melvyn, A Preponderance of Power: National Security, the Truman Administration, and the Cold War, Stanford, Calif.: Stanford University Press, 1992.

112. Liberman, Peter, Does Conquest Pay? The Exploitation of Occupied Industrial Societies, Princeton: Princeton University Press, 1996.

113. Lieven, D. C. B., Russia and the Origins of the First World War, New York: St. Martin's Press, 1983.

114. Lipson, Charles, "Why Are Some International Agreements Informal?" International Organization, Vol. 45, 1991.

115. Liska, George F., Nations in Alliance: The Limits of Interdependence, Baltimore: Johns Hopkins Press, 1962.

116. Long, Andrew G. and Brett Ashley Leeds, "Trading for Security: Military Alliance and Economic Agreements", Journal of Peace Research, Vol. 43: 4, 2006, pp. 433 – 451.

117. Long, James W., "Franco-Russian Relations during the Russo-Japanese War", The Salvic and East European Review, Vol. 52, No. 127, April, 1974.

118. Long, William J., "Trade and Technology Incentives and Bilateral Cooperation", International Studies Quarterly, Vol. 40, No. 1, 1996, pp. 77 – 106.

119. Lowe, P., Great Britain and Japan, 1911 – 1915, London: Macmillan, 1969, pp. 267 – 292.

120. Luce, R. Duncan and Howard Raiffa, Games and Decisions: Introduction and Critical Survey, New York: Wiley, 1957.

121. Lynn-Jones, Sean and Joseph S. Nye, Jr., International Security Studies: A Report of a Conference on the State of the Field, Interna-

tional Security, Vol. 12, No. 4, 1988.

122. MacLaren, McDonald David, United Government and Foreign Policy in Russia, 1900 - 1914, Cambridge, Mass. : Harvard University Press, 1992.

123. Mandelbaum, Michael, The Nuclear Revolution: International Political Before and After Hiroshima, New York: Cambridge University Press, 1981.

124. Mansfield, Edward and Rachel Bronson, "Alliances, Preferential Trading Arrangements, and International Trade", American Political Science Review, Vol. 91, No. 1, 1997, pp. 94 - 107.

125. Mansfield, Edward, Helen V. Milner and Peter Rosendorff, "Free to Trade: Democracies, Autocracies, and International Trade", American Political Science Review, Vol. 94: 2, 2000, pp. 305 - 321.

126. Mason, M. , American Multinationals and Japan: the Political Economy of Japanese Capital Controls, 1899 - 1980, Cambridge, MA: Council on East Asian Studies, Harvard University Press, 1992.

127. Mastanduno, Michael, "Trade as a Strategic Weapon: American and Alliance Export Control Policy in the Early Postwar Period", International Organization 42, Winter 1988, pp. 121 - 150.

128. Mayer, Frederick W. , "Managing Domestic Differences in International Negotiations: The Strategic Use of Internal Side-payments", International Organization 46, Autumn 1992, pp. 793 - 818.

129. Mayer, Frederick, "Managing Domestic Differences in International Negotiations: The Strategic Use of Internal Side-payments", International Organization, Vol. 46, No. 4, 1992, pp. 793 - 818.

130. McGinnis, Michael D. , "Issue Linkage and the Evolution of International Cooperation", The Journal of Conflict Resolution, 1986.

131. McLean, Iain, Public Choice: A Introduction, Oxford: Basil Blackwell Inc. , 1987.

132. Mearsheimer, John, "The False Promise of International Institution", International Security, Vol. 19, No. 3, Winter 1994 – 1995.

133. Milner, Helen V. , Interests, Institutions and Information: Domestic Politics and International Relations, Princeton: Princeton University Press, 1997.

134. Milner, Helen, Resisting Protectionism: Global Industries and the Politics of International Trade, Princeton, N. J. : Princeton University Press, 1988.

135. Milner, Helen, "International Theories of Cooperation Among Nations: Strength and Weaknesses", World Politics, Vol. 44, April 1992, pp. 466 – 496.

136. Milward, Alan S. , War Economy, and Society, Berkeley: University of California Press, 1977.

137. Mitchell, Allan, Victors and Vanquished: The German Influence on Army and Church in France after 1870, Chapel Hill, N. C. : The University of North Carolina Press, 1984.

138. Mitchell, Allan, "A Situation of Inferiority: French Military Reorganization after the Defeat of 1870", American Historical Review, Vol. 86, No. 1, February, 1981.

139. Mitchell, Brian R. , International Historical Statistics: Africa and Asia, New York: New York University Press, 1982.

140. Mongenthau, Hans J. , "Alliance in Theory and Practice", in Arnold Wolfers, ed. , Alliance Policy in the Cold War, Baltimore: Johns Hopkins Press, 1959.

141. Moravcsik, Anderw, "Introduction: Integrating International

and Domestic Theories of International Bargaining", in Peter B. Evans, Harold K. Jacobson, Robert D. Putnam eds., Double-Edged Diplomacy: International Bargaining and Domestic Politics, California: University of California Press, 1993.

142. Moravcsik, Andrew, "Taking Preferences Seriously: A Liberal Theory of International Politics", International Organization, Vol. 51, No. 4, 1997.

143. Morgenthau, Hans, Politics Among Nations: The Struggle for Power and Peace. 6th ed., revised by Kenneth Thompson, New York: McGraw-Hill, 1985.

144. Morrow, James D., Randolph M. Siverson and Tressa E. Tabares, "The Political Determinants of International Trade: The Major Powers, 1907 - 90", American Political Science Review, Vol. 92, No. 4, 1998, pp. 649 - 661.

145. Morrow, James D., "Alliance and Asymmetry: An Alternative to the Capability Aggregation Model of Alliances", American Journal of Political Science, Vol. 35, No. 4, 1991, pp. 904 - 933.

146. Morrow, James D., "Alliances, Credibility, and Peacetime Cost", The Journal of Conflict Resolution, Vol. 38, No. 2, 1994, pp. 270 - 297.

147. Morrow, James D., "When Do 'Relative Gain' Impede Trade?", Journal of Conflict Resolution, Vol. 41, No. 1, 1997.

148. Moulton, H. G., Japan, an Economic and Financial Appraisal, Washington DC: Brookings Institution, 1931.

149. Murdoch, James C. and Todd Sandler, "A Theoretical and Empirical Analysis of NATO", The Journal of Conflict Resolution, Vol. 26, No. 2, 1982, pp. 237 - 263.

150. Murdock, Clark A. , "Economic Factors as Objects of Security: Economics, Security, and Vulnerability", in Klaus Knorr and Traeger, Frank N. , eds. , Economic Issues and National Security, Lawrence: Regents Press of Kansas, 1977.

151. Narizny, Kevin, "The Political Economy of Alignment: Great Britain' s Commitment to Europe, 1905 - 39", International Security, Vol. 27, No. 4, 2003, pp. 184 - 219.

152. Neustadt, Richard E. , Alliance Politics, New York and London: Columbia University Press, 1970.

153. Nish, Ian, The Anglo-Japanese Alliance: The Diplomacy of Two Island Empires 1894 - 1907, London: Athlone Press, 1966.

154. Nolt, JamesH. , "Business Conflict and the Demise of Imperialism", In David Skidmore, ed. Contested Social Orders and International Politics, Nashville: Vanderbilt University Press, 1997.

155. Odell, John S. , "From London to Bretton Woods: Sources of Change in Bargaining Strategies and Outcomes", Journal of Public Policy 8, July 1988, pp. 287 - 315.

156. Olson, Macur and Richard Zeckhauser, "An Economic Theory of Alliance", Review of Economics and Statistics, Vol. 43, No. 3, 1966.

157. Olson, Mancur, The Logic of Collective Action: Public Goods and the Theory of Groups, Cambridge: Cambridge University Press, 1971.

158. Oneal, John R. , "The Theory of Collective Action and Burden Sharing of NATO", International Organization, Vol. 44, No. 3, 1990, pp. 379 - 402.

159. Osgood, Robert E. , Alliance and American Foreign Policy,

Baltimore: Johns Hopkins Press, 1968.

160. Paleologue, Maurice, The Turning Point: Three Critical Years, 1904 – 1906, London: Hutchinson, 1935.

161. Palmer, Glenn, "Corralling the Free Rider: Deterrence and the Western Alliance", International Studier Quarterly, Vol. 34, No. 1, 1990, pp. 147 – 164.

162. Palmer, Glenn, "Deterrence, Defense Spending, and Elasticity: Alliance Contributions to the Public Good ", International Interactions, Vol. 17, No. 2, 1991, pp. 157 – 169.

163. Pape, Robert A. , Bombing to Win: Air Power and Coercion in War, Ithaca: Cornell University Press, 1996.

164. Pape, Robert A. , "Why Economic Sanctions Do Not Work", International Security, Vol. 22, No. 2, 1997, pp. 90 – 136.

165. Patterson, Gardner, Discrimination in International Trade: The Policy Issues, 1945 – 1965, Princeton, N. J. : Princeton University Press, 1966.

166. Pollard, Robert A. and Jr. Samuel F. Wells, "1945 – 1960: the Era of American Economic Hegemony", in William H. Becker and Jr. Samuel F. Wells, eds. , Economics and World Power; An Assessment of American Diplomacy Since 1789, New York: Columbia University Press, 1984.

167. Pollard, Robert A. , Economic Security and the Origins of the Cold War, 1945 – 1950, New York: Columbia University Press, 1985.

168. Powell, Robert, "The Problem of Absolute and Relative Gains in International Relations", American Political Science Review, Vol. 85, No. 4, 1991, pp. 1303 – 1320.

169. Preeg, Ernest H. , Traders and Diplomats: An Analysis of the

Kennedy Round of Negotiations Under the General Agreement on Tariffs and Tradc, Washington, D. C. : Brookings Institution, 1970.

170. Pruitt, Dean G. , Negotiation Behavior, New York: Academic Press, 1981.

171. Putnam, Robert D. and Randall Henning, "The Bonn Summit of 1978: A Case Study in Coordination", in Richard Cooper, Barry Henning, Eichengreen, C. Randall, Gerald Holtham and Robert D Putnam, Can Nations Agree? Issues in International Economic Cooperation, Washington, D. C. : Brookings Institution, 1989, pp. 38 - 41, 56 - 58, 76 - 89.

172. Putnam, Robert D. , "Diplomacy and Domestic Politics: The Logic of Two-Level Games", International Organization, Vol. 42, No. 3, 1988, pp. 427 - 460.

173. Ravenhill, John J. , ed. , Global Political Economy, Oxford: Oxford University Press, 2006.

174. Reiter, Dan, Crucible of Beliefs: Learing, Alliances, and World Wars, Ithaca: Cornell University Press, 1996.

175. Riker, William H. , The Theory of Political Coalitions, New Haven, Conn. : Yale University Press, 1962.

176. Risse-Kappen, Thomas, "Collective Security in a Democratic Community: The Case of NATO", in Peter Katzenstein ed. , The Culture of National Security: Norms and Identity in World Politics, New York: Columbia University Press, 1996.

177. Rosenau, James, The Scientific Study of Foreign Policy, London: Frances Printer, 1980.

178. Rothestein, Robert L. , Alliances and Small Powers, New York: Columbia University Press, 1968.

179. Rourke, John T. , International Politics on the World Stage, 6th edition, The McGraw Hill Companies, 1997.

180. Rubin, Barry and Thomas Keaney, US Allies in A Changing World, London: Frank Cass, 2001.

181. Russett, Bruce and Harvey Starr, World Politics: A Menu for Choice, New York: W. H. Freeman, 1992.

182. Sally, Marks, Innocent Abroad, Chapel Hill, NC: University of North Carolina Press, 1981.

183. Sandler, Todd and J. Cauley, "On the Economic Theory of Alliance", The Journal of Conflict Resolution, June 1975.

184. Sandler, Todd and Keith Hartley, "Economics of Alliance: The Lessons for Collective Action", Journal of Economic Literature, Vol. 39, No. 3, 2001, pp. 869 – 896.

185. Sandler, Todd, "Impurity of Defense: An Application to the Economics of Alliance", The Journal of Conflict Resolution, September 1977.

186. Sandler, Todd, "The Economic Theory of Alliances: A Survey", The Journal of Conflict Resolution, Vol. 37, No. 3, 1993, pp. 446 – 483.

187. Schattschneider, E. E. , Politics, Pressures, and the Tariff, New York: Prentice-Hall, 1935.

188. Schelling, Thomas C. , Arms and Influence, New Haven, Conn. : Yale University Press, 1966

189. Schelling, Thomas C. , The Strategy of Conflict, Cambridge, Mass. : Harvard University Press, 1960.

190. Schroeder, Paul W. , "Alliance, 1815 – 1945: Weapons of Power and Tools of Management", in Klaus Knorr Lawrence ed. , Histor-

ical Dimensions of National Security Problems, Kans: University Press of Kansas, 1976, pp. 227 –262.

191. Schweller, Randall L., "Bandwagoning for Profit: Bring the Revisionist State Back In", International Security, Vol. 19, No. 1, Summer 1994.

192. Schweller, Randall L., "Neorealism ' s Status-Quo Bias: What Security Dillemma?", in Benjamin Frankel ed., Realism: Restatements and Renewal, London: Frank Cass, 1996.

193. Sebenius, James, "Negotiation Arithmetic: Adding and Subtracting Issues and Parties", International Organization, Vol. 37, No. 2, 1983.

194. Simon, Michael W. and Erik Gartzke, "Political Systen Similarity and the Choice of Allies: Do Democracies Flock Together, or Do Opposites Attract?", The Journal of Conflict Resolution, Vol. 40, No. 4, 1996, pp. 617 –635.

195. Singer, J. David, "The Level-of-Analysis Problem in International Relations", in Klans Konrr and Sidney Verba eds., The International System: Theoretical Essays, Princeton: Princeton University Press, 1961.

196. Skalnes, Lars L., Politics, Market, and Grand Strategy: Foreign Economic Policies as Strategic Instruments. Ann Arbor, MI: University of Michigan Press, 2000.

197. Skocpol, Theda, "Bringing the State Back In: Strategies of Analysis in Current Research", in Peter B. Evans, Dietrich Rueschemeyer and Theda Skocpol, eds., Bringing the State Back In, Cambridge: Cambridge University Press, 1985.

198. Small, Melvin and J. David Singer, "Formal Alliances,

1816 – 1965: An Extension of the Basic Data", Journal of Peace Research, Vol. 3, 1969, pp. 257 – 282.

199. Smith, Michael S., Tariff Reform in France, 1860 – 1900: The Politics of Economic Interest, Ithaca, N. Y.: Cornell University Press, 1980.

200. Snidal, Duncan, "Coordination versus Prisoners' Dilemma: Implications for International Cooperation and Regimes", American Political Science Review, Vol. 79, 1985.

201. Snidal, Duncan, "Relative Gains and the Pattern of International Cooperation", American Political Science Review 85, September 1991, pp. 701 – 726.

202. Snyder, Glenn H. and Paul Diesing, Conflict among Nations: Bargaining, Decision Making, and System Structure in International Crisis, Princeton: Princeton University Press, 1977.

203. Snyder, Glenn H., Alliance Politics, Ithaca, N. Y.: Cornell University Press, 1997.

204. Snyder, Glenn H., "Alliance Theory: A Neorealist First Cut", Journal of International Affairs, Vol. 44, No. 1, Spring 1990.

205. Snyder, Glenn H., "The Security Dilemma in Alliance Politics", World Politics, Vol. 36, 1984.

206. Snyder, Jack, The Ideology of the Offensive: Military Decision Making and the Disasters of 1914, Ithaca, N. Y.: Cornell University Press, 1984.

207. Solingen, Etel, Regional Orders at Century's Dawn: Global and Domestic Influences on Grand Strategy, Princeton: Princeton University Press, 1998.

208. Staley, Eugene, Raw Materials in Peace and War, New York:

Council of Foreign Relations, 1937.

209. Starr, Harvey, "A Collective Goods Analysis of the Warsaw Pact after Czechoslovakia", International Organization, Vol. 28, No. 4, 1974, pp. 521 – 533.

210. Stein, Arthur A., Why Nations Cooperate: Circumstance and Choice in International Relations, Ithaca: Cornell University Press, 1990.

211. Strange, Susan, International Economics and International Relations: A Case of Mutual Neglect, International Affairs, Vol. 46, No. 2, 1970.

212. Suzuki, T., Japanese Government Loan Issues on the London Capital Market, 1870 – 1913, London: Athlone, 1994.

213. Taylor, Michael, The Possibility of Cooperation, Cambridge: Cambridge University Press, 1987.

214. Thies, Wallance, "Alliance and Collective Goods: A Reappraisal", The Journal of Conflict Resolution, June 1987, pp. 314 – 317.

215. Tirole, Jean, Industrial Organization, Cambridge, Mass.: MIT Press, 1988.

216. Tollison, Robert D. & Thomas D. Willett, "An Economic Theory of Mutually Advantageous Issue Linkages in International Negotiations", International Organization, Vol. 33, No. 4, 1979, pp. 425 – 449.

217. Tollison, Robert D. and Thomas D. Willett, "An Economic Theory of Mutually Advantageous Issue Linkage in International Negotiations", International Organization 33, Autumn 1979, pp. 425 – 449.

218. Trebilcock, Clive, The Industrialization of the Continental Powers, 1780 – 1914, London: Longman, 1981.

219. Trubowitz, Peter, Defining the National Interest: Conflict and

Change in American Foreign Policy, Chicago: University of Chicago Press, 1998.

220. Udagawa, M., "Business Management and Foreign-Affiliated Companies in Japan before World War II", in Yuzawa&Udagawa eds., Foreign Business in Japan before World War II, Tokyo: University of Tokyo Press, 1990.

221. Walt, Stephen M., "Why Alliances Endure or Collapse", Survival, Vol. 39, No. 1, Spring 1997.

222. Walt, Stephen M., The Origins of Alliances, Ithaca: Cornell University Press, 1982.

223. Walt, Stephen M., "Alliance Formation and the Balance of World Politics", International Security, Vol. 9, No. 4, 1985, pp. 3-43.

224. Walton, Richard E. and Robert B. McKersie, A Behavioral Theory of Labor Negotiations: A Analysis of a Social Interaction System, Ithaca, N. Y.: ILR Press, 1991.

225. Waltz, Kenneth N., "Structural Realism after the Cold War", International Security, Vol. 25, No. 1, Summer 2000, pp. 5-41.

226. Waltz, Kenneth, Man, the State and War, New York: Columbia University Press, 1959.

227. Waltz, Kenneth, Theory of International Politics, New York: McGrew-Hill Publishing Company, 1979.

228. Wandycz, Piotr S., France and her Eastern Allies, 1919-1925, Minneapolis, MN: University of Minnesota Press, 1962.

229. Wang Zhengyi, "Conceptualizing Economic Security and Governence: China Confronts Globalization", Pacific Review, Vol. 17, No. 4, 2004, pp. 523-545.

230. White, John A. , Transition to Global Rivalry: Alliance Diplomacy and the Quadruple Entente, 1895 - 1907, Cambridge: Cambridge University Press, 1995.

231. Winham, Gilbert R. , International Trade and the Tokyo Round Negotiation, Princeton, N. J. : Princeton University Press, 1986.

232. Wohlforth William C. , "The Perception of Power: Russia in the Pre - 1914 Balance", World Politics, Vol. 39, No. 3, April, 1987.

233. Wolfers, Arnold, "Alliances", in David L. Sills ed. , International Encyclopedia of Social Sciences, New York: Macmillan, 1968.

234. Wright, Martin, Power Politics, Leicester: Leicester University Press, 1978.

235. Yanaga, Chitoshi, Big Business in Japanese Politics, New Haven: Yale University Press, 1968.

236. Yarbrough, Beth and Robert M. Yarbrough, "Cooperation in the Liberalization of International Trade: After Hegemony, What?", International Organization, Vol. 41, 1987, pp. 1 - 26.

237. Yarbrough, Beth and Robert M. Yarbrough, "Reciprocity, Bilateralism, and Economic Hostages: Self-Enforcing Agreements in International Trade", International Studies Quarterly, Vol. 30, 1986, pp. 7 - 22.

附　　录

US Alliance System and Regional Economic Development

《美日安全条约》
（1951 年 9 月 8 日订于旧金山）

日本已于本日和盟国签订和约。该和约生效以后，日本将无有效工具来行使它自卫的自然权利，因为它的武装已被解除。

在这种情况下，日本会遭到危险，因为不负责任的军国主义还没有从这个世界中驱逐出去。因此，日本希望与美利坚合众国签订一个安全条约，并与日本和美利坚合众国签订的合约同时生效。

合约承认作为主权国的日本有权参加集体安全的协定，同时《联合国宪章》承认一切国家具有单独和集体自卫的自然权利。

为行使这种权利，日本希望美利坚合众国在日本国内及周围驻扎其武装部队，以防止对日本的武装进攻，作为日本防御的临时办法。

美利坚合众国为了和平与安全的利益，目前愿意在日本国内和周围驻扎其相当数量的武装部队，但同时希望日本自己能逐渐增加承担起对直接和间接侵略的自卫责任，经常避免任何可以成为进攻的威胁或不按《联合国宪章》的宗旨与原则以促进和平与安全的军备扩张。

为此，两国达成协议如下：

第一条

在和约和本条约生效之日，由日本授予、并由美利坚合众国接受在日本国内及周围驻扎美国陆、空、海军之权利。此种军队得用以维持远东的国际和平与安全和日本免受外来武装进攻之安全，包括根据日本政府的明显要求，为镇压由于一个或几个外国之煽动和干涉而在日本引起的大规模暴动和骚乱所给予的援助。

第二条

在第一条所述之权利被行使期间，未经美利坚合众国事先同意，日本不得将任何基地给予任何第三国，亦不得将基地上或与基地有关之任何权利、权力或权限，或陆、空、海军驻防、演习或过境之权利给予任何第三国。

第三条

美利坚合众国之武装部队驻扎日本国内及周围的条件应由两国政府之间的行政协定决定之。

第四条

美利坚合众国和日本政府一经认为已有联合国之办法或其他单独或集体安全的布置，可由联合国或其他方面圆满维持日本地区之国际和平与安全时，本条约即应停止生效。

第五条

本条约应由美利坚合众国和日本批准，在两国于华盛顿互换本条约之批准书以后开始生效。

下列全权代表兹于本条约签字，以昭信守。

本条约以英文和日文写成两份，1951 年 9 月 8 日于旧金山城。

美利坚合众国代表：	日本代表：
迪安·艾奇逊	
约翰·福斯特·杜勒斯	吉田茂
亚历山大·维利	
斯太尔斯·布里奇斯	

《美韩共同防御条约》
（1953 年 10 月 1 日订于华盛顿）

本条约缔约国双方重申其与各国人民、各国政府和平相处的愿望，并愿加强太平洋区域的和平组织；愿公开并正式地宣布其反对外来的武装进攻而保卫他们自己的共同决心，以使任何可能的侵略者不致存有缔约国任何一方在太平洋区域处于孤立地位的幻想，又愿在太平洋区域的一个更为广泛和有效的区域安全组织建立之前，加强他们保持和平与安全的集体防御的努力，兹同意下列各条：

第一条

缔约国双方承诺：应以不危及国际和平、安全与正义的方式，以和平手段解决它们可能被牵涉在内的任何国际纠纷，并在它们的国际关系上避免采取与联合国宗旨或任何一方对联合国所承担的义务不符的武力威胁或使用武力。

第二条

缔约国双方，在任何一方认为任何一方的政治独立或安全受到外来的武装进攻的威胁时，应共同磋商。缔约国双方应单独地或共同地以自主或互助的办法，维持并发展适当方法以制止武装进攻，并应协商一致采取适当措施以实行本条约并促进其目的。

第三条

每一方都承认：在太平洋地区对缔约国任何一方的武装进攻，无论是对目前在各该方管辖下的领土的进攻，或是对以后经缔约国一方承认合法地置于另一方管辖下的领土的进攻，都是危及它自己的和平与安全，并宣布，它将按照它的宪法程序采取行动以对付共同的危险。

第四条

大韩民国给予美利坚合众国在双方共同商定的大韩民国领土以内及其周围部署美国陆、空、海军部队的权利，美利坚合众国则对此加以接受。

第五条

本条约应由大韩民国和美利坚合众国按照该国宪法程序予以批准，并应在交换批准书之时生效。

第六条

本条约将无限期地继续有效。任何一方在通知对方一年后将予以终止。

下面签署的全权代表在本条约上签字以资证明。

1953 年 10 月 1 日订于华盛顿，共两份，用英文和朝文写成。

美利坚合众国代表：	大韩民国代表：
约翰·福斯特·杜勒斯	卞荣泰

《美菲共同防御条约》
（1951 年 8 月 30 日订于华盛顿，1952 年 8 月 27 日生效）

本条约的缔约国：重申它们对《联合国宪章》的宗旨与原则的信念以及与各国人民及各国政府和平相处的愿望，并希望加强太平洋地区的和平建设；

怀着共同的骄傲以及两国间的历史关系——这种关系使两国人民在上次大战期内在同情与共同的理想下联系起来并肩作战抵抗帝

国主义的侵略；希望公开并正式宣布它们的团结意愿和它们保卫自己抵抗外来武装进攻的共同决心，迫使潜在的侵略者不致错误地以为两国在太平洋区域是各自孤立的；

同意目前这个条约中任何条文都不应在任何意义上被认为是或解释或改变或减少美菲两国间现有的协定或谅解。

同意下列各条：

第一条

缔约国保证依照《联合国宪章》中的规定，用和平方法解决它们可能被牵涉在内的任何国际纠纷，以使国际和平、安全、正义不致遭受威胁，并且保证它们在国际关系上不采取与联合国宗旨不符的任何方式的威胁手段或使用武力。

第二条

为了更有效地达到本条约的目的，缔约国将分别或共同地以自助或互助的方式来保持并发展它们抵抗外来武装进攻的个别的和集体的能力。

第三条

缔约国将通过它们的外交部长或助理随时协商条约的实施问题，而且在它们任何一方认为缔约国任何一方的领土完整、政治独立、或安全受到太平洋区域的外来武装进攻的威胁时亦得进行协商。

第四条

缔约国每一方都认为，在太平洋区域对缔约国任何一方的武装进攻将危及它自己的和平与安全，并且宣布，它将依照它的宪法手续采取行动以对付共同的危险。任何这种武装进攻以及因此而采取的一切措施应立即报告联合国安全理事会。在安全理事会采取了恢复并保持国际和平与安全的必要措施后，上述这种措施即可结束。

第五条

为说明第四条，对缔约国任何一方的武装进攻应包括对缔约国任何一方的本土、或对在它管辖之下的太平洋岛屿领土、或对它在太平洋的军队、公共船只、飞机的武装进攻。

第六条

本条约毫不影响而且也不得解释为在任何方式下影响缔约国在《联合国宪章》下的权利和义务，或联合国维持国际和平与安全的责任。

第七条

本条约应由缔约国美利坚合众国和菲律宾共和国依照各国宪法手续予以批准。一旦批准书在马尼拉互换后，条约即开始生效。

第八条

本条约无限期有效。缔约国任何一方可以在通知另一方以后一年废止本条约。

下列全权代表已在本条约上签字，以资证明。

1951 年 8 月 30 日订于华盛顿，制成两份。

美利坚合众国代表：
迪安·艾奇逊
约翰·福斯特·杜勒斯
汤姆·康纳利
亚历山大·维利

菲律宾共和国代表：
卡罗·罗慕洛
杰姆·坎利萨特
维生德·弗朗西斯寇
狄奥斯达多·麦卡巴格

《泰国政府和美利坚合众国政府间关于军事援助的协定》（1950 年 10 月 17 日签订于曼谷，同日生效）

泰国政府和美利坚合众国政府，愿意在《联合国宪章》体制内，通过措施加强国际和平与安全，此项措施足以增进致力于宪章宗旨和原则的国家的能力，以便为维护这些宗旨和原则而采取有效的自卫措施；

考虑到：在促进这些原则方面，美利坚合众国政府已制定第八十一届国会第三百二十九号法律，该法律允许美利坚合众国提供援助；

考虑到：泰国政府已向美利坚合众国政府要求援助，并且此项援助将使泰国能够加强为保卫它的自由和独立所需要的治安部队；

愿意对关于美利坚合众国政府根据第八十一届国会第三百二十九号法律提供援助和泰国接受此项援助的条件做出规定。

一致同意下列条款：

第一条

一、每一方政府在符合经济稳定是国际和平与安全的要素的原则下，应向另一方提供做出此项援助的政府所认可的和依照该政府同意的条件的装备、物资、服务或其他军事援助。本协定任何一方认可提供的任何上述援助应符合《联合国宪章》。美利坚合众国依照本协定所提供的上述援助应根据第八十一届国会第三百二十九号法律有关此项援助的修正规定和以后可能生效的合众国其他有关法律规定予以提供。两国政府应经常对实行本款规定所必需的详细协议进行谈判。

二、泰国政府保证有效地使用依照本条第一款所接受的援助以便符合于提供此项援助的目的，并且，未经美利坚合众国政府事先同意，不得将所提供的援助用于非原来提供的目的。

三、除美利坚合众国政府另有同意外，泰国政府保证对依照第一款所接受的任何装备、物资或服务保持所有权、占有权和控制权。

四、泰国政府应采取适当措施以防止将美利坚合众国政府根据本协定所提供的任何装备或可代替的物资或同类的物资运出泰国，包括泰国领水。

第二条

一、每一方政府应采取符合于安全的适当措施以使根据本协定所进行的活动为大众所知晓，并应在适当期间同另一方就为此目的所采取的措施进行磋商。

二、每一方政府应采取为另一方所要求的安全措施，以防止泄露或破坏另一方政府依照本协定所提供的机密性物品、服务或情报的秘密，并为此目的同另一方就所采取的措施进行磋商。

第三条

两缔约国政府经其中一方的请求，对于有关依照本协定所提供的装备、物资或服务的发明、工程程序、技术情报或其他法律保护的所有权形式，基于此项使用的专利权或类似要求的责任，彼此间磋商适当的协议。在此项谈判中，应考虑容纳一项保证如下，每一方政府将负责处理此类本国国民和在它的管辖下任何非本协定缔约国国民的要求。

第四条

除另有同意外，泰国政府应给予同本协定有关而输入或输出泰国领土的产品、物资或装备以免税待遇。

第五条

泰国政府在双方同意的购买的期限、数量和条件下，对于美利坚合众国由于本国资源中缺乏或将来可能缺乏因而需要的并且泰国具有的原料和半加工原料，应促进它们的生产、运输、出口并转让给美利坚合众国政府。此项转让的协议应对于泰国国内使用和出口贸易的合理需要予以应有的注意。

第六条

一、两国政府，经其中任何一方的请求，应就有关适用本协定或依照本协定所进行的活动和协议的任何事项进行磋商。

二、泰国政府应给予经正式授权的合众国代表以自由地和充分地观察依照本协定所提供的援助的使用情况的便利。

第七条

一、每一方政府同意在本国境内接纳另一方政府根据本协定履行义务所必需的人员。

二、此项人员同驻在国政府的关系应作为大使馆的一部分，在他们所服务的外交使团团长的指导和管辖下进行工作，并将享有同授予该大使馆其他委派人员同样的特权和豁免。

第八条

一、泰国政府应向美利坚合众国政府提供泰铢，以供美利坚合众国政府在泰国境内对有关根据本协定所提供泰国政府的援助的行政和管理支出的用途。

二、缔约双方应着手讨论以决定上述泰铢的数目和达成提供上述泰铢的协议，同时考虑到泰国政府提供此项货币的能力。

第九条

一、本协定经签字后生效，并将在任何一方收到另一方愿意终止本协定的书面通知以后的三个月期满前继续有效。

二、本协定应依照《联合国宪章》第一百零二条的规定向联合国秘书处登记。为上述目的经正式授权的双方代表在本协定上签字盖章以资证明。

佛历 2493 年 10 月 17 日即公历 1950 年 10 月 17 日在泰国曼谷签订，以泰文和英文制成，共两份，泰文本和英文本具有同等效力，但解释发生分歧时，则以英文本为准。

泰国政府代表：	美利坚合众国政府代表：
内阁总理兼代理外交部长	美利坚合众国大使
銮披汶·颂堪	艾德温·斯坦登